# Comment raisonnent les économistes

Bernard Walliser

# Comment raisonnent les économistes

*Les fonctions des modèles*



Odile Jacob

15, rue Soufflot, 75005 Paris

www.odilejacob.fr

ISBN : 978-2-7381-2603-0

# Introduction

> *« Scientific reasoning is models always all the way up and models almost all the way down. »*
>
> Ronald GIERE.

Les modèles sont devenus l'expression privilégiée du savoir économique, au niveau de sa conception comme de sa diffusion. Le travail de l'économiste, qu'il soit théoricien ou praticien, est désormais concentré sur la construction et l'utilisation de modèles. Les articles de revue portent essentiellement sur la présentation, la discussion ou l'exploitation d'un modèle. Les médias font référence à tel ou tel modèle pour évoquer et commenter les problèmes économiques contemporains. Si une économie littéraire subsiste, elle ne se manifeste plus que dans son rôle d'accompagnement des modèles en amont comme en aval. Un prémodèle qualitatif fournit les premiers éléments permettant de structurer les idées concernant le champ d'analyse retenu. Des interprétations viennent compléter l'explicitation du modèle afin d'en fixer le domaine de validité et la signification des relations. Des commentaires accompagnent les résultats du modèle pour préciser son mode d'emploi et baliser ses forces et ses faiblesses.

Les modèles se sont d'abord imposés dans les sciences de la matière et à un moindre degré dans les sciences de la vie. Ils ont d'emblée été conçus comme des prolongements de théories lorsque ces dernières eurent manifesté leurs limites. Ils ont fourni des applications de théories connues dans des champs particulièrement importants (modèle du pendule). Ils ont proposé des illustrations de théories dans des domaines où la théorie s'avérait trop complexe (modèle génétique). Ils ont articulé des théories lorsque plusieurs d'entre elles se superposaient sur un même champ d'application (modèle climatique). Enfin, ils ont pallié les théories lorsque celles-ci étaient absentes d'un champ d'études spécifique (modèle d'écoulement turbulent). En particulier, la problématique des systèmes complexes, héritée des sciences exactes, lance à toute science le défi permanent d'y raisonner en termes de modèles.

Les modèles pénètrent bien moins les sciences humaines et sociales, ils y apparaissent comme des îlots isolés au sein d'un savoir plus vaste. Ils ne se distinguent que difficilement des théories, sinon par leur aspect résolument formalisé et idéalisé. Ils interviennent dans des champs où l'on dispose de données statistiques nombreuses sur longue période (modèles de l'éducation en sociologie). Ils fonctionnent dans des disciplines qui mettent à jour des structures reconnues comme suffisamment simples (modèles syntaxiques en linguistique). Ils s'expriment dans des domaines où des éléments explicatifs sont d'emblée disponibles, mais de façon éparse (modèles de villes en géographie). Toutes ces disciplines continuent à opposer les modélisateurs aux tenants d'une approche plus littéraire des schémas explicatifs des phénomènes.

L'économie (avec la linguistique et la démographie) fait figure d'exception dans les sciences sociales en usant des modèles de façon massive. Cependant, le rapport qu'entretiennent ces modèles entre eux et avec les théories économiques n'est pas exempt d'ambiguïtés. Trois classes de modèles se sont constituées en parallèle, entre lesquelles des ponts se sont peu à peu établis. En macroéconomie, des modèles empiriques ont été construits pour exprimer plus succinctement les régularités repérées dans les données agrégées. En microéconomie, des modèles théoriques ont été proposés pour traduire plus rigoureusement la logique des échanges économiques sur les marchés. Plus profondément, la théorie des jeux s'est imposée comme un cadre ontologique général des rapports stratégiques entre acteurs de types quelconques. Elle est rapidement apparue comme le prototype de la modélisation en sciences sociales et a fait école dans d'autres disciplines.

Le terme de modèle a été introduit explicitement par Boltzmann dans l'*Encyclopedia Britannica* de 1902. Il a été employé de façon systématique à partir des années 1930 pour qualifier un « dispositif qui fonctionne comme le réel » (von Neumann, 1927). Sous son acception la plus générale, un modèle apparaît comme un système formel qui représente un système réel à diverses fins. Il agit comme un objet conceptuel autonome et compact qui se substitue à un phénomène concret afin d'en mieux cerner certaines propriétés. Il prolonge la notion d'expérience de pensée en extériorisant le raisonnement mental et en lui donnant un tour systématique. Sa principale visée est de suppléer à la rationalité limitée du modélisateur, incapable d'appréhender le système réel dans toute sa complexité. Il exerce un filtrage de la réalité perçue en n'en retenant que les aspects les plus pertinents pour traiter un problème donné. Il propose un résumé du savoir concernant un fragment de réalité en l'exprimant sous une forme ramassée et figée.

Cette définition d'un modèle repose sur des conditions strictes qui éliminent nombre d'objets conceptuels usuellement utilisés. Toutefois, des objets conceptuels plus faibles en apparence peuvent être retranscrits ou prolongés sous forme de modèles formels. Tout d'abord, un modèle formel doit être explicite, ce qui élimine les représentations mentales internes des agents. Mais ces dernières n'en sont pas moins exprimables sous forme de « cartes mentales » plus ou moins bien articulées. Ensuite, un modèle formel doit être symbolique, ce qui exclut les maquettes et les modèles animaux dont le support est physique ou biologique. Toutefois, ces derniers se prêtent aisément à une retranscription sous forme logico-mathématique. Enfin, un modèle formel doit adopter une structure hypothético-déductive, ce qui le distingue d'un schéma ou d'un tableau. Cependant, ces derniers ont déjà une forme mathématique assez précise et demandent seulement à être conceptuellement mieux identifiés.

La définition proposée d'un modèle demeure corrélative d'une variabilité considérable des modèles concrètement mis au point. En ce qui concerne leur forme, les modèles mobilisent des structures logico-mathématiques qui s'expriment à différents niveaux de spécificité, leur taille variant d'une proposition unique à plusieurs centaines. En ce qui concerne leur champ, les modèles se déclinent des théories les plus abstraites aux régularités empiriques les plus concrètes, sans compter la multitude de leurs domaines d'application. En ce qui concerne leur usage, les modèles poursuivent des finalités qui s'étagent des plus cognitives aux plus opérationnelles, et répondent à des demandes qui vont des plus individuelles aux plus collectives. Multiplicité et hétérogénéité des modèles vont de pair avec l'absence de tout catalogue raisonné et même de tout recensement un tant soit peu exhaustif. Seuls les modèles les plus originaux, fréquemment porteurs du nom de leurs auteurs, sont dûment répertoriés.

L'histoire des modèles économiques (hors théorie des jeux) voit cette diversité se perpétuer au cours du temps. La période archaïque (1830-1950) a connu les premières tentatives de formalisation de Cournot (1839), la mise au point du modèle théorique de Walras (1870), les modèles économétriques de Tinbergen (1929) ou de Frisch-Kalecki (1935), suivis de ceux issus de la Cowles Commission. La période classique (1950-1990) manifeste la domination de la modélisation structurelle, avec la coexistence de modèles microéconomiques théoriques de plus en plus précis et sectorisés, et de modèles macroéconomiques empiriques de plus en plus complets et universels. La période baroque (1990-2010) se caractérise par le développement de techniques nouvelles à visée empirique, les modèles VAR directement fondés sur des séries temporelles, les modèles d'équilibre calculable calibrés sur les données ou les modèles multi-agents orientés vers la simulation désagrégée.

L'épistémologie classique s'est intéressée à divers types d'objets conceptuels comme les données, les lois, les principes ou les théories. Mais elle n'a pas accordé une place équivalente aux modèles qui apparaissent précisément comme trop hétéroclites pour justifier une analyse autonome. D'une part, les modèles peuvent être perçus comme structurellement réductibles aux objets conceptuels précédents. Ainsi, ils sont souvent traités comme des entités de statut intermédiaire entre les théories et les données. Ils peuvent aussi inclure une ou plusieurs lois théoriques ou empiriques à titre de propositions particulières. D'autre part, les modèles peuvent être considérés comme liés à un stade d'élaboration préalable des objets conceptuels précédents. Ainsi, ils sont plus faiblement validés que les théories et peuvent même s'éloigner volontairement de tout réalisme. Ils ne font que traduire des régularités empiriques provisoires qui ne sauraient d'emblée prétendre au statut de lois universelles.

Cependant, les modèles font de plus en plus l'objet d'analyses épistémologiques spécifiques et originales. L'épistémologie générale comme la méthodologie statistique s'efforcent de réinterpréter les modèles dans l'étude générale des conditions du savoir. Il en est ainsi de l'approche sémantique des théories scientifiques préconisée par P. Suppes (1960, 1962), van Fraasen (1980), Giere (1988, 1999) ou F. Suppe (1989). L'empirisme constructif défendu par le deuxième repose sur l'idée que « les modèles sauvent les phénomènes » au sens où ils assurent une bonne adéquation aux données sans affirmer pour autant une vérité. L'épistémologie pragmatique essaye de dégager de la pratique des modèles, plus précisément de monographies des modèles les plus influents, certains principes méthodologiques généraux. Morgan et Morrisson (2000) mettent l'accent sur le rôle de médiateur des modèles tandis qu'Armatte et Dahan (2006) insistent sur l'insertion sociale des modèles.

Tout modèle peut être étudié par l'épistémologue selon un double point de vue, à la fois externe et interne. Du point de vue externe, il renvoie à un système de référence concret, réel ou virtuel, auquel il est relié par des principes de correspondance. Du point de vue interne, il constitue en lui-même un système qui adopte un langage formel et se prête à des opérations conceptuelles comme la simulation. Par ailleurs, tout modèle peut être analysé selon trois dimensions issues de la linguistique, nommément la syntaxe, la sémantique et la pragmatique. La syntaxe définit la forme du modèle, à savoir un ensemble de propositions formelles reliant des variables entre elles. La sémantique évoque le contenu du modèle, en l'occurrence son adéquation avec le système réel dont il prétend être une représentation. La pragmatique traduit l'utilisation du modèle, essentiellement à des fins de connaissance, de prévision ou d'action.

Par croisement des deux critères de classification précédents, on obtient six fonctions remplies par tout modèle. La *fonction iconique* concerne le langage formel d'expression du modèle en relation avec l'appréhension littéraire d'un système sous forme d'entités en interaction. La *fonction syllogistique* étudie les modalités de l'inférence entre les hypothèses postulées par le modèle et les conclusions qui en dérivent. La *fonction empirique* s'intéresse au rapport qui peut être établi entre le modèle et les données empiriques recueillies sur le système de référence concret. La *fonction heuristique* examine l'articulation établie lors de son élaboration entre le modèle et des modèles antérieurs ayant des champs voisins. La *fonction praxéologique* traite de l'utilisation du modèle pour modifier le système de référence en fonction des attentes exprimées par un décideur. La *fonction rhétorique* se préoccupe enfin de la diffusion du modèle auprès des acteurs intéressés et de leurs réactions à la réception de cette image d'eux-mêmes.

Dans cette succession de fonctions, les mathématiques sont amenées à jouer pour chacune un rôle spécifique. Les trois premières sont essentiellement théoriques et mettent en évidence la puissance d'expression du formalisme. La fonction iconique exploite son rôle de langage de représentation rigoureux d'un système quelconque. La fonction syllogistique illustre son rôle d'outil de démonstration de propositions à partir de propositions antérieures. La fonction empirique exprime son rôle de mise en adéquation d'un modèle avec des données plus ou moins adaptées. Les trois dernières fonctions sont plus techniques et mettent en exergue la souplesse d'utilisation du formalisme. La fonction heuristique affirme son rôle de structuration des idées anciennes et d'imagination d'idées nouvelles. La fonction praxéologique exacerbe son rôle d'instrument de prévision et d'aide à la décision. La fonction rhétorique insiste sur son rôle de langage de communication et de discussion efficace.

Le modélisateur est lui-même amené à jouer des rôles adaptés à ces fonctions en appliquant des formes de raisonnement adéquates. Les trois premières fonctions ont une dimension essentiellement cognitive et s'adressent au savant qui sommeille en lui. La fonction iconique est remplie par un concepteur qui s'appuie sur des procédés de catégorisation. La fonction syllogistique est assurée par un calculateur qui applique des méthodes de déduction. La fonction empirique est traitée par un expérimentateur qui utilise des techniques statistiques d'abduction. Les trois dernières fonctions ont une dimension plutôt sociale et s'adressent à l'ingénieur qui répond à une demande extérieure. La fonction heuristique est endossée par un innovateur qui fait appel à des méthodes analogiques. La fonction praxéologique est assurée par un planificateur qui mobilise des formes de raisonnement conditionnel. La fonction rhétorique est prise en charge par un diffuseur qui manipule des techniques d'argumentation.

À chacune des fonctions est associé un problème épistémologique majeur qui résume les motivations du modélisateur. La fonction iconique s'intéresse à l'interprétation d'un modèle, en l'occurrence à la signification qu'on lui accorde. La fonction syllogistique s'interroge sur le pouvoir explicatif d'un modèle, exprimé par un schéma hypothético-déductif. La fonction empirique examine l'idéalité d'un modèle, liée au degré d'approximation qu'il entretient avec la réalité. La fonction heuristique étudie la cumulativité d'un modèle, à savoir son aptitude à se transformer pour faire progresser les connaissances. La fonction praxéologique analyse l'instrumentalité des modèles, conçue comme sa capacité à s'adapter à des problèmes concrets. La fonction rhétorique est concernée par la performativité d'un modèle, définie comme son pouvoir d'influencer les cadres mentaux des acteurs.

Les six fonctions des modèles seront traitées dans six chapitres successifs, chaque chapitre étant lui-même découpé en trois parties. Tout d'abord, la nature même et les modalités d'expression de la fonction sont présentées, en mettant en évidence le rôle joué par le formalisme inhérent à la notion même de modèle. Ensuite, le problème épistémologique majeur soulevé par la fonction considérée est mis en exergue, en insistant sur les modalités multiples selon lesquelles ce problème peut être traité. Enfin, une comparaison avec les autres sciences est effectuée, en soulignant ce qui est commun aux modèles à travers toutes les disciplines et ce qui est spécifique aux modèles économiques. Chaque fonction est illustrée par des modèles prototypiques puisés dans l'arsenal des modèles économiques résultant d'une expérience désormais fort longue.

CHAPITRE 1

# Fonction iconique

« La science économique n'explique pas, n'interprète pas, à peine décrit-elle, mais elle fait des modèles. »

John von NEUMANN.

Sous sa forme forte, un modèle se présente comme un ensemble de propositions exprimées dans un langage formel, logique ou mathématique. Il vise à la *symbolisation* des propriétés d'un système de référence concret, dont on ne possède d'emblée qu'une représentation mentale informelle. C'est ainsi qu'un modèle de marché cherche à rendre compte tant du marché du cuivre fonctionnant à Londres que d'un marché financier à établir. En effet, à ce stade, le système de référence demeure délibérément afactuel au sens où il s'avère aussi bien naturel qu'artificiel, réel qu'imaginaire. Il s'agit de « capturer par un modèle » explicite les propriétés et les liaisons qui existent au sein d'un système qui demeure partiellement implicite. La qualité recherchée du modèle n'est autre que son *expressivité*, à savoir sa capacité à traduire précisément les traits essentiels du système à l'étude.

La *fonction iconique* du modèle se résume parfaitement dans l'adage selon lequel « connaître, c'est représenter ». Elle repose sur une correspondance établie par le modélisateur entre les propriétés ontologiques du système étudié et les propriétés formelles du modèle associé. Cette correspondance est exprimée dans un métalangage qui, même déjà sophistiqué, n'en demeure pas moins informel. La fonction iconique s'appuie sur des principes de correspondance qui mettent en rapport les grandeurs du système et les variables du modèle. Elle soulève le problème de l'*interprétation* du modèle, qui consiste à fixer le domaine d'application de ses variables et la signification de ses relations. Elle fait prendre conscience du fait que les entités traitées par l'économie sont bien plus complexes que celles introduites dans les sciences de la nature.

## *Correspondance entre système et modèle*

Le modélisateur procède à une schématisation formelle d'un système de référence dont il possède déjà une représentation intuitive. Une distanciation est délibérément établie entre le contenu évocateur du modèle et la forme abstraite qu'il revêt. D'une part, une ontologie propose une représentation du système comme un ensemble d'entités en interactions mutuelles dans un contexte donné. D'autre part, une architectonique précise la structure du modèle, sous la forme de variables et de relations définies à divers niveaux de spécification. Les principes de correspondance jettent dès lors des ponts entre les éléments respectifs du système de référence et ceux du modèle associé. Il n'empêche que la représentation d'un système de référence par un modèle formel reste contrainte par des limites de représentation plus ou moins drastiques.

### ONTOLOGIE DU SYSTÈME

Le système de référence s'inscrit dans une ontologie générale de l'univers, qui se caractérise par sa structure d'emboîtement hiérarchique. En effet, l'univers physique ou social est structuré en niveaux d'organisation successifs, tels que les éléments constitutifs de chaque niveau engendrent ceux de niveau supérieur. Chaque niveau est défini par des entités élémentaires, des liaisons entre ces entités et un contexte global. Les entités sont repérées dans leur originalité par des propriétés constituantes et sont distinguées dans leur hétérogénéité par des propriétés discriminantes. Elles interagissent selon des liaisons temporaires ou permanentes, qui résultent des propriétés associées aux entités ou se manifestent par surcroît. Enfin, ces entités sont plongées dans un contexte global commun, formé simultanément d'un environnement matériel et des entités de niveau supérieur qui les englobent.

En économie, quatre niveaux d'emboîtement sont actuellement considérés, nonobstant les niveaux infrabiologiques (moléculaire, cellulaire). Le *niveau neuronal* est constitué des zones actives du cerveau d'un acteur qui raisonne, lesquelles émettent des signaux neuronaux. Le *niveau mental* est représenté par les états mentaux qui guident un acteur placé en situation de décision, essentiellement ses croyances et ses préférences. Le *niveau comportemental* est symbolisé par les actions individuelles parallèles ou séquentielles qui sont mises en œuvre par chaque acteur. Le *niveau social* est consacré aux phénomènes collectifs qui émergent lorsque les acteurs sont soumis à des interactions mutuelles. Seuls les trois derniers niveaux, considérés comme autosuffisants, ont été pris en compte par la théorie économique classique. Le niveau neuronal ne s'est ajouté que récemment du fait des outils nouveaux permettant de l'investiguer.

Deux bémols doivent cependant être apportés au découpage précédent en quatre niveaux d'organisation. D'une part, le niveau mental n'apparaît pas comme un niveau d'emboîtement ordinaire car aucune entité physique originale ne lui correspond. Les états mentaux sont des productions du cerveau qui, lui, se situe bien à un niveau organique fondamental. On peut donc considérer que l'emboîtement physique fait passer directement du niveau neuronal au niveau comportemental, le niveau mental étant un niveau intermédiaire commode. D'autre part, on peut admettre l'existence entre le niveau comportemental et le niveau social d'un niveau intermédiaire formé par les organisations sociales. Ainsi, les firmes ou les syndicats sont parfois conçus comme des entités autonomes, éventuellement dotées de croyances et de préférences propres.

Si l'on considère deux niveaux d'organisation successifs quelconques, ils entretiennent des rapports hiérarchiques comparables. Au niveau inférieur qualifié de « microscopique », les entités en interaction sont caractérisées par des propriétés microscopiques. Au niveau supérieur qualifié de « macroscopique », l'entité collective ainsi constituée possède des propriétés macroscopiques. Les propriétés macroscopiques décrivent aussi bien la distribution des entités microscopiques (selon leurs propriétés différentielles) que les réseaux d'interactions entre les entités ou des phénomènes originaux qui apparaissent à ce niveau. Un postulat de progressivité affirme qu'aucune influence en court-circuit ne s'exerce entre deux niveaux non consécutifs. Si les entités de deux niveaux non adjacents interfèrent, ce ne peut être que par l'intercession des entités du niveau intermédiaire.

En économie, des strates successives reflètent les articulations entre niveaux successifs et donnent naissance à des sous-disciplines, historiquement apparues dans l'ordre inverse. La *neuroéconomie* montre comment les états mentaux des acteurs naissent des interactions entre les activités du cerveau sous contraintes biologiques. La *psychoéconomie* étudie la manière dont les actions individuelles dépendent de la combinaison des états mentaux des acteurs. L'*éco-économie* examine les processus par lesquels les phénomènes collectifs dépendent des actions individuelles dans un contexte matériel autant que social. Dans cet empilement de strates, le postulat de progressivité peut être violé, du moins en apparence. Les actions individuelles dépendent des signaux neuronaux, sans forcément transiter par les états mentaux des acteurs. Des phénomènes collectifs comme les croyances sur la société dépendent directement des états mentaux des acteurs, sans nécessairement faire intervenir d'actions.

Plus classiquement, les activités économiques examinées par l'éco-économie mettent en scène trois catégories d'entités qui jouent un rôle primordial. Les agents, individualisés ou déjà regroupés en collectifs, choisissent des actions à effectuer en s'appuyant sur leurs états mentaux. Ils sont caractérisés par des propriétés tant extra-économiques (âge, sexe, catégorie socioprofessionnelle) qu'économiques (patrimoine, revenu). Les institutions aident les agents à coordonner leurs actions face à des incertitudes d'origine externe (environnement) ou d'origine interne (rapports sociaux). Elles sont caractérisées tant par la nature de leur support (organisationnel ou conceptuel) que par leur rôle (constitutif ou régulatif). Les biens, supposés isolables et homogènes, font enfin l'objet d'échanges entre des agents spécialisés. Ils sont caractérisés par leurs propriétés physiques (qualité, quantité) comme par leurs propriétés économiques (prix).

De plus, ces activités économiques se déroulent dans un cadre spatio-temporel plus ou moins explicite. En ce qui concerne plus spécifiquement le temps, trois modalités distinctes en sont considérées. Le temps objectif est le temps physique qui sert de support aux opérations réalisées par les agents. Il implique que non seulement les biens soient datés, mais aussi les activités et les états mentaux des acteurs. Le temps subjectif est le temps psychique qui sert de repère aux événements économiques dans l'esprit des agents. À chaque date, il sert de fondement en amont à la mémoire de l'acteur et en aval à ses anticipations. Le temps virtuel est le temps de la délibération mentale des agents, concentré par rapport au temps objectif. Chaque acteur simule le fonctionnement du système dans son for intérieur dans une perspective de choix. Par ailleurs, le temps peut apparaître comme une ressource rare nécessaire à l'agent pour effectuer ses activités. Il conduit à la définition d'une valeur du temps comme équivalent monétaire de l'unité de temps consommée dans une activité.

Ontologiquement, deux classes de représentations du système économique sont traditionnellement distinguées, d'abstraction décroissante. La *théorie des jeux* considère des acteurs indifférenciés fonctionnant comme des centres de décision qui délibèrent à partir d'états mentaux très généraux. Ils entretiennent des relations souvent bilatérales qui se traduisent par des actions réciproques de nature quelconque. Ils se situent dans un environnement matériel exogène, mais agissent dans un vide institutionnel. La *théorie des marchés* considère des acteurs différenciés en producteurs et en consommateurs, s'appuyant sur des états mentaux adaptés. Ils entretiennent peu de relations permanentes, mais procèdent à des échanges ponctuels et instantanés de biens, usuellement par l'intermédiation d'institutions. Le cadre institutionnel concerné comprend essentiellement le marché, mais aussi la monnaie ou les droits de propriété.

## STRUCTURE DU MODÈLE

Pour leur part, les modèles sont classés en deux grands groupes selon la nature du support retenu par le modélisateur. Les modèles analogiques adoptent un support matériel, à savoir un circuit électrique, un dispositif hydraulique ou une simple construction mécanique. En économie, de tels modèles ont été élaborés au XIXe siècle et se sont appuyés sur des analogies avec les sciences physiques. Les modèles symboliques s'appuient sur un support conceptuel, à savoir un système de signes articulés selon certaines règles. Ces derniers se subdivisent à leur tour en deux classes selon la sémiotique qu'ils mettent en œuvre. Les modèles iconiques représentent un système sous la forme de schémas à base géométrique (tableaux, graphes). En économie, de tels modèles continuent à être utilisés à des fins essentiellement pédagogiques. Les modèles linguistiques représentent un système par un langage abstrait formé de symboles reliés par des propositions.

Ces derniers se subdivisent encore en deux catégories selon la nature du langage utilisé. Les modèles verbaux sont exprimés dans un langage littéraire classique, obéissant à des règles de formation à partir d'un alphabet. En économie, de tels modèles ne subsistent qu'à titre provisoire comme esquisses de modèles plus sophistiqués. Les modèles formels sont exprimés sous la forme de systèmes complètement réglés de symboles. Ces derniers se décomposent finalement en deux classes, selon le type de formalisme mobilisé. Les modèles logiques sont composés d'un ensemble d'énoncés logiques associant des variables et des paramètres. Les modèles mathématiques sont composés d'un ensemble de relations analytiques entre des variables. Ces deux types de modèles, qui se présentent naturellement sous forme de modules articulés, sont particulièrement utilisés en économie et seront privilégiés par la suite.

Tout modèle logique repose sur un langage formel qui articule deux types d'éléments constitutifs. D'une part, des symboles se déclinent soit comme des signes de base, soit comme des connecteurs logiques. D'autre part, des règles d'assemblage définissent les énoncés, à savoir les combinaisons acceptables de signes et de connecteurs. En particulier, les énoncés indicatifs sont de la forme « P » alors que les énoncés conditionnels sont de la forme « si P, alors Q ». Dans la logique des propositions, les signes de base sont simplement des propositions élémentaires p qui énoncent un état de fait. Dans la logique des prédicats, les signes sont des prédicats P (x, a) qui expriment des propriétés dépendant de variables x et de paramètres a.

Tout modèle mathématique est lui-même formé de deux éléments qui sont homologues aux précédents. D'une part, les symboles sont des variables qui peuvent prendre certaines valeurs définies *a priori*. Ces variables sont certaines ou aléatoires selon que leurs valeurs sont appréhendées de façon déterministe ou probabiliste. D'autre part, les relations sont des équations qui relient les variables considérées entre elles. Ces relations peuvent être interprétées comme des énoncés conditionnels qui expriment que, si certaines variables prennent une valeur donnée, d'autres prennent les valeurs correspondantes. On parle de structure du modèle pour traduire l'ensemble compact de ses variables et des relations qui les lient. On parle d'état du modèle pour traduire un jeu de valeurs prises par les variables en compatibilité avec les relations.

Les variables ont une structure formelle plus ou moins exigeante, traduite par une échelle de mesure définie sur ses valeurs. Une échelle nominale se contente de fixer des positions qualitatives pour la valeur d'une variable. Une échelle ordinale définit un ordre (plus ou moins complet) sur les valeurs d'une variable. Une échelle cardinale définit des valeurs numériques prises par la variable, leurs différences (échelle cardinale faible) ou même leurs rapports (échelle cardinale forte) pouvant recevoir un sens précis. De plus, une variable est discrète si ses positions sont isolées et continue si elle admet un continuum de positions. Une variable privilégiée entre toutes n'est autre que le temps, variable unidimensionnelle traitée sous forme discrète (périodes) ou continue (intervalles). Une variable plus exceptionnelle est l'espace qui s'avère pluridimensionnel, mais se présente aussi sous forme discrète (réseau de points) ou continue (continuum de points).

En fonction de la structure formelle retenue pour les variables, on peut construire des classes différenciées de modèles. Selon qu'il contient ou non des variables aléatoires, on parle de modèle stochastique ou de modèle déterministe. Selon que le temps apparaît ou non sous une forme explicite, on parle de modèle dynamique ou de modèle statique. En temps continu, on obtient des équations différentielles (si les variables d'état sont continues) ou des équations de transition (si les variables d'état sont discrètes). En temps discret, on obtient des équations aux différences (si les variables d'état sont continues) ou des automates discrets (si les variables d'état sont discrètes). Le temps continu est généralement plus facile à manier analytiquement alors que le temps discret traduit mieux la phénoménologie naturelle des mécanismes en jeu.

Les relations entre variables prennent le plus souvent la forme d'équations, à savoir une forme fonctionnelle. C'est dire qu'une variable (endogène) expliquée est dépendante de variables (endogènes, exogènes ou temporellement prédéterminées) considérées comme explicatives. Plus précisément, une relation structurelle lie une variable endogène à des variables endogènes et exogènes alors qu'une relation autorégressive lie une variable endogène à ses seules valeurs passées. Mais les relations entre variables ou groupes de variables peuvent prendre des formes plus subtiles que de simples équations. C'est ainsi que des relations de similarité traduisent la proximité qui existe entre certaines valeurs de variables, du point de vue qualitatif comme du point de vue spatio-temporel. De même, des relations d'ordre permettent de comparer différentes valeurs de variables quant à leur importance qualitative ou quantitative.

Enfin, tout modèle est exprimé sous une forme plus ou moins précise en fonction du degré de spécification de ses relations. Une relation spécifique donne une expression parfaitement déterminée à l'équation qui lie les variables par le biais de paramètres numériques. Une relation paramétrique adopte toujours une forme analytique précise (linéaire, logarithmique, exponentielle), mais introduit des paramètres libres. Une relation générique revêt une forme quelconque, simplement limitée par certaines propriétés analytiques (convexité, continuité). Cette typologie permet une souplesse formelle dans l'expression des relations que n'autorise guère le langage commun. Elle assure un passage progressif à une abstraction de plus en plus forte dans la conceptualisation des relations.

### PRINCIPES DE CORRESPONDANCE

Un modèle apparaît comme un système formel utilisé pour représenter un système matériel de référence. Qu'il existe concrètement ou qu'il soit seulement imaginé, le système est appréhendé par le modélisateur à travers une ontologie de base. Plus précisément, il est conceptualisé par le modélisateur par une représentation informelle forgée *a priori*. Cette *représentation primaire*, qui fonctionne comme un pseudo-modèle, est implantée dans l'esprit du modélisateur. Ce dernier peut cependant s'efforcer de l'extérioriser et de la communiquer à autrui en termes littéraires. En tout état de cause, cette représentation primaire peut être confrontée à la *représentation secondaire* constituée par le modèle formel. Chacune de ces deux représentations est exprimée dans un espace conceptuel approprié qui s'efforce d'inclure toutes les dimensions jugées pertinentes.

Les « principes de correspondance » expriment les rapports établis par le modélisateur entre la représentation primaire et la représentation secondaire d'un système. Ils sont énoncés sous une forme littéraire et mettent en relation des éléments formels et des éléments matériels (présumés), réels ou fictifs. Ils sont semblables aux règles de codage qui figurent dans la légende d'une carte routière ou d'une carte géographique. Celles-ci établissent un rapport atemporel entre des symboles idéographiques et des éléments préconceptualisés du paysage. Ils sont tout aussi semblables aux descriptions d'une recette de cuisine ou d'une notice d'assemblage d'une machine. Celles-ci établissent un rapport plus dynamique entre des récits simples et des opérations élémentaires de fabrication.

Les principes de correspondance associent à chaque variable du modèle une grandeur du système de référence. Ils concernent, outre les entités mêmes du système, leurs propriétés et les caractéristiques de leurs liaisons. Bien entendu, les principes de correspondance revêtent un contenu différent à chaque niveau d'organisation du réel considéré. Quant à leur forme, ils associent à chaque variable un domaine de définition qui correspond à l'extension possible de la grandeur correspondante. Une variable sera dite plus générale qu'une autre si son domaine de définition englobe celui de l'autre. Cependant, une grandeur du système peut parfois se voir exprimée par diverses variables qui n'en capturent que des aspects partiels. Ainsi, les principes de correspondance sont rarement univoques et induisent un halo d'imprécision.

Bien entendu, l'échelle de mesure affectée à chaque variable est adaptée à la grandeur qui lui est associée. Ainsi, on utilise une échelle nominale pour représenter le genre d'un agent ou la nature physique d'un bien. De même, on utilise une échelle ordinale pour traduire la profession d'un agent (si celle-ci est hiérarchisée) ou la qualité d'un bien. Enfin, on utilise une échelle cardinale pour exprimer le revenu d'un agent ou la quantité d'un bien. De plus, les variables sont affectées d'un indice spatio-temporel s'il est pertinent de considérer le lieu et la date de la grandeur correspondante. Ainsi, les agents sont localisés s'ils agissent différemment selon leur domiciliation et les biens sont localisés si leur lieu de disponibilité importe. De même, les agents sont datés si leurs caractéristiques peuvent évoluer et les biens le sont si un même bien proposé à des dates différentes induit des conséquences différentes.

Dans ces opérations, des « conventions d'équivalence » sont introduites pour caractériser les entités et/ou les grandeurs qui sont associées à une même variable. Elles apparaissent déjà lors de la comparaison d'une grandeur d'un système à différentes dates et en différents lieux. Ainsi, la monnaie est souvent considérée comme une entité qui joue un rôle analogue dans l'Empire romain et dans les économies contemporaines. Elles sont plus prégnantes encore lorsqu'on définit des nomenclatures de grandeurs en formant des groupes homogènes. Ainsi, tous les agents qui appartiennent à une même catégorie socioprofessionnelle sont considérés comme interchangeables. Elles sont enfin à l'œuvre dans la définition de grandeurs probabilisables à partir des événements qu'ils engendrent. Ainsi, toutes les entreprises en situation de faillite sont considérées comme similaires lorsqu'il s'agit de calculer la fréquence de cet état de fait.

Les principes de correspondance, initialement définis sur les variables, sont naturellement prolongés aux relations du modèle. Le modélisateur associe aux relations du modèle des liaisons du système de référence, qu'il s'agisse des rapports entre propriétés d'une même entité ou des interactions établies entre diverses entités. Les relations du modèle associent des variables qui correspondent précisément aux grandeurs impliquées dans les liaisons du système. Elles peuvent être valables sur tout le domaine de définition des variables ou limitées à un sous-domaine restreint. Bien entendu, les variables utilisées dans différentes relations du modèle doivent toujours renvoyer aux mêmes grandeurs du système. En conséquence, le domaine de définition du modèle n'est autre que le domaine minimal affecté aux variables dans toutes les relations. Là encore, les principes de correspondance entre liaisons et relations sont multivoques et plus flous encore que pour les variables.

Les liaisons présumées du système sont formellement exprimées dans des structures adaptées aux besoins du modélisateur. Ainsi, les techniques de production qui relient des facteurs de production aux produits sont exprimées par des relations fonctionnelles. Les préférences des acteurs sur les conséquences de leurs actions sont conceptualisées *a priori* par des relations d'ordre. Les ressemblances entre situations décisionnelles rencontrées dans le passé par un décideur (*case-based reasoning*) sont traduites par des relations de similarité. Toutes ces structures mathématiques sont engagées dans une course vers des degrés de généricité croissants. Ainsi, sur la base de vecteurs de biens, on construit des hyperplans de prix, des hypersurfaces de préférences ou des domaines quelconques de production. On parle même, dans un raccourci saisissant, d'« économie convexe » pour signifier que les technologies des producteurs et les préférences des consommateurs sont convexes.

Le modélisateur peut disposer de formalismes alternatifs pour rendre compte des mêmes phénomènes, avec des possibilités de passage de l'un à l'autre. C'est ainsi que la théorie des jeux propose trois structures alternatives pour traduire les rapports stratégiques entre les joueurs. La *forme normale* exprime par le truchement d'une matrice du jeu les conséquences instantanées pour chaque joueur des actions de tous. La *forme extensive* exprime par le truchement d'un arbre du jeu les conséquences pour chaque joueur de toute histoire du jeu. La *forme coalitionnelle* exprime par le truchement d'une fonction caractéristique les résultats obtenus par toute coalition de joueurs. Les deux premières formes ont donné naissance à la théorie des jeux non coopératifs et admettent des équivalences dans un contexte commun. La troisième forme a donné naissance à la théorie des jeux coopératifs dont le raccordement à la précédente est plus délicat.

## LIMITES DE REPRÉSENTATION

Le modélisateur s'efforce de rendre la correspondance entre grandeurs et variables le plus univoque possible. D'une part, si une même grandeur a des connotations multiples, il tente de la traduire par une pluralité de variables (reliées entre elles). Ainsi, comme le taux d'actualisation d'un agent traduit fréquemment tant sa préférence pour le présent que son aversion face au risque, il est dédoublé en deux coefficients traduisant respectivement les deux effets. D'autre part, il s'efforce de représenter une grandeur par une variable qui soit définie sous une forme aussi forte que possible. Par exemple, si une anticipation de variation de prix est *a priori* définie sur une échelle ordinale (augmentation, maintien ou diminution du prix), il peut la transformer en variable cardinale faible (variation très forte, forte, modérée…), voire cardinale forte (variation quantitativement appréhendée).

Le modélisateur cherche tout aussi bien à rendre la correspondance entre liaisons et relations le plus univoque possible. D'une part, il est amené à décomposer une relation en deux autres relations s'il peut préciser la liaison entre les grandeurs correspondantes. Ainsi, une fonction de consommation qui lie la consommation d'un consommateur à ses revenus présent et passés peut être décomposée en une fonction de consommation pure liant sa consommation à son anticipation future du revenu et en une fonction d'anticipation liant son anticipation future du revenu aux observations passées du revenu. D'autre part, il s'efforce de donner à toute relation une spécification aussi précise que possible. Ainsi, il va donner à la fonction de production d'un producteur une forme Cobb-Douglas qui introduit des paramètres aisément interprétables et ajustables.

Cependant, les propriétés attribuées aux variables peuvent s'avérer bien trop fortes au regard des grandeurs représentées. Ainsi, l'incertitude que l'agent affecte à une grandeur est traduite d'emblée par une probabilité, et donc mesurée sur une échelle cardinale forte. Comme elle exprime un degré de croyance en l'occurrence de l'événement, on peut penser que l'estimation de l'acteur est en réalité moins tranchée. De fait, le modélisateur peut, moyennant des complications formelles, se contenter d'attribuer à l'agent des probabilités non additives et même des probabilités qualitatives. Par ailleurs, l'utilité ressentie par un agent dans ses appréciations directes est traitée comme une variable cardinale. Là encore, on peut penser que l'agrément ou le désagrément ressenti par l'acteur est de nature plus qualitative et multidimensionnelle. Le modélisateur a dès lors considéré qu'une échelle seulement ordinale était plus réaliste et de plus suffisante pour effectuer ses raisonnements.

De même, les caractéristiques attribuées aux relations sont souvent extrêmement fortes au regard des liaisons représentées. Ainsi, une fonction de production crée un lien déterministe très contraignant entre les facteurs de production et les produits. On peut penser que de nombreux phénomènes viennent perturber cette relation, ne serait-ce que l'absentéisme de la main-d'œuvre. Par ailleurs, dans un cadre de choix en incertitude, l'utilité d'un agent est reliée à son revenu par une relation analytique ayant de fortes propriétés non seulement de continuité, mais de dérivabilité. Cela permet certes au modélisateur d'interpréter la dérivée première en termes d'utilité intrinsèque du revenu, puis la dérivée seconde en termes d'aversion face au risque. Mais les dérivées suivantes ont à leur tour été interprétées au forceps alors même que la fonction d'utilité est plutôt épaisse (au sens où elle associe au revenu une zone de valeurs de l'utilité).

Par ailleurs, le modélisateur rencontre des limites qualitatives de représentation de certains concepts ou phénomènes. Ainsi, il est très délicat de modéliser l'apparition de biens nouveaux ou de technologies nouvelles. S'ils paraissent imprévisibles comme tout résultat d'un processus d'innovation, ils ne peuvent être représentés avec leurs propriétés constituantes. S'ils sont supposés être potentiellement déjà là et ne faire que s'actualiser, il reste à préciser leurs propriétés constituantes. De même, il est difficile de rendre compte du style des joueurs qui est pourtant couramment décrit de façon qualitative : prudent ou offensif, dur ou mou, rancunier ou indifférent. Certes, on peut attribuer formellement aux joueurs un type, qui résume leurs états mentaux et qui parcourt une échelle unidimensionnelle. Mais on est loin d'épuiser toute la richesse de leurs attitudes face au jeu, qui peuvent s'avérer irréductibles à des caractéristiques bien définies de leurs croyances ou de leurs préférences.

En particulier, le déroulement du temps pose au modélisateur de redoutables problèmes de conceptualisation. D'une part, il veut rendre compte d'un temps historique qui manifeste des phénomènes d'hystérèse ou des formes d'irréversibilité. Le temps newtonien ne permet guère de les engendrer, même si des systèmes non linéaires autorisent pour le moins l'apparition de bifurcations de trajectoires. D'autre part, il veut rendre compte de la superposition d'échelles temporelles emboîtées correspondant à des vitesses d'évolution différentes des grandeurs. Si on invoque trois échelles temporelles, on peut certes distinguer des variables fixes, des variables évoluant entre deux périodes et des variables évoluant à l'intérieur de chaque période, et les relier par des équations dynamiques. Mais un tel traitement est plus problématique dès lors que les échelles temporelles deviennent plus nombreuses et plus imbriquées.

Dans cette opération, les mathématiques jouent essentiellement le rôle d'un langage plus précis que le langage ordinaire. Elles obligent à définir de façon explicite et raisonnée les principes de correspondance nécessaires à son utilisation. En effet, il ne suffit pas de donner à une grandeur le nom d'une variable pour faire preuve de rigueur. Appeler Q la pollution dégagée par une entreprise n'apporte aucune valeur ajoutée à son expression littéraire. Il faut que cette variable reçoive un domaine d'interprétation précis et se voie dotée d'une structure adaptée. De même, il ne suffit pas de traduire une liaison par une relation indéterminée entre variables pour faire preuve d'inventivité. Poser une relation P = f (T) entre le pouvoir d'une firme et sa taille ne dit rien sur la nature de cette relation. Il faut attribuer à cette relation un champ d'action précis et une forme analytique adaptée à son usage.

Du fait des limites de représentabilité, les modèles apparaissent comme des isolats formalisés au sein d'un substrat littéraire. Ils ne constituent que la partie émergée de l'iceberg des connaissances, celle qui concerne les connaissances déjà bien balisées. Certains phénomènes restent ainsi provisoirement remisés dans l'ombre alors que d'autres sont étalés en pleine lumière. En effet, les connaissances formalisées ont un statut *a priori* mieux reconnu que les connaissances non formalisées. Mais elles ont l'inconvénient de passer sous silence ce qui est moins formalisable et qui s'énonce dès lors de façon plus banale. En sens inverse, il est plus aisé de critiquer un modèle formel qu'un savoir informel en usant d'ailleurs d'arguments littéraires. Mais cet exercice se révèle trop facile et la critique ne porte véritablement que si l'on propose de remplacer du formel par du formel plus adéquat.

## *Problème de l'interprétation*

Au-delà du lien formel que le modèle entretient avec le système représenté, la notion d'interprétation renvoie au commentaire littéraire tenu à son propos. Elle concerne la signification profonde donnée aux variables et aux relations du modèle au regard de la connaissance que l'on a d'emblée du système. La notion d'interprétation revêt en fait deux sens distincts et se trouve particulièrement mobilisée pour commenter les états mentaux des acteurs. Selon l'antériorité relative du système et du modèle, on distingue une interprétation positive et une interprétation normative d'un modèle. Selon la priorité donnée au système de référence ou au modèle, on distingue une interprétation réaliste et une interprétation instrumentaliste d'un modèle. Un modèle peut enfin recevoir des interprétations multiples plus ou moins profondes, à l'instar des termes aléatoires de ses relations.

### NATURE DE L'INTERPRÉTATION

Une première notion d'interprétation renvoie à la relation explicite que le modèle entretient avec le système de référence (*Bedeutung, meaning*). Par un processus de dénotation, chaque variable renvoie à une propriété d'une entité et chaque relation, à une liaison entre propriétés des entités en interaction. Cette notion d'*interprétation référente*, qui assigne au modèle un champ d'application précis, est parfaitement appréhendée par le principe de correspondance. Elle met en rapport des modèles qui présentent une forte analogie formelle, mais non pour autant une analogie substantielle. Ces modèles sont fondés sur une même structure, mais admettent des interprétations référentes différentes. Les grandeurs correspondent les unes aux autres jusque dans leurs échelles de mesure, mais renvoient à des réalités différentes. Les liaisons sont en correspondance les unes avec les autres, mais traduisent des phénomènes différents.

En économie, le modèle de Hotelling décrit essentiellement l'impact sur la concurrence de la localisation des agents économiques. Sur une plage linéaire et bornée, des consommateurs potentiels de glaces sont disposés selon une distribution suffisamment régulière. Des marchands de glaces sont susceptibles de s'installer de façon fixe en des endroits à leur convenance. Les glaces vendues étant supposées de même prix et de même qualité, les consommateurs sont censés les acheter chez le marchand le plus proche. Les marchands de glaces décident alors de leur localisation en cherchant à maximiser le nombre de glaces vendues. Le modèle formel reproduit fidèlement ces caractéristiques en évitant toute ambiguïté qui nécessiterait des développements particuliers. Il se contente en fait de spécifier certaines hypothèses (nombre et distribution des consommateurs, nombre de marchands de glaces).

En politologie, ce modèle est susceptible de recevoir une tout autre interprétation en termes de processus électoral. Sur un axe politique unidimensionnel gauche-droite, les électeurs sont dispersés selon une distribution donnée. Des partis politiques développent un discours électoral qui conduit à les positionner chacun en un endroit déterminé de cet axe. Les partis étant supposés substituables relativement aux autres critères, l'électeur est censé voter pour le parti le plus proche de son opinion. Chaque parti se situe sur l'axe en adaptant son discours politique, de façon à maximiser le nombre d'électeurs qui votent pour lui. Dans cette interprétation du modèle, les mêmes hypothèses nécessitent des justifications informelles bien plus appuyées. En particulier, la distribution politique des électeurs (comme des partis) sur un segment unidimensionnel devient une hypothèse très forte bien que tout à fait usuelle.

Une seconde notion d'interprétation renvoie au commentaire plus lâche qui est tenu sur les rapports entre le modèle et le système de référence (*Sinn, sense*). Par un processus de connotation, un discours rend compte de la signification à donner à une propriété ou du sens à attribuer à une liaison entre propriétés. Cette notion d'*interprétation signifiante*, comme discussion autour du modèle, est plus ambiguë que la précédente et ne se prête guère à la formalisation. Elle conduit à proposer des lectures différentes d'un même modèle formel ou de certains de ses éléments. Par définition, les versions comparées ont une forme mathématique identique, supposée neutre par rapport à tout travail d'interprétation. Elles ont la même interprétation référentielle, à savoir qu'elles représentent le même système de référence. Mais elles divergent par des argumentations supplémentaires qui contribuent à la compréhension profonde du modèle.

En économie, le modèle de base de l'assurance met en scène un assureur et divers assurés au regard d'un certain risque. Pour chaque assuré, ce risque se traduit par l'apparition ou non d'un sinistre, conditionnellement à l'état de la nature qui va se produire. Moyennant une prime d'assurance, il peut s'assurer de façon à recevoir un remboursement en cas de perte. Chaque assuré affecte une probabilité d'occurrence à chacun des états de la nature susceptibles de se produire. Il choisit de s'assurer ou de ne pas s'assurer en comparant son espérance d'utilité dans les deux cas. Enfin, la prime d'assurance est fixée en supposant que l'assureur est une mutuelle qui équilibre l'offre et la demande. Ce modèle soulève des problèmes d'interprétation sur chacune de ses hypothèses, même si certaines sont plus transparentes que d'autres.

Tout d'abord, la fonction d'utilité de l'assuré peut être analysée d'un point de vue purement matérialiste et ne traduire que son seul intérêt financier (à court et long terme). Mais elle peut aussi être considérée comme multidimensionnelle et intégrer diverses motivations financières et symboliques, comme le sentiment de sécurité qu'il éprouve s'il est assuré. Ensuite, les probabilités de l'assuré peuvent être considérées comme objectives et traduire fidèlement la fréquence observée des sinistres. Mais elles peuvent tout autant être perçues comme subjectives et traduire des croyances *a priori* des assurés, par exemple en cas de sinistres exceptionnels. Enfin, l'égalité de l'offre et de la demande peut recevoir une interprétation *ex ante* qui reflète le processus concret par lequel se réalise leur mise en adéquation. Elle peut aussi recevoir une interprétation *ex post* et ne traduire qu'une relation physique qui constate qu'en bout de course ce qui est versé par les uns est forcément perçu par les autres.

Dans le contexte d'une interprétation référente, les variables et les relations reçoivent des interprétations dérivées les unes des autres. Plus précisément, toute variable (ou toute relation de façon duale) reçoit une interprétation sous une forme directe ou indirecte. Dans l'*interprétation directe*, la variable du modèle se voit d'emblée associée à une grandeur du système. Si, de plus, toutes les grandeurs présentes dans une relation sont directement interprétées, une interprétation indirecte de cette relation s'ensuit. Dans l'*interprétation indirecte*, la variable ne prend sens qu'à travers une relation où elle apparaît avec d'autres. Dans ce cas, c'est la relation qui est supposée directement interprétée de même que toutes les autres variables qui y figurent, et la variable résiduelle est interprétée par ricochet.

La dichotomie précédente est parfaitement illustrée par l'interprétation des états mentaux de l'acteur. L'interprétation directe suppose que le modélisateur appréhende les états mentaux sans biais selon un protocole quelconque. C'est ainsi que l'*utilité hédonique* est définie de façon directe par sa simple expression par l'acteur. Le modélisateur endosse cette déclaration de l'acteur s'il estime que ce dernier ne la déforme pas volontairement. L'interprétation indirecte suppose que le modélisateur révèle les états mentaux à partir de variables observables qui leur sont liées de façon connue. C'est ainsi que l'*utilité révélée* est définie de façon indirecte par inférence à partir des actions observées de l'acteur. Tout comme l'action elle-même, la relation qui lie l'utilité à l'action est directement interprétée, et l'utilité peut alors en être inférée de façon indirecte, par un raisonnement abductif.

## INTERPRÉTATION POSITIVE ET INTERPRÉTATION NORMATIVE

Une première taxonomie oppose deux interprétations (référentes) selon la direction selon laquelle est appliqué le principe de correspondance (Mongin). L'*interprétation positive* considère que le modèle se doit d'être une représentation fidèle du système de référence. Elle est soutenue par des arguments empiriques montrant que le modèle est validé au regard des faits d'observation. L'*interprétation normative* considère que le système doit être une construction conforme au modèle. Elle est fondée sur des arguments praxéologiques montrant que le système est satisfaisant s'il est construit sur la base du modèle. Cette taxonomie s'applique aussi bien à un énoncé particulier du modèle qu'au modèle pris dans son ensemble. En pratique, un modèle est positif s'il ne comprend que des énoncés positifs et normatifs s'il comprend au moins une proposition normative.

L'interprétation positive (ou descriptive) se traduit au niveau même des opérateurs logiques introduits dans les énoncés. Les énoncés positifs ne font que traduire un état de fait qui est repéré et exprimé par l'acteur concerné. Cet acteur est généralement le modélisateur, mais il peut s'agir tout aussi bien d'un agent du système représenté. Les énoncés positifs sont exprimés sous une forme indicative (« X est le cas ») ou sous une forme conditionnelle (« si X est le cas, alors Y est le cas »). En général, en vertu du principe de Bacon, on considère que le modélisateur n'a une attitude scientifique que s'il s'en tient à des énoncés positifs sur le système de référence. En revanche, l'agent lui-même est amené à prendre ses décisions en manipulant des énoncés tant positifs que normatifs sur son environnement.

Dans une interprétation positive, la théorie des jeux exprime que les joueurs se comportent dans la réalité comme l'indiquent ses modèles. C'est dire qu'ils se trouvent dans la situation d'équilibre qui est jugée pertinente par le modélisateur dans un certain contexte. En conformité avec le modèle rationnel de décision, chaque joueur agit au mieux tout en tenant compte du comportement d'autrui. Plus précisément, il procède à une délibération mentale qui l'amène à choisir la meilleure action au sens de ses préférences, pour des croyances données. Cette interprétation est soumise à de nombreux tests empiriques qui étudient la conformité du comportement observé au comportement postulé dans certains contextes. Dans des expériences de laboratoire, les hypothèses se voient confirmées ou réfutées selon le contexte.

L'interprétation normative se traduit là encore par des énoncés spécifiques, cependant de deux types. Les énoncés évaluatifs traduisent un jugement de valeur qui est exprimé par l'agent concerné. Ils adoptent encore une forme soit indicative (« X est bien ») soit conditionnelle ou plutôt comparative (« X est meilleur que Y »). Les énoncés prescriptifs traduisent une injonction impérative proférée par l'agent concerné. Ils s'expriment toujours sous forme indicative (« il faut faire X ») ou comparative (« il vaut mieux faire X que Y »). En violation du principe de Bacon, le modélisateur peut être amené à énoncer des jugements de valeur dans une perspective de réforme du système considéré. Quant à l'agent, il profère un énoncé évaluatif en appliquant des préférences à un énoncé descriptif et un énoncé prescriptif en ajoutant des moyens d'action à un énoncé évaluatif.

Dans une interprétation normative, la théorie des jeux affirme que les joueurs devraient se conformer à ce que décrivent ses modèles. C'est dire qu'ils doivent réaliser l'état d'équilibre qui est préconisé dans telles ou telles circonstances. En particulier, chaque joueur doit suivre les préceptes du modèle rationnel de décision adapté au contexte dans lequel il se trouve. Plus précisément, il doit déterminer son choix en respectant des axiomes de rationalité quant à la façon de combiner ses croyances et ses préférences. Cette interprétation est soutenue par des arguments plus ou moins sophistiqués avancés par les économistes. Mais il n'existe pas forcément de consensus *a priori* entre ces économistes sur des axiomes qui font l'objet d'affaiblissements divers.

Dans un raisonnement à deux niveaux correspondant à deux agents différents, un énoncé peut fort bien changer de statut. Dans un sens, l'énoncé positif « l'agent i pense que X est le cas » devient l'énoncé évaluatif « l'agent j pense que l'agent i a tort de penser que X est le cas ». Dans l'autre sens, l'énoncé évaluatif « l'agent i pense que X est bien » devient l'énoncé positif « l'agent j croit que l'agent i pense que X est bien ». De même, l'énoncé prescriptif « l'agent i pense qu'il faut faire X » devient l'énoncé positif « l'agent j croit que l'agent i pense qu'il faut faire X ». Selon le principe de Weber, un énoncé évaluatif ou prescriptif attribué par un observateur à un agent devient ainsi un énoncé positif pour cet observateur. Couplé au principe de Bacon, il affirme qu'une attitude scientifique ne doit introduire de propositions évaluatives ou prescriptives que de façon déléguée.

En règle générale, la théorie économique se veut positive au niveau des comportements des agents et de leurs interactions. En particulier, le modélisateur va supposer que l'agent suit un comportement rationnel fondé sur ses croyances et sur ses préférences. Même si ce modèle apparaît *a priori* comme normatif, il peut fort bien le considérer comme un modèle positif valable en première instance. Certes, contrairement aux croyances qui sont positives, les préférences de l'agent sont à l'évidence évaluatives. Cependant, conformément au principe de Weber, le modélisateur se place en surplomb de l'agent et lui attribue des préférences, même s'il ne peut les observer directement. D'ailleurs, le modélisateur va jusqu'à supposer que n'importe quel agent suppose que l'autre est rationnel et lui attribue des préférences.

En revanche, la théorie économique accepte d'être normative lorsqu'elle se place au niveau du système économique global. Le modélisateur affiche, à côté de ses représentations du système économique, des préférences collectives qui permettent de comparer les états sociaux susceptibles de se produire. Contrairement aux représentations, ces préférences collectives sont à l'évidence évaluatives. Non affectées à un agent particulier, elles sont implicitement endossées par le modélisateur en contradiction avec le principe de Bacon. Cependant, une approche plus positive reste possible lorsque ces mêmes préférences collectives sont affectées à un décideur public, en particulier à l'État. Ce dernier peut alors être considéré par le modélisateur comme un agent monolithique qui a ses propres préférences, construites ou non à partir de celles des agents.

## INTERPRÉTATION RÉALISTE ET INTERPRÉTATION INSTRUMENTALISTE

Une seconde taxonomie contraste deux interprétations (signifiantes) selon la portée assignée au principe de correspondance. L'*interprétation instrumentaliste* considère que « tout se passe comme si » (*« as if »*) le système de référence fonctionnait à l'image du modèle pour certains phénomènes. Elle est justifiée par des arguments montrant que les régularités mises en exergue dans le modèle permettent de prévoir le comportement du système de référence. L'*interprétation réaliste* considère que « tout arrive » (*« as is »*) dans le système de référence comme dans le modèle pour ces mêmes phénomènes. Elle est justifiée par des arguments montrant que les mécanismes mis en scène par le modèle ont une contrepartie empirique suffisamment fidèle. Ces deux interprétations s'appliquent là encore à une relation particulière ou à un modèle complet.

L'interprétation instrumentaliste met l'accent sur des conséquences privilégiées du modèle, qui seules sont confrontées aux phénomènes observés sur le système de référence. De plus, le modèle se contente de décrire les conditions abstraites qui permettent d'obtenir tel ou tel résultat conforme aux observations. Il s'agit d'une approche substantive au sens où le modélisateur cherche seulement à dégager la logique d'un phénomène par l'intermédiaire d'une « boîte noire ». Du point de vue épistémologique, elle renvoie à la position du constructivisme épistémologique. Ce dernier affirme que les modèles sont des constructions commodes qui ordonnent les observations et sont utilisables à diverses fins. Il est soutenu par le fait que les observations, même biaisées, présentent des régularités manifestes sur lesquelles il est possible à tout un chacun de s'appuyer.

Soumise à une interprétation instrumentaliste, la théorie des jeux se contente de prévoir les états d'équilibre qui peuvent se produire. D'une part, le choix réalisé par chacun des joueurs est traduit par un programme d'optimisation formel qui ne dépend que des actions d'autrui. Mais le processus concret de délibération mentale du joueur qui lui permet de singulariser une et une seule action n'est pas considéré. D'autre part, les états d'équilibre sont décrits par des conditions formelles qui indiquent simplement que les joueurs y demeurent en l'absence de perturbations externes. Mais le processus par lequel un état d'équilibre est sélectionné et réalisé par coordination des actions des joueurs n'est pas explicité. L'approche substantive s'avère cependant suffisante tant que le processus de délibération et de coordination reste hypothétique sans être soumis à des contraintes concrètes supplémentaires.

L'interprétation réaliste met l'accent sur les hypothèses du modèle autant que sur ses conséquences, les deux devant être en accord avec les observations. De plus, le modèle décrit les mécanismes concrets qui font passer de certains facteurs explicatifs aux phénomènes observés. Il s'agit d'une approche procédurale au sens où l'on cherche à exhiber le processus qui conduit au phénomène, ce qui revient à exhiber une « boîte colorée ». Du point de vue épistémologique, elle renvoie cette fois à la position du réalisme épistémologique. Ce dernier affirme qu'il existe une réalité extérieure qui peut être progressivement mise au jour à travers des modèles. Il est soutenu par l'idée que, les observations étant cohérentes d'une personne à l'autre et stables dans le temps, on peut en rendre compte dans des modèles consensuels.

Soumise à une interprétation réaliste, la théorie des jeux exhibe les voies par lesquelles les joueurs peuvent arriver à un état d'équilibre. D'une part, elle précise le processus mental de décision suivi par les joueurs, de façon consciente ou inconsciente. Elle défend l'idée que la décision est le résultat d'un véritable raisonnement que l'on peut approcher ou du moins entrevoir par introspection. D'autre part, elle fournit des mécanismes par lesquels les joueurs sont amenés à coordonner leurs actions respectives. Ces mécanismes sont de nature diverse, qu'ils soient fondés sur des raisonnements sophistiqués des joueurs ou sur des processus d'apprentissage dynamiques. Le passage à une interprétation procédurale devient nécessaire dès lors qu'interviennent des contraintes concrètes de recueil et de traitement de l'information subies par les joueurs.

Par ailleurs, les deux interprétations instrumentaliste et réaliste peuvent être croisées avec les interprétations positive et normative. La première se décline naturellement sous deux formes liées à deux usages alternatifs des modèles. D'une part, l'instrumentalisme épistémique affirme que les modèles sont de bons outils d'explication et de prévision des phénomènes. D'autre part, l'instrumentalisme praxéologique affirme que les modèles sont de bons outils d'aide à la décision et à la conception. La seconde donne lieu à une distinction plus artificielle fondée sur l'antériorité relative du modèle et du système. D'une part, le réalisme épistémique affirme que les modèles se doivent d'être le reflet fidèle d'une réalité autonome. D'autre part, le réalisme praxéologique affirme que les modèles sont des artefacts idéaux qui doivent être traduits dans la réalité.

En règle générale, la théorie économique se considère comme constructiviste du point de vue épistémologique. C'est dire que l'interprétation instrumentaliste est dominante, donnant au modèle un rôle essentiel d'instrument d'investigation. En effet, beaucoup d'entités sont pour le moins des constructions sociales mal délimitées et fluctuantes. Il en est ainsi d'entités juridiques comme les entreprises, de biens immatériels comme l'information ou d'institutions comme la monnaie. De plus, ces entités sont difficiles à appréhender de façon objective par des moyens d'investigation usuels. En particulier, les états mentaux sont fréquemment considérés comme non directement accessibles par le modélisateur ni même par l'acteur lui-même. Les modèles sont donc considérés comme encore trop imparfaits pour bien décrire ne fût-ce que des fragments de réalité. Mais ils jouent un rôle considérable pour comprendre, prévoir et même agir sur nombre de phénomènes.

En revanche, la théorie économique se proclame plus délibérément réaliste d'un point de vue ontologique. Elle affirme qu'il existe une réalité extérieure au modélisateur et indépendante de ses modèles. C'est ainsi qu'elle soutient l'existence concrète tant des agents que des biens et des institutions avec leurs propriétés principales. Les états mentaux des agents sont eux-mêmes considérés comme réels, même s'ils ne sont pas directement appréhendés. Pour le moins, elle affirme qu'il y a un intérêt méthodologique à croire que les entités même les plus conceptuelles existent. Elle utilise l'argument habituel selon lequel l'existence des entités est la meilleure explication des régularités observées. Elle utilise plus avant l'argument selon lequel les entités sont formées en grande partie d'individus dont l'existence paraît directement avérée par introspection.

## PROFONDEUR DE L'INTERPRÉTATION

Tout modèle est désormais caractérisé par trois dimensions essentielles, indépendamment de son usage. La syntaxe du modèle reflète les propriétés logico-mathématiques qui le caractérisent comme objet formel. La sémantique du modèle traduit sa correspondance avec le système de référence et coïncide avec l'interprétation référente. La sémiotique du modèle traduit les significations qui lui sont accordées et coïncide avec l'interprétation signifiante. Chaque dimension suppose que la précédente ait été préalablement définie et introduit un discours à son propos. À tout cadre syntaxique peuvent être associées des sémantiques multiples, qui sont alternatives et se situent toutes au même niveau. À toute syntaxe et à toute sémantique peuvent être associées des sémiotiques multiples, qui sont souvent incompatibles et s'exercent à différentes profondeurs.

Du point de vue ontologique, la sémiotique porte un jugement sur le fonctionnement même du système de référence. En particulier, elle propose des mécanismes sous-jacents permettant de rendre compte des liaisons présumées du système. Elle se rapproche de ce fait des principes d'explication sous-jacents à tout modèle. Du point de vue épistémologique, elle porte une appréciation sur les propriétés des principes de correspondance. En particulier, elle commente les écarts perceptibles entre le modèle et le système de référence. Elle se rapproche alors des principes de validation qui s'appliquent au modèle. À titre d'illustration, nombre de modèles formels incorporent des relations aléatoires, souvent réduites à des termes aléatoires. Trois interprétations principales de ces termes sont traditionnellement mises en avant en adoptant le point de vue du modélisateur.

L'interprétation ontologique exprime un indéterminisme intrinsèque du fonctionnement d'un élément du système. C'est ainsi que sont interprétés des processus physiques de l'environnement des agents comme des chocs erratiques ou même des innovations. C'est surtout ainsi qu'on comprend un comportement individuel perçu par autrui comme non prévisible. Dans une perspective ambitieuse, l'aspect aléatoire du comportement résulte du libre arbitre supposé de l'acteur. Le modélisateur peut alors penser que l'agent décide librement de l'achat de telle voiture plutôt que de telle autre. Dans une perspective plus modeste, l'aspect aléatoire du comportement résulte prosaïquement d'un défaut de maîtrise de l'acteur. Le modélisateur suppose que l'agent intervient avec une « main tremblante » (Selten) qui conduit, lors de la mise en œuvre de l'action envisagée, à en dévier avec une certaine probabilité.

L'interprétation épistémologique reflète une erreur de spécification réalisée sur une relation du modèle. Elle est due à une méconnaissance, de la part du modélisateur, de la forme réelle que revêt cette relation. D'une part, elle peut traduire l'absence dans la relation de certaines variables qui s'avèrent pertinentes. Il est alors supposé que ces variables négligées sont de faible influence et peuvent être résumées par un terme aléatoire. D'autre part, elle peut traduire une spécification inexacte de la relation qui lie les variables entre elles. Il est encore supposé que, si une relation est exprimée sous une forme simplifiée, les écarts peuvent se représenter par un terme aléatoire. Un cas particulier concerne l'agrégation d'une population formée d'entités hétérogènes en un agent unique, où l'écart entre les comportements superposés et le comportement moyen est traduit par un terme aléatoire.

Une troisième interprétation est méthodologique et concerne les erreurs commises dans la mesure des variables. Elle n'est pas relative au modèle défini *a priori*, mais à sa confrontation ultérieure aux données existantes. En effet, chaque grandeur intervenant dans une relation n'est mesurée qu'avec une marge d'erreur qui est là encore introduite par un terme aléatoire. En particulier, certaines variables collectives ne sont mesurées que sur un échantillon d'agents et introduisent une erreur d'échantillonnage. Les marges d'erreur cumulées sur l'ensemble des variables induisent dès lors un aléa sur la relation correspondante. En principe, cet aléa peut être calculé à partir de la marge d'erreur associée à chaque variable et de la forme prise par les relations. En pratique, le terme aléatoire est directement formulé dans la relation et permet de l'ajuster aux données recueillies.

Une illustration purement économique concerne les stratégies mixtes utilisées par les acteurs. La notion de stratégie mixte d'un acteur suppose qu'il choisit une action dans un ensemble prédéfini selon une loi de probabilités *a priori*. Une interprétation ontologique suppose que l'acteur tire concrètement au sort entre ses actions possibles. Il en est ainsi de tout contrôleur qui va tester la qualité d'un ensemble homogène d'objets selon un processus aléatoire exogène. Une interprétation épistémologique suppose que l'acteur fait partie d'une population et que la probabilité traduit pour le modélisateur la proportion des agents qui utilisent cette action. Il en est ainsi du votant moyen qui est représenté comme choisissant aléatoirement telle ou telle option. Une troisième interprétation se place cette fois du point de vue d'un l'acteur et reflète la représentation qu'il se fait du comportement d'autrui. Il en est ainsi d'un conducteur dont l'autre observe qu'il roule tantôt à gauche tantôt à droite avec une certaine fréquence.

Selon son extension, l'interprétation accordée à un modèle se heurte finalement à une double difficulté. Le modèle est *sous-interprété* quand il est présenté sous une forme logico-mathématique dont le commentaire est réduit au strict minimum. L'interprétation n'est au mieux que référente et réduite aux seules variables, essentiellement par le canal du vocabulaire utilisé à leur propos. Le modèle est censé parler de lui-même sans que l'on ressente le besoin d'en préciser sa signification. Le modèle est *sur-interprété* quand il est accompagné d'un commentaire qui va très au-delà de ce qu'exprime son expression formelle. Tant les variables que les relations sont abondamment discutées en y trouvant des justifications insoupçonnées. La structure du modèle est un simple faire-valoir qui ne sert qu'à ancrer et à ordonner divers discours qui lui étaient souvent antérieurs.

À titre d'exemple, on peut considérer l'interprétation du comportement mimétique adopté par un acteur. Sous sa forme la plus simple, il conduit cet acteur à effectuer une action déjà mise en œuvre par un autre. Une interprétation préférentielle affirme que l'acteur imite l'autre car effectuer une action semblable augmente son utilité. Elle est justifiable pour autant que les acteurs ont des intérêts identiques lorsqu'ils réalisent les mêmes actions. Une interprétation informationnelle affirme que l'acteur imite l'autre parce qu'il pense que l'autre est dans les mêmes circonstances que lui et possède plus d'informations. Il s'agit d'une sur-interprétation qui ne peut être soutenue que dans le cas où l'asymétrie d'information est manifeste. Une interprétation institutionnelle affirme que l'acteur imite l'autre car il obéit à des normes sociales qui incitent à la conformité. Il s'agit d'une sous-interprétation qui reste muette quant aux origines et aux modalités d'action de ces normes postulées.

## *Rapports aux autres disciplines*

Le rapport distancié établi entre un modèle formel et son système de référence est consubstantiel de la notion même de modèle. Cependant, il se décline sous des aspects sensiblement différents selon les disciplines considérées. Les sciences formelles s'organisent en de vastes classes de modèles, munies d'une interprétation minimale, dans lesquelles les autres disciplines viennent piocher. Les sciences de la nature construisent des modèles fondés sur une ontologie claire et univoque, mais elles soulèvent néanmoins de redoutables problèmes d'interprétation. Les sciences sociales reposent sur une ontologie plus ambiguë et, quand bien même elles renonceraient à construire des modèles formalisés, elles sont sujettes à un important travail d'interprétation.

### SCIENCES FORMELLES

Les mathématiques sont fondées sur une ontologie minimale, qui renvoie à un système qui demeure abstrait. Celle-ci se contente de définir des états du système (résumés par un ensemble de grandeurs) dans un contexte temporel et éventuellement spatial. De plus, des facteurs aléatoires peuvent être introduits pour exprimer des grandeurs additionnelles agissant sur le système de manière probabiliste. Exception apparente, la géométrie s'est directement inspirée des formes concrètes des objets matériels dans le plan ou dans l'espace. Mais elle a elle-même été progressivement généralisée à des dimensions supérieures et à des configurations non euclidiennes. Des interprétations générales des variables et des relations sont néanmoins possibles dès ce niveau de généralité. Ainsi, les dérivées première et seconde d'une variable quelconque par rapport au temps sont naturellement interprétées comme traduisant une vitesse d'évolution et une accélération.

La logique est fondée sur une ontologie encore plus réduite, même si elle renvoie toujours à un système de référence. Les énoncés à base logique sont définis avec un minimum de restrictions quant à leur champ d'application potentiel. Toutefois, il existe des systèmes logiques de plus en plus puissants (logique des propositions, logique des prédicats) pouvant prendre en compte des phénomènes de plus en plus généraux. Ce n'est que récemment qu'on a vu apparaître des logiques modales temporelles ou dynamiques intégrant plus spécialement le temps. De même, des logiques modales spécialisées s'appuient sur des opérateurs logiques spécifiques pour s'adapter à divers types de problèmes. Ainsi, la logique épistémique (appuyée sur des opérateurs de connaissance) traduit les croyances des acteurs tandis que la logique déontique (appuyée sur des opérateurs d'évaluation) traduit les préférences des acteurs.

La logique formelle a introduit une notion originale de modèle, *a priori* distincte de celle utilisée dans les sciences empiriques. Elle intervient dans le cadre d'une distinction établie entre la syntaxe symbolisée par une théorie et la sémantique représentée par un modèle. La théorie consiste en un système d'axiomes exprimé dans un langage logique approprié, axiomes desquels on déduit des théorèmes. Le modèle est représenté par des relations entre certains éléments de base, relations qui obéissent à des propriétés caractéristiques. Le modèle est une interprétation de la théorie, au sens où il existe une correspondance entre les variables de la théorie et les éléments de base du modèle. Les théorèmes dérivés de la théorie sont alors validés par les propriétés satisfaites par le modèle et inversement, en vertu d'un théorème de représentation.

Une double différence se dessine ainsi entre l'interprétation d'un modèle logique et celle d'un modèle empirique. D'une part, aucune réalité concrète n'est invoquée à propos d'un modèle logique, la correspondance s'établissant d'emblée entre deux objets conceptuels. D'autre part, on assiste à une inversion qui fait que le modèle tient le rôle du système représenté et la théorie, celui du système de représentation. Cependant, l'interprétation référente d'un modèle empirique est conservée si l'on donne au modèle le rôle de représentation primaire et à la théorie celui de représentation secondaire. Par exemple, on représente les croyances des acteurs sous une forme syntaxique (par des propositions et des opérateurs de croyance) ou sémantique (par des mondes possibles et des relations d'accessibilités entre mondes). La seconde est un modèle logique de la première, mais les deux agissent comme des modèles empiriques.

Les sciences formelles instaurent une coupure nette entre une structure logico-mathématique et son interprétation. C'est du moins la position adoptée par le groupe Bourbaki, groupe de mathématiciens qui a procédé à une refondation complète des mathématiques. Plus largement, les disciplines utilisant des outils mathématiques procèdent à une interprétation en deux temps. Une interprétation préalable et partielle d'une structure est suggérée par les mathématiciens eux-mêmes. Elle consiste essentiellement à en fournir des illustrations dans des domaines familiers au lecteur. Une interprétation complémentaire et plus complète de la structure est proposée par la discipline d'accueil. Elle s'appuie sur les connaissances d'arrière-plan de la discipline pour mieux préciser le domaine d'application du modèle.

Les sciences formelles se veulent tout aussi neutres par rapport au double clivage introduit à propos de l'interprétation. D'une part, elles développent des objets formels qui ne correspondent *a priori* à aucun objet qui manifeste une existence (positive) ou auquel on souhaite accorder une existence (normative). L'adéquation avec des objets déjà réalisés ou avec des artefacts susceptibles de l'être se fait au coup par coup. Nombre d'objets formels ne reçoivent d'ailleurs aucune contrepartie concrète, malgré les efforts effectués pour les appliquer. D'autre part, elles ne s'intéressent guère à la nature profonde du lien entre les objets formels et les systèmes concrets. Certes, la vision platonicienne reconnaît un certain réalisme des objets formels, mais un réalisme non matériel. En sens inverse, la vision intuitionniste se veut plus instrumentaliste, mais dans un sens pragmatique plutôt que praxéologique.

Cependant, une interprétation naturelle associe aux règles de la logique classique des processus de raisonnement des acteurs. Il s'agit de rendre compte de la manière dont les acteurs combinent leurs connaissances pour en dériver d'autres. Comme pour la théorie de la décision ou pour la théorie des jeux, on peut en avoir une interprétation tant positive que normative. Dans l'interprétation positive, on affirme que les acteurs raisonnent effectivement selon les canons de la logique classique. Elle est justifiée (ou réfutée) par un résultat favorable (défavorable) des tests empiriques auxquels les acteurs sont soumis. Dans l'interprétation normative, on affirme que les acteurs devraient se conformer aux canons de la logique classique. Elle est justifiée par divers postulats, notamment par le fait que seule la logique classique conserve la valeur de vérité des énoncés.

Dans une perspective positive, d'autres formes de logique sont néanmoins proposées pour décrire les raisonnements effectivement effectués. Il en est ainsi du raisonnement conditionnel, qui introduit des propositions du type « si p, alors q », plus fortes que la simple implication matérielle. Il permet de formaliser la manière dont l'acteur infère des conséquences virtuelles de situations non réalisées. De même, dans une perspective normative, d'autres formes de logique sont proposées pour entendre les raisonnements habituels. Il en est ainsi du raisonnement abductif qui inverse la logique classique en raisonnant des conséquents vers les antécédents. Il permet d'inférer, à partir d'événements observés, des jeux d'hypothèses qui permettent d'en rendre compte. Ces deux modes de raisonnement sont ampliatifs en ce qu'ils infèrent des conclusions qui vont au-delà des hypothèses faites.

## SCIENCES DE LA NATURE

Dans les sciences de la nature, si l'on excepte le niveau infracorpusculaire, une ontologie fort simple de nature hiérarchique est à l'œuvre. Des niveaux d'organisation bien distincts sont caractérisés par des entités de base emboîtées : particules, molécules, cellules, organes/tissus, organismes. Ces entités sont facilement isolables par leur frontière et manifestent une forte autonomie de comportement. Chaque entité est caractérisée par des propriétés élémentaires qui permettent d'en proposer une typologie. Les liaisons entre les entités sont propres à chaque niveau et peuvent être ordonnées en fonction de leur intensité. Par ailleurs, le temps orienté est le support naturel des phénomènes et peut être structuré en échelles temporelles clairement séparables. Cependant, en remontant dans les niveaux d'organisation, les entités deviennent plus complexes et les liaisons, plus flexibles.

Ainsi, une particule physique est simplement caractérisée par sa masse ou sa charge électrique et s'insère dans une typologie restreinte de particules possibles. Elle est soumise à des forces gravitationnelles ou électriques qui résultent directement de ses propriétés. En revanche, une cellule est déjà constituée de sous-systèmes plus sophistiqués, même si elle se décline en un nombre restreint de types. Elle interagit avec d'autres par des transmissions chimiques ou électriques, liées aux propriétés locales qu'elle possède. Enfin, un organisme biologique est caractérisé par des propriétés nombreuses et manifeste dès lors une forte variabilité. Il entretient des rapports avec son environnement qui ne sont que partiellement réductibles à des propriétés individuelles, comme les penchants alimentaires ou sexuels.

Les principes de correspondance entre un système de référence et son modèle sont transparents, univoques et exhaustifs. De fait, il existe un langage de description du système propre à chaque niveau d'organisation. Les grandeurs, en nombre réduit, sont traduites en variables souvent exprimées sur des échelles de mesure quantitatives. Les liaisons, elles-mêmes en nombre réduit, sont traduites par des relations exprimables et interprétables à partir des propriétés des entités. Enfin, les processus dynamiques à l'œuvre dans le système sont eux-mêmes transcrits en mécanismes formels simples. Relations et mécanismes sont la plupart du temps déterministes, même si des facteurs aléatoires peuvent être introduits dans certains modèles. Les limites de représentation portent essentiellement sur le grand nombre d'éléments et l'enchevêtrement des relations à prendre en compte dans le modèle.

Ainsi, en physique, existe-t-il un petit nombre de variables fondamentales, essentiellement quantitatives : longueur, masse, temps, intensité électrique, température, intensité lumineuse. Les relations fondamentales, toutes déterministes, renvoient à quatre types d'interactions : gravitationnelle, électromagnétique, nucléaire faible, nucléaire forte. La loi statique des gaz parfaits comme la loi dynamique de propagation de la chaleur sont directement énoncées sous forme de relations analytiques. Les lois dynamiques de la mécanique sont aisément traduites dans les termes du calcul différentiel. Les lois qui gouvernent le noyau atomique sont cependant plus qualitatives (modèle de la goutte, de la coquille ou du sac). En biologie, les variables sont bien plus nombreuses et peuvent rester qualitatives (sexe). Les relations sont de nature tantôt quantitative tantôt qualitative, et sont en particulier structurales quand elles font intervenir des rapports spatiaux entre des macromolécules ou des cellules (modèle en double-hélice de l'ADN).

La plupart des modèles des sciences de la nature soulèvent peu de problèmes d'interprétation, tant les principes de correspondance sont transparents. En particulier, les relations sont directement interprétables à partir de l'interprétation des variables qu'elles contiennent. Cependant, si l'on est à la recherche de principes fondamentaux, des divergences d'interprétation peuvent apparaître et même perdurer. Elles portent d'abord sur le statut de l'espace et du temps comme sur les aléas occasionnellement introduits dans les modèles. Elles portent aussi bien sur certains concepts premiers que sur les relations qui sont fondées sur eux. Cependant, ces différences d'interprétation au niveau des principes n'ont que peu d'impact sur la compréhension et l'utilisation des relations qui en dérivent.

Ainsi, en physique, la notion même d'espace-temps donne naissance à des interprétations différentes (Klein). La conception substantielle n'y voit qu'un réceptacle pour accueillir les phénomènes alors que la conception relationnelle y voit une émanation des liaisons primitives entre objets. Toujours en physique, les aléas introduits en mécanique quantique ont donné lieu à de vifs débats d'interprétation entre Bohr et Einstein. Ils peuvent être attribués aussi bien à un indéterminisme intrinsèque du système qu'à l'existence de variables cachées, même si l'empirie a tranché en faveur de la première. En biologie moléculaire, la notion d'information portée par l'ADN a également fait l'objet d'interprétations divergentes. Elle renvoie à une pure vision analogique de l'influence d'une forme ou à la transmission d'un flux réel de substance au sein du système.

En ce qui concerne l'opposition entre interprétation positive et interprétation normative, les sciences de la nature se placent délibérément du côté de la première. La seconde n'intervient que dans la mesure où le modélisateur est capable d'agir sur un système naturel, voire de construire un système artificiel.

Elle renvoie alors à l'opposition entre science pure (théorique ou empirique) et science appliquée. En ce qui concerne l'opposition entre interprétation réaliste et interprétation instrumentaliste, les sciences de la nature penchent là encore vers le réalisme. Cependant, elles peuvent admettre des modèles instrumentalistes à titre provisoire, dans l'attente de fondements plus réalistes. Ces modèles sont en particulier utilisés à des fins de prévision, d'aide à la décision et d'aide à la conception.

En physique, l'approche positive est dominante et réserve une approche plus prescriptive aux sciences de l'ingénieur. La démarche réaliste va de soi, même si une approche plus instrumentaliste peut la précéder ou même la suivre. Si le modèle de Newton est interprété de façon réaliste, le modèle de Ptolémée reçoit aujourd'hui une interprétation instrumentaliste de nature épistémique. En biologie, l'approche positive s'impose également et cantonne une approche plus prescriptive aux sciences médicales. La démarche réaliste est première, mais laisse parfois la place à une démarche instrumentaliste. Si la physiologie humaine se veut réaliste, une attitude instrumentaliste se manifeste respectivement dans la corrélation entre maladies et symptômes (de nature épistémique) et dans celle entre moyens d'action médicaux et états de santé (de nature praxéologique).

## SCIENCES SOCIALES

Dans les sciences sociales, l'ontologie reste fort simple dans son principe, mais devient plus foisonnante dans la pratique et varie selon les disciplines. Elle est limitée à deux niveaux d'organisation, individuel et social, peuplés respectivement d'acteurs et de phénomènes sociaux incluant les institutions. Les entités de chaque niveau ont des frontières floues et des comportements fortement dépendants du contexte. Chaque entité est dotée d'une multitude de propriétés tant physiques que psychologiques qui les différencient. Les liaisons entre les entités sont de nature organique ou symbolique et souvent d'intensité voisine. Enfin, le temps objectif n'est plus qu'un support lâche des phénomènes et s'accompagne d'un temps subjectif de ressenti des phénomènes et d'un temps virtuel de simulation des phénomènes.

Ainsi, l'économie classique à la Walras est fondée sur un *Homo oeconomicus*, à savoir un agent rationnel qui fonde son action sur ses opportunités, ses croyances et ses préférences. La coordination des actions d'échange de biens est réalisée par un mécanisme de marché à travers des signaux collectifs comme les prix. La sociologie de Bourdieu est fondée sur un *Homo sociologicus* qui est conditionné socialement par un « habitus » progressivement acquis. Les comportements des agents déterminent un champ social qui guide en retour les actions des agents. L'anthropologie selon Descola est fondée sur un *Homo anthropologicus* qui catégorise son environnement physique, zoologique et humain selon deux critères. Dans l'opposition entre humains et non-humains, ils reposent sur l'homogénéité ou l'hétérogénéité de leur physicalité (état matériel) ou de leur antériorité (état moral).

Les principes de correspondance sont moins aptes à associer aux grandeurs jugées pertinentes des variables unidimensionnelles. Les propriétés des entités sont interdépendantes et difficiles à traduire en variables quantitatives et même qualitatives. Les liaisons entre les entités sont détachées de leurs propriétés et délicates à exprimer en relations structurelles simples. Même le temps objectif est parsemé d'irréversibilités et d'innovations qui empêchent d'en adopter une représentation linéaire. Quant au temps subjectif, il se compresse ou se détend selon l'âge de l'acteur et le contexte dans lequel il est plongé. L'interprétation stricte des variables ne peut ainsi se dégager de connotations et de dénotations multiples des grandeurs. Elle se transmet de façon souvent multivoque, voire équivoque aux relations entre les variables.

Les acteurs individuels sont appréhendés par leur âge, leur sexe ou leur profession, qui sont faciles à exprimer sur des échelles adaptées. Mais ils sont aussi définis par leur rôle, leur statut ou leur caractère, plus difficilement appréhendables. De même, les organisations sociales sont résumées par leur taille, leur structure ou leur activité, assez aisément formalisables. Mais elles sont aussi définies par leur pouvoir, leur réactivité ou leur intégration, propriétés qui imposent la considération d'indicateurs multiples. Enfin, les acteurs sont reliés par des échanges de biens, des langages de communication ou des liens de parenté, dont la structure est apparente. Mais ils sont aussi soumis à des liens identitaires, des liens de soumission ou des liens d'imitation, aux contours incertains.

En sciences sociales, les descriptions prennent la forme de récits (ou narrations) littéraires plutôt que de modèles formels. Ces récits articulent logiquement, en langage courant, un certain nombre d'énoncés formés à partir de concepts intuitifs. Les concepts reçoivent une interprétation référente plus ou moins consensuelle, mais qui peut fluctuer au cours du temps. Les énoncés héritent de cette interprétation, mais sont souvent amenés à jouer de cette ambiguïté subie. Les récits donnent alors lieu à des interprétations signifiantes innombrables qui constituent l'essentiel du travail scientifique. Les mêmes textes font l'objet de commentaires qui se superposent les uns aux autres sans grand effort de synthèse. Cependant, des modèles formels plus nombreux voient le jour, tant pour fournir des explications que pour organiser les données. Une telle formalisation favorise une interprétation plus univoque, mais elle est loin de maîtriser toutes les zones d'imprécision.

Ainsi, la plupart des grands ouvrages de sociologie ou d'ethnologie ont fait l'objet d'interprétations multiples, souvent proposées par d'autres grands noms des mêmes disciplines. Les modèles formels se sont d'abord développés en économie ou dans des disciplines voisines comme la démographie. Ils se sont imposés en linguistique, en ce qui concerne la construction syntaxique des phrases, l'énonciation phonologique des mots ou encore la valeur sémantique des propositions. Ils sont apparus en anthropologie avec la représentation des liens de parenté sous une forme topologique (structure de groupe). Ils investissent certains pans de la géographie avec une représentation mathématique dynamique du développement des villes. La sociologie elle-même construit des modèles, pour rendre compte tant par la génétique que par le milieu de la corrélation entre professions du père et du fils.

Les sciences sociales adoptent une attitude aussi bien positive que normative, variable selon les disciplines. Elles ne se contentent pas de décrire les états sociaux, mais portent des jugements de valeur sur eux. Elles proposent plus rarement des mesures pour les améliorer, refusant de se muer en une ingénierie sociale. Ces deux attitudes sont parfois mêlées, ce qui peut créer des confusions quant aux visées véritables de leurs auteurs. En revanche, la plupart des sciences sociales privilégient une attitude réaliste à une attitude instrumentaliste. Elles s'efforcent de mettre au jour la rationalité cachée des phénomènes psychologiques et sociaux, au-delà des contingences historiques. Elles considèrent qu'elles peuvent accéder à une réalité que les acteurs eux-mêmes ne peuvent percevoir. Des représentations plus instrumentalistes sont cependant proposées dans des domaines qui sont difficiles à appréhender en profondeur.

Ainsi, la linguistique est d'abord positive et ne se prononce qu'exceptionnellement sur ce que les langues devraient être. Elle est instrumentaliste quand elle suggère que les grammaires génératives peuvent engendrer le langage, mais redevient réaliste quand elle s'interroge sur les fondements neuronaux de ces grammaires. L'anthropologie adopte aussi une attitude essentiellement positive et s'abstient de tout jugement sur les sociétés primitives. D'emblée réaliste, elle accepte d'être instrumentaliste pour rendre compte par des principes hypothétiques de régularités observées (rites, mythes). La sociologie est plus normative et dénonce même nombre de comportements jugés contraires à un intérêt social grossièrement défini. Elle se veut néanmoins réaliste en évitant de trop se départir des faits d'observation reconnus.

CHAPITRE 2

# Fonction syllogistique

« Quand il s'agit d'interpréter les conclusions, les hypothèses ont été facilement oubliées. »

Wassily LEONTIEF.

Un modèle est un objet formalisé qui permet d'inférer d'un ensemble d'hypothèses, réalistes ou virtuelles, tout un éventail de conséquences. Par sa forme même, il se prête à une *simulation* abstraite du fonctionnement et de l'évolution du système auquel il renvoie. Ainsi, un modèle de marché permet de déduire de diverses hypothèses de comportement des agents économiques les prix d'équilibre des biens échangés. Cette activité s'avère indépendante de l'interprétation donnée au modèle dans la mesure où elle n'engage que son versant formel. Il s'agit de « faire tourner le modèle » pour en tirer toutes les conséquences jugées pertinentes, une façon de poursuivre le raisonnement ordinaire par d'autres moyens. La qualité ici recherchée du modèle n'est autre que sa *tractabilité*, à savoir sa capacité à engendrer de façon rigoureuse et robuste des conséquences originales.

La *fonction syllogistique* du modèle est bien appréhendée par le slogan qui affirme que « connaître, c'est calculer ». Elle se traduit par un raisonnement logique ou probabiliste effectué par le modélisateur pour dériver des conclusions pertinentes des hypothèses retenues. Ce raisonnement déductif vise non seulement à résoudre le modèle dans son contexte usuel, mais à le pousser dans ses ultimes retranchements. La fonction syllogistique repose sur des techniques de démonstration ou de simulation qui rencontrent des limites drastiques. Elle soulève le problème de l'*explication* véhiculée par le modèle, à savoir la mise en évidence de mécanismes sous-jacents aux phénomènes apparents. Elle rappelle aussi que l'économie se heurte à des problèmes de computation et à des difficultés d'explication bien plus fortes que les sciences de la nature.

## *Passage des hypothèses aux conséquences*

Le modélisateur met en œuvre des principes logiques de déduction qui lui permettent d'inférer des énoncés valides à partir d'autres énoncés. Le recours à un modèle impose *ipso facto* l'établissement d'une distinction entre deux types de propositions, ses hypothèses et ses conséquences. Les hypothèses, fixées *a priori* et en principe indépendantes, sont exprimées sous une forme plus ou moins axiomatisée. Les conséquences, plus diversifiées mais sélectionnées, résultent d'une procédure d'inférence plus ou moins constructive. Obtenues par voie analytique ou par simulation numérique, les conséquences s'avèrent plus ou moins robustes à des variations des hypothèses. Enfin, le passage des hypothèses aux conclusions peut exiger des compétences computationnelles hors de portée du modélisateur.

### STATUT DES HYPOTHÈSES

Les modèles classiques introduisent deux types de variables mises en rapport par des relations analytiques. Les variables exogènes décrivent des conditions d'environnement du système de référence et ont une valeur fixée *a priori*. Les variables endogènes traduisent des propriétés du système de référence et prennent une valeur calculée par le modèle. Différenciées selon leur caractère temporel et leur caractère aléatoire, les relations définissent des modèles statiques ou dynamiques, déterministes ou stochastiques. Distinguées par leur degré de spécification, elles donnent naissance à des modèles génériques, paramétriques ou spécifiques. Les hypothèses du modèle sont dès lors formées d'une part des relations, d'autre part des valeurs attribuées aux variables exogènes et aux paramètres. On peut leur adjoindre le champ de validité du modèle, à savoir l'espace admissible des variables endogènes.

Tout modèle est fondé sur un nombre réduit d'hypothèses qui doivent être complètement explicitées et dûment formalisées. Ces hypothèses obéissent globalement à deux conditions syntaxiques qui assurent leur cohérence logique. Elles sont compatibles entre elles au sens où le fait de les combiner n'entraîne aucune contradiction logique. Elles sont indépendantes au sens où aucune d'entre elles n'apparaît comme une conséquence des autres. Ces hypothèses sont aussi soumises à des conditions sémantiques qui assurent leur unité conceptuelle, mais sont plus difficiles à exprimer. Elles sont homogènes au sens où les variables relatives au système de référence ont le même sens dans toutes les équations. Elles sont exhaustives au sens où aucune considération sur le système de référence, jugée pertinente par le modélisateur, n'est laissée hors du champ des hypothèses.

Les modèles microéconomiques rendent compte des phénomènes économiques globaux à partir des actions des agents élémentaires. Les variables exogènes concernent des facteurs physiques (conditions météorologiques), sociaux (influences culturelles) ou institutionnels (droits de propriété). Les variables endogènes concernent essentiellement les prix des biens, les quantités échangées ou encore les anticipations des agents. Les relations expriment aussi bien le comportement des agents individualisés que les interactions entre ces agents. Mais elles comprennent aussi des contraintes physiques imposées par l'environnement matériel et des contraintes institutionnelles émanant de l'environnement institutionnel. La plupart de ces modèles sont génériques pour autant qu'ils cherchent à traduire toute une classe de phénomènes. Ils sont également déterministes, sauf pour exprimer certains phénomènes particuliers comme des stratégies probabilistes ou des apprentissages stochastiques.

Les modèles macroéconomiques rendent compte des phénomènes économiques globaux à partir de variables elles-mêmes globales. Les variables exogènes concernent des grandeurs agrégées comme la démographie ou les exportations, ou des grandeurs singulières comme le progrès technique ou le taux de change. Les variables endogènes traduisent des grandeurs agrégées comme la production, l'emploi, la consommation, l'investissement, les importations, les prix ou les salaires. Les relations essentielles sont les relations de comportement des agents agrégés et les relations de confrontation entre ces agents. D'autres traduisent des contraintes physiques ou comptables automatiquement réalisées *ex post*. Les relations sont souvent groupées en blocs homogènes décrivant la sphère réelle, la boucle prix-salaires ou la sphère financière et monétaire. La plupart de ces modèles sont spécifiques, ils cherchent à déterminer la valeur prise par des grandeurs ciblées. Ils sont stochastiques car ils doivent tenir compte des grandeurs omises et s'adapter aux données.

Certains modèles sont qualifiés d'« axiomatiques » dans la mesure où leurs hypothèses prennent la forme d'axiomes élémentaires. Dans leur forme, les axiomes sont exprimés par des énoncés logiques (propositions, prédicats) à la fois génériques et déterministes. Ils introduisent fréquemment des structures mathématiques originales comme des structures d'ordre ou des structures de similarité. La cohérence et l'indépendance des axiomes font l'objet d'analyses logiques rigoureuses qui peuvent conduire à les remplacer par d'autres, toutes choses égales par ailleurs. Dans leur contenu, les axiomes détaillent telle ou telle propriété attribuée aux entités du système de référence. Ils s'efforcent de la décomposer en autant de composantes distinctes et autonomes qu'il est possible. L'homogénéité et l'exhaustivité font l'objet de réflexions qualitatives cherchant à éliminer des hypothèses superfétatoires ou à débusquer des hypothèses implicites.

Les principales axiomatiques concernent les états mentaux des acteurs dans le cadre du choix individuel en situation de certitude ou d'incertitude. Dans telle axiomatique, les axiomes traduisent les propriétés d'une relation de préférences d'un acteur sur les objets du choix (actions pures, actions mixtes, loteries, actes). Dans telle autre, les axiomes concernent les propriétés de la structure ou de la révision des croyances d'un agent. Certaines axiomatiques examinent le passage des décisions (ou des opinions) individuelles aux décisions (ou opinions) collectives. Dans l'une d'elles, les axiomes traduisent des propriétés de procédures d'agrégation des croyances individuelles ou des préférences individuelles. Dans une autre, les axiomes concernent les conditions de rationalité individuelle et collective dans un processus de négociation. Plus récemment, des axiomatiques se sont penchées sur les équilibres de jeux pour en fournir des justifications épistémiques. Les axiomes cernent alors des propriétés des croyances croisées des joueurs sur leurs caractéristiques respectives.

Les hypothèses d'un modèle ont enfin un contenu interprétatif plus ou moins explicite et univoque. Chacune des relations fait l'objet d'une interprétation propre, mais leur conjonction reçoit de plus une interprétation globale. Les hypothèses sont dites « substantielles » quand elles expriment des rapports fondamentaux entre des variables pertinentes. Elles traduisent les propriétés de base et les liaisons que le modélisateur veut appréhender en priorité au sein du système de référence. Elles sont dites « techniques » quand elles se contentent de spécifier des formes particulières des variables et des relations. Destinées à faciliter les calculs ultérieurs sans en altérer les résultats, elles s'interprètent en termes de caractéristiques secondaires des liaisons, mais elles s'avèrent rarement neutres.

Ainsi, le modèle du duopole met en scène deux producteurs et des consommateurs atomisés sur le marché d'un bien. Chaque producteur, affecté d'une fonction de coût, est supposé maximiser son profit, ce qui définit une fonction d'offre du bien en fonction de son prix. Les consommateurs expriment une demande globale du bien en fonction de son prix et d'autres grandeurs exogènes. Le prix est lui-même déterminé par un commissaire-priseur fictif qui égalise l'offre et la demande. Ces hypothèses sont compatibles et indépendantes en vertu de la séparation supposée de l'offre et de la demande. Elles sont homogènes et exhaustives en vertu de l'autonomie supposée du marché considéré par rapport aux autres marchés. Elles sont substantielles car elles sont censées définir fidèlement les mécanismes qui déterminent les variables endogènes. Des hypothèses plus techniques portent sur l'indivisibilité des quantités échangées ou sur la continuité des prix associés.

## DÉRIVATION DES CONSÉQUENCES

Dans un modèle générique, le modélisateur procède par résolution analytique pour inférer de ses hypothèses génériques des conséquences elles-mêmes génériques. Parmi l'infinité des conséquences logiques du modèle, il privilégie celles qui semblent correspondre à des propriétés remarquables du système de référence. Le modélisateur s'appuie sur des résultats mathématiques généraux pour démontrer des théorèmes liant des variables endogènes du modèle aux variables exogènes non spécifiées. Si le modèle est déterministe, l'inférence des conclusions se fait selon les méthodes classiques de calcul analytique (calcul fonctionnel, calcul différentiel). Les hypothèses fournissent des conditions nécessaires, mais non forcément suffisantes des conséquences. Si le modèle est stochastique, l'inférence se fait selon les règles usuelles du calcul des probabilités. La distribution de probabilités sur les hypothèses se transfère en distribution de probabilités sur les conséquences.

Dans un modèle spécifique, le modélisateur procède par simulation numérique pour calculer, à partir de ses hypothèses spécifiques, des conséquences spécifiques. Il aboutit à la détermination de variables endogènes du modèle à partir de variables exogènes spécifiées. Cette détermination peut se faire de façon déterministe ou en probabilités, en testant des valeurs alternatives des aléas (méthode de Monte-Carlo). Si elle peut exceptionnellement être effectuée à la main, elle est désormais effectuée quasi exclusivement par ordinateur. Le modèle est alors traduit en un modèle informatique qui adopte la forme d'un programme pour ordinateur. Ce modèle peut différer sur certains points du modèle conceptuel, par ajout d'hypothèses dites « informatiques ». Il peut se décliner sous des versions successives, ce qui complique l'identification du modèle d'origine ou même d'un modèle de référence. Dans certains cas, il peut même être construit sous forme informatique sans découler d'un modèle analytique préalable.

Dans un modèle microéconomique, des méthodes analytiques permettent de déduire de ses hypothèses les états d'équilibre susceptibles de se produire. Elles exploitent à cette fin une gamme étroite de résultats mathématiques classiques (théorèmes de point fixe, théorèmes de séparation). Ainsi, dans un modèle walrasien, les prix des biens sont calculés par résolution d'un schéma bouclé qui traduit le fait que les agents s'appuient sur les prix en même temps qu'ils les déterminent. Elles mettent en exergue les conditions d'existence et d'unicité d'un état d'équilibre et catégorisent ces états en fonction des paramètres et des variables exogènes qui sont introduits. Ainsi, dans le modèle walrasien, les hypothèses usuelles de concurrence parfaite (agents atomisés, prix flexibles, information parfaite, rendements décroissants) s'avèrent suffisantes, mais ne sont pas forcément nécessaires pour garantir l'existence et l'unicité d'un équilibre.

Dans un modèle macroéconomique, les valeurs des variables exogènes permettent de déterminer les valeurs correspondantes de variables endogènes. Le modélisateur calcule numériquement l'état qui se réalise instantanément sur une période ou sur une succession de périodes. La simulation est effectuée sur ordinateur, en s'appuyant sur une gamme de modèles informatisés qui adoptent des patronymes distinctifs et connaissent des éditions successives. Elle est généralement réalisée de façon probabiliste et indique la probabilité d'occurrence de tel ou tel événement futur. En fait, le modélisateur se contente généralement d'indiquer la valeur moyenne et la variance de chacune des variables calculées. L'incertitude sur une variable s'accroît avec l'horizon du calcul, et détermine un cône de plausibilité de ses valeurs possibles qui s'élargit vers le futur.

Dans une axiomatique, le modélisateur dérive logiquement du système d'axiomes des résultats qui s'énoncent en autant de règles ou de principes. La démonstration prend la forme d'un théorème de représentation qui lie une syntaxe (un système d'axiomes) et une sémantique (une règle de calcul). De fait, les axiomatiques peuvent conduire à deux types de résultats selon la compatibilité ou non des axiomes. Un résultat positif délimite la classe des règles qui sont compatibles avec l'ensemble des axiomes. Un résultat négatif démontre l'inexistence d'une règle qui satisferait l'ensemble des axiomes. Dans les deux cas, un tel résultat, activement recherché, s'avère informatif et fécond pour le modélisateur. Un résultat positif répond aux attentes du modélisateur alors qu'un résultat négatif montre que ses attentes sont inatteignables.

Ainsi, un résultat positif, le théorème de Savage, associe à une série d'axiomes concernant le choix entre des loteries la règle de choix qui retient la loterie de plus forte espérance d'utilité. Un autre résultat positif, le théorème de Nash, associe à un système d'axiomes sur le partage d'une ressource entre deux acteurs la règle de partage qui lui correspond. Un résultat négatif, initialement surprenant, montre l'impossibilité d'associer à des préférences individuelles sur des options sociales une préférence collective sur les mêmes options, dans le respect d'axiomes simples (Arrow). Un autre résultat négatif, plus prévisible, montre que l'équilibre de Nash ne peut être obtenu avec les seuls axiomes de connaissance commune de la rationalité des joueurs et de la structure du jeu (Aumann-Brandenburger).

Le problème de l'interprétation signifiante (ou de la sémiotique) du modèle concerne non seulement ses hypothèses et ses conclusions, mais le passage des unes aux autres. En théorie, le mécanisme déductif consiste en une pure manipulation de symboles logico-mathématiques, indépendamment de toute interprétation. En pratique, le modélisateur va proposer une interprétation des conclusions obtenues à la lumière des hypothèses supposées. Il va même suggérer une interprétation du mécanisme de déduction en termes de processus suivi par le système de référence. Cette interprétation de la démonstration oscille de l'approche la plus réaliste à l'approche la plus instrumentale. En particulier, le passage est non constructif lorsque les conséquences sont déterminées sans qu'un processus de transition (de nature réaliste) ne soit proposé. De même, le passage est non univoque lorsque des conséquences distinctes peuvent résulter (de façon non réaliste) des mêmes hypothèses.

Dans le modèle du duopole, deux notions d'équilibre sont définies, par les quantités (équilibre de Cournot) ou par les prix (équilibre de Bertrand). Un résultat positif établit qu'un état d'équilibre existe sous des conditions peu contraignantes concernant la fonction de coût des entreprises. Un résultat négatif conclut que cet équilibre peut ne pas exister sous des conditions plus exceptionnelles. En tout état de cause, le résultat est non constructif au sens où l'état d'équilibre est bel et bien défini, mais non le processus par lequel les firmes peuvent y aboutir. De tels processus ont été suggérés, le tâtonnement de Cournot supposant que chaque firme réagit au mieux à l'action passée de l'autre. Mais ce processus apparaît peu réaliste au sens où il implique une forte myopie de la part des agents. En revanche, le résultat est généralement univoque au sens où l'état d'équilibre, s'il existe, est unique.

## ROBUSTESSE DU MODÈLE

En faisant varier les hypothèses, un modèle permet une exploration conceptuelle qui prolonge formellement la simple expérience de pensée. La notion de robustesse syntaxique du modèle traduit alors la sensibilité des conséquences formelles à une variation des hypothèses. Cette variation concerne d'abord les facteurs exogènes qui traduisent l'environnement matériel du système de référence (robustesse contextuelle). C'est ainsi que la statique comparative compare systématiquement les conséquences du modèle lorsqu'il traite de contextes différents. Elle concerne plus avant la structure du modèle, à savoir ses paramètres ou la spécification même de ses relations (robustesse structurelle). C'est ainsi que l'analyse structurale des modèles étudie non seulement leurs structures (boucles d'interactions), mais leurs réactions à des chocs de structure (déformation des trajectoires). Parallèlement, mais plus rarement, une notion de robustesse sémiotique est introduite en considérant la sensibilité de l'interprétation d'un modèle à un changement de sa structure.

La notion de robustesse prend une tournure différente selon que le modèle est spécifique ou générique. Dans le premier cas, il s'agit de savoir si l'état spécifique qui se réalise est sensible à une variation des variables exogènes ou des paramètres. Cette robustesse est conditionnelle à l'état considéré et peut varier fortement d'une zone à l'autre du domaine de validité du modèle. Dans le second cas, il s'agit de savoir si la propriété générique qui apparaît est sensible à une modification de la structure du modèle. De fait, il est souvent nécessaire d'avoir « assez de structure » (au sens d'une structure suffisamment riche) pour obtenir des résultats intéressants. Enfin, par un mécanisme d'analyse inverse, le modélisateur est susceptible de remonter des conclusions aux hypothèses qui les engendrent. Plus précisément, il peut mettre en évidence les jeux d'hypothèses qui sont véritablement responsables de conséquences données au regard du modèle.

Dans un modèle microéconomique, le modélisateur cherche à tester la sensibilité des quantités et des prix d'équilibre sur un marché aux divers ingrédients du modèle. Tout d'abord, il peut faire varier les allocations initiales de ressources des agents (ou leurs revenus initiaux). Il peut aussi modifier les fonctions de production (ou les fonctions de coût) des producteurs ou les fonctions d'utilité des consommateurs. Cette modification porte sur les paramètres des fonctions (coût unitaire de production) ou sur leur forme analytique (convexité de la fonction de coût). Il peut enfin moduler les mécanismes institutionnels (marchés, enchères, négociations) qui sont chargés de la coordination entre les agents. Dans ce cas, c'est tout un bloc de relations qui est remplacé par un autre sans toucher au reste du modèle.

Dans un modèle macroéconomique, le modélisateur cherche à mesurer la sensibilité de divers agrégats macroéconomiques à différents facteurs exogènes. Des scénarios contrastés sont élaborés en multipliant les variantes élémentaires et composites qui sont simulées. Ainsi, on examine la sensibilité de l'investissement d'un secteur à la modification du prix de l'énergie ou des taux d'intérêt. On analyse plus ambitieusement la robustesse du chômage dans tel ou tel pays à une variation du comportement au travail (taux de productivité, absentéisme) ou de la législation sur le travail (salaire minimal, durée du travail, âge de la retraite). On s'intéresse enfin à la sensibilité de la croissance d'un groupe de pays à une accélération du progrès technique. Cette étude exige là encore de modifier simultanément de nombreuses équations du modèle de façon plus ou moins profonde.

La robustesse d'un modèle est intrinsèque au sens où deux modèles voisins peuvent avoir une robustesse fort différente. Si les variations des hypothèses et des conséquences sont mesurables, le niveau de robustesse est lui-même mesurable et peut varier entre des situations extrêmes. Simon parle du « principe de continuité des approximations » pour traduire le fait que des hypothèses proches conduisent à des conséquences proches. Pour des chocs exogènes, une telle robustesse normale est automatiquement obtenue avec des modèles linéaires. La robustesse est plus sujette à caution pour des chocs structurels ou avec des modèles non linéaires. Dans certains cas, on observe une *sur-robustesse*, des hypothèses nettement distinctes aboutissant à des conséquences très voisines (effet d'entonnoir). Dans d'autres cas, on observe une *sous-robustesse*, une faible modification des hypothèses conduisant à une modification importante des résultats (effet de clairon).

Ainsi, dans le modèle du duopole statique avec fonctions de coût et de demande linéaires, une modification du coût unitaire produit une modification proportionnelle de la quantité produite et du prix. Mais la robustesse devient problématique dès lors que l'on s'affranchit du cadre statique et linéaire. Du côté des consommateurs, le modèle se révèle souvent sur-robuste à leur type de comportement. La fonction de demande décroît avec le prix non seulement avec le modèle rationnel, mais aussi avec deux modèles alternatifs. Le modèle inerte postule qu'au nouveau prix le consommateur choisit le panier de biens le plus proche du panier ancien. Le modèle aléatoire postule qu'à chaque prix le consommateur choisit un panier aléatoire qui épuise son budget. Du côté des producteurs, le modèle s'avère sous-robuste à l'horizon considéré si la situation est répétée. En effet, pour tout modèle, il est établi que le nombre d'équilibres augmente drastiquement en passant d'un horizon fini à un horizon infini.

L'analyse de sensibilité sur les hypothèses procède en fait d'un raisonnement conditionnel du modélisateur. Il s'exprime sous forme d'une proposition « si A, alors C », notée A ► C, dans laquelle A est l'antécédent et C, le conséquent. Il s'interroge sur les conséquences que l'on est susceptible d'obtenir dans des circonstances hypothétiques. Le raisonnement est profactuel si les hypothèses sont réalisées et contrefactuel si elles ne le sont pas. Il est afactuel si les hypothèses ne peuvent être déclarées vraies ou fausses, typiquement parce qu'elles concernent le futur. Une proposition profactuelle se réduit à une implication matérielle : A → C dont la valeur de vérité est connue. Mais une proposition contrefactuelle ou afactuelle admet une valeur de vérité plus problématique. Selon une interprétation classique (Lewis, Stalnaker), la proposition A > C est vraie si, dans les mondes les plus proches du monde réel où l'antécédent est vrai, le conséquent est également vrai.

Dans le cas d'un modèle, le monde le plus proche du monde réel est un autre modèle obtenu en l'amendant plus ou moins profondément. Si l'analyse de sensibilité porte sur des facteurs A, exogènes au système de référence, le modèle est supposé inchangé dans sa structure. Si l'analyse de sensibilité porte sur des modifications B, internes au système de référence, les paramètres du modèle ou même certaines relations sont modifiés. Cependant, même dans le premier cas, une modification exogène A peut exiger des changements concomitants de la structure interne B. Une fois ces changements effectués, les conséquences deviennent de pures déductions des hypothèses : A & B → C. L'utilisation d'un modèle permet ainsi de transformer un raisonnement contrefactuel complexe en une implication matérielle bien plus accessible.

## LIMITES DE COMPUTATION

Un modèle générique permet de traiter un grand nombre d'hypothèses complexes en fournissant un effort relativement restreint. Cependant, il est soumis aux exigences des outils logico-mathématiques existants et rencontre des limites computationnelles incontournables. Ces limites de calculabilité traduisent simplement un défaut d'« omniscience logique » de la part du modélisateur, qui n'est pas capable de déduire toutes les conséquences de ce qu'il sait. En pratique, un modèle est effectivement calculable s'il existe un algorithme permettant de trouver sa solution, sachant qu'il n'existe pas d'algorithme universel. Mais l'algorithme lui-même est plus ou moins facile à mettre en œuvre selon sa complexité. En intelligence artificielle, on définit des niveaux de complexité des problèmes à résoudre, des plus tractables (problème polynomial) aux moins tractables (problème NP-complet). S'il existe bien des limites de calcul, il devient néanmoins possible de les explorer et de les évaluer formellement.

Il est désormais classique de définir le niveau de complexité du calcul d'une anticipation, d'une décision ou d'un certain type d'équilibre. C'est ainsi qu'un équilibre bayésien parfait ne saurait être calculé par le modélisateur dans toutes les circonstances, bien qu'il soit parfaitement bien défini. Cette notion de complexité est parfois transférée du modélisateur à l'agent lui-même et permet de traduire une forme de rationalité limitée de cet agent. Une hypothèse raisonnable postule que l'acteur ne saurait effectuer des calculs que le modélisateur lui-même ne sait pas effectuer. *A contrario*, comme l'agent peut réaliser ses calculs de façon intuitive, il peut procéder à une délibération certes intentionnelle, mais hors de portée du modélisateur.

Un modèle numérique permet de traiter simultanément un grand nombre de relations à un coût relativement faible. Cependant, la simulation informatique reste soumise aux limites de capacité des ordinateurs, qu'il s'agisse de durée de calcul ou d'états internes disponibles. Une double forme de complexité se manifeste dans la résolution d'un modèle par voie informatique. La *complexité informationnelle* résulte du fait que les données mêmes du problème dépassent la capacité de mémoire de l'ordinateur. La *complexité computationnelle* résulte du fait que le calcul d'une solution est hors d'atteinte de la puissance de calcul de l'ordinateur. C'est ainsi que l'ordinateur est incapable de trouver, par raisonnement rétrograde (*backward induction*), la solution du jeu d'échecs bien qu'elle soit théoriquement déterminée. En effet, l'arbre du jeu (qui détaille toutes les successions possibles de coups) est à la fois trop profond et trop touffu pour qu'il puisse être mis en mémoire.

Les modèles macroéconomiques informatisés simplifient déjà le modèle initial en discrétisant certaines variables, y compris le temps et l'espace. Par ailleurs, des versions informatiques simplifiées de modèles microéconomiques (économie computationnelle) se déploient sous la forme de « systèmes multi-agents ». Il s'agit de plates-formes informatiques capables de simuler toutes sortes de comportements et d'interactions entre agents. Cependant, le cadre d'analyse qu'ils adoptent diffère de celui de la théorie des jeux par plusieurs aspects. D'abord, les comportements des agents sont plus réactifs qu'anticipatifs en ce qu'ils dépendent directement de leurs observations passées. Ensuite, les agents s'engagent dans des relations préalables et durables plutôt que dans des relations éphémères résultant de choix constamment renouvelés. Enfin, les états collectifs recherchés ne sont pas des états d'équilibre virtuels, mais des états résultant directement de la conjonction des interactions des agents.

Lorsque le traitement analytique d'un modèle générique est trop complexe, il est loisible de lui substituer des simulations numériques pour des combinaisons variées de valeurs des variables. Ces simulations permettent de baliser un domaine d'hypothèses du modèle et d'examiner la variation concomitante de leurs conséquences. On peut alors inférer de l'observation de la distribution des conséquences établies certaines conclusions qualitatives. Des conséquences génériques issues d'hypothèses génériques sont ainsi obtenues à l'aide d'un détour de production de nature quantitative. Ces simulations permettent aussi de suggérer des résultats génériques relativement précis exprimés en termes analytiques. Il devient dès lors plus facile de procéder à une démonstration analytique, connaissant grossièrement les conséquences auxquelles on est censé aboutir.

Pour qu'un calcul soit véritablement significatif, il est nécessaire que le passage des hypothèses aux conséquences ne soit pas trop simple. Les conséquences les plus intéressantes sont en effet des conséquences originales, voire surprenantes, qui n'étaient pas envisagées *a priori*. Si le cheminement des hypothèses aux conséquences est trop simple, les conséquences sont déjà inscrites dans les hypothèses et n'apportent que peu de valeur ajoutée. En sens inverse, pour que le calcul soit véritablement constructif, il faut que le cheminement des hypothèses aux conséquences ne soit pas trop complexe. Les conséquences ne sont intéressantes que si l'on peut reconstruire mentalement étape par étape le processus qui les fait dériver des hypothèses. Si le cheminement est trop tortueux ou opaque, les conséquences ne peuvent plus être raccordées aux hypothèses et apparaissent comme parachutées.

Le calcul des conséquences d'un ensemble d'hypothèses n'est pas forcément exempt d'erreurs de démonstration ou de calcul. En ce qui concerne la démonstration analytique, des erreurs ont été commises dans divers articles publiés. Elles sont dues à la mauvaise application de théorèmes logico-mathématiques, en particulier parce qu'ils sont utilisés hors de leur champ d'application. Un résultat peut d'ailleurs s'avérer parfaitement exact alors même que sa démonstration est fausse. Pour endiguer de telles erreurs, des démonstrations de plus en plus simples des résultats sont progressivement proposées. En ce qui concerne la simulation numérique, les erreurs de calcul sont souvent engendrées par des erreurs de transcription des modèles numériques en modèles informatiques. Elles sont plus rarement liées à des erreurs de l'ordinateur lui-même, par exemple dans le traitement des arrondis.

Ainsi, le modèle de Hotelling, même si ses conséquences n'apparaissent pas triviales *ex ante*, rend néanmoins ces conséquences facilement interprétables *ex post*. La démonstration initialement proposée pour justifier l'équilibre était fausse, erreur qui n'a été détectée que bien des années plus tard. Par ailleurs, le résultat d'impossibilité d'Arrow fournit un résultat très surprenant au seul examen des hypothèses. Les démonstrations les plus récentes, utilisant des outils de plus en plus puissants, font apparaître de façon bien plus transparente en quoi les hypothèses sont incompatibles. En macroéconomie, les prévisions des modèles sont beaucoup plus transparentes au regard des hypothèses. Des prévisions fausses ont pu être publiées et parfois corrigées plus tard, même si les simulations sur ordinateur sont rarement répliquées (du fait de la non-diffusion des modèles informatisés).

## *Problème de l'explication*

La notion d'explication d'un phénomène apparent par un modèle renvoie à l'idée que ce phénomène résulte de processus générateurs. Ceux-ci sont plus profonds que les phénomènes dans la mesure où ils s'appliquent à toute une gamme d'entre eux. L'explication a peu à peu glissé d'une simple dérivation logique des phénomènes à partir de principes fondamentaux à la mise en évidence de véritables mécanismes sous-jacents. L'explication par des causes matérielles est traditionnellement opposée à l'explication par les raisons des acteurs. L'explication éductive, fondée sur les raisonnements sophistiqués des acteurs, est opposée à l'explication évolutionniste, fondée sur les processus d'apprentissage des acteurs. Un modèle peut enfin soutenir des explications emboîtées qui reposent sur des mécanismes de plus en plus profonds.

### NATURE DE L'EXPLICATION

L'opération d'explication a été conceptualisée par le modèle déductif-nomologique de Hempel-Oppenheim (1948). Sous forme syntaxique, expliquer un phénomène particulier k (*explanandum*), c'est le faire dériver de principes généraux H et de conditions particulières h (*explanans*). Du point de vue logique, cette opération allie un principe de déduction et un principe de spécification : $H \wedge h \rightarrow k$. En effet, elle infère déductivement d'un énoncé générique (principes) et d'un énoncé spécifique (conditions) un autre énoncé spécifique (conséquences). Des conditions supplémentaires sont imposées, pour garantir que l'explication ne soit pas triviale. En particulier, ni les principes ni les conditions ne doivent rendre compte seuls des conséquences : non (H → k), non (h → k). Cette définition de l'explication peut être étendue à un cadre probabiliste, les principes introduits demeurant déterministes contrairement aux conditions.

Ainsi, on observe que de nombreuses grandeurs économiques parcourent des cycles plus ou moins réguliers admettant des périodes de longueur variable. On parle aussi bien du cycle des activités à court terme que du cycle technologique à long terme. Le phénomène de cycle a donné naissance à quatre types d'explication formelle, indépendamment de la grandeur du système affectée par ce cycle. Le principe général concerne exclusivement une relation qui détermine l'évolution d'une variable endogène en fonction d'autres variables. La condition se réduit au principe de correspondance qui interprète la grandeur cyclique comme une variable endogène. En présence d'un cycle concret, le modélisateur peut venir piocher dans ces types d'explication possibles pour retenir le plus vraisemblable.

Les explications exogènes attribuent le cycle à des facteurs extérieurs au système, le cycle étant importé. D'une part, le cycle peut être affecté à l'influence d'une grandeur exogène qui a elle-même une allure cyclique (résonance déterministe). D'autre part, le cycle peut être affecté à des perturbations externes d'une nature stochastique particulière (résonance stochastique). Les explications endogènes attribuent le cycle à certaines caractéristiques de la structure interne du système. D'une part, le cycle peut être affecté à des relations non linéaires entre certaines grandeurs internes (attracteurs cycliques). D'autre part, le cycle peut être affecté à des équations aux différences avec retards d'ordre deux ou à des équations différentielles d'ordre deux (oscillations régulières).

L'opération d'explication reçoit une définition plus substantielle lorsqu'elle se prononce sur la nature des hypothèses explicatives et sur le processus d'engendrement du phénomène. Sous forme sémantique, expliquer un phénomène revient à exhiber un mécanisme qui permet d'en rendre compte à partir de divers facteurs qui s'enchevêtrent. Ce mécanisme peut revêtir un aspect purement synchronique, ainsi lorsque le phénomène relève de forces ou de fonctions qui se conjuguent au sein d'une structure. Ce mécanisme est le plus souvent diachronique, ainsi lorsque le phénomène résulte de tendances ou de tensions qui se combinent au cours d'un processus. Ce qui caractérise un tel mécanisme, c'est qu'il est utilisé pour rendre compte d'un grand nombre de phénomènes qualitativement différents.

Ainsi, le modèle d'équilibre à prix fixes est construit pour rendre compte de différents types de chômage. Il suppose que les agents sont agrégés et que les deux seuls marchés concernent un bien courant et le travail. Le prix du bien et le salaire sont supposés rigides à court terme, au sens où ils sont fixés sur chaque période. Cette rigidité peut être due à des contrats salariaux qui permettent en particulier aux entreprises de fidéliser leurs employés (salaire d'efficience). Par maximisation du profit, le producteur fixe conjointement son niveau de production et sa demande de travail. Par maximisation de l'utilité, le consommateur fixe conjointement son niveau de consommation et son offre de travail. Sur chacun des deux marchés, l'adéquation entre offre et demande se fait du petit côté en satisfaisant l'agent le moins exigeant. L'échange effectif ne porte que sur le minimum de l'offre et de la demande cn cc qui concerne le bien comme le travail.

Quatre configurations des niveaux d'équilibre des quantités de bien et de travail sont théoriquement possibles selon la valeur retenue pour le prix et le salaire. Un chômage ne s'instaure que si la main-d'œuvre disponible est excédentaire, à savoir si l'offre de travail est supérieure à la demande. Il apparaît selon deux modalités exclusives l'une de l'autre, qui reposent sur des mécanismes différents. Le chômage classique s'établit lorsque l'offre de bien se fixe à un niveau inférieur à la demande. L'entreprise n'a pas une profitabilité suffisante au prix courant pour fabriquer le bien et donc pour embaucher. Le chômage keynésien s'impose lorsque l'offre de bien se fixe à un niveau supérieur à la demande. Le revenu du consommateur n'est pas suffisant au prix courant pour engendrer une demande conséquente.

On peut donner deux types d'explications à un phénomène qui apparaît à un niveau donné d'organisation. Une *explication intra-niveau* fait dépendre le phénomène macroscopique de facteurs qui se produisent au même niveau. Une *explication inter-niveau* fait dépendre le phénomène macroscopique de facteurs du niveau inférieur, en l'occurrence microscopique. Pour obtenir une explication de ce second type, des « principes de pontage » définissent une variable macroscopique comme combinaison de variables microscopiques. En s'appuyant sur ces principes, une relation macroscopique peut dès lors être dérivée des relations microscopiques. Parmi les phénomènes macroscopiques, les plus difficiles à expliquer de cette façon sont les « phénomènes émergents ». Ils apparaissent comme des phénomènes singuliers et autonomes, mais sont difficilement réductibles aux seules propriétés des entités microscopiques, de leurs relations et du contexte global.

En économie comme ailleurs, trois grands types de phénomènes émergents peuvent être distingués au regard de leur structure interne. Il peut s'agir d'abord d'une distribution remarquable des entités microscopiques, différenciées par leurs propriétés. C'est ainsi que les technologies nouvelles acquises par leurs utilisateurs définissent une mosaïque d'aires géographiques homogènes. Il s'agit plus avant de réseaux réguliers de relations échafaudés par l'activité des entités microscopiques. C'est ainsi que les acheteurs d'un certain bien tissent des réseaux de fidélité plus ou moins denses autour de chaque vendeur. Il s'agit enfin d'entités nouvelles qui apparaissent et s'autonomisent au niveau macroscopique. C'est ainsi que des institutions (marché, monnaie, droits) surgissent comme des constructions sociales originales.

## EXPLICATION CAUSALE OU EXPLICATION INTENTIONNELLE

Une première taxonomie oppose deux formes d'explication d'un phénomène selon la nature des facteurs explicatifs invoqués. L'*explication causale* suppose que le phénomène est engendré par l'action physique de certains facteurs identifiés comme ses causes. Les causes sont proximales ou lointaines, se répercutent les unes sur les autres (chaînes causales) et peuvent même définir des circularités (boucles causales). L'*explication intentionnelle* suppose que le phénomène est déterminé par l'influence psychique de certains facteurs considérés comme ses raisons. Les raisons sont immédiates ou ultimes, agissent les unes sur les autres (chaînes de raisonnement ou de communication) et peuvent définir des circularités (raisonnements bouclés). Ces deux types d'explication sont considérés comme profondément distincts même si les raisons sont parfois analysées comme des causes particulières.

L'explication causale est universelle et obéit aux conditions du modèle de Hempel-Oppenheim dès lors que les relations de causalité prennent la forme de propositions. Le principe général de causalité affirme qu'un phénomène Y se produit s'il existe des causes X qui le provoquent. Une condition particulière exprime que les causes X se produisent dans les circonstances examinées. La conséquence en est simplement que le phénomène Y se produit nécessairement (même s'il est stochastique). Des conditions supplémentaires sont là encore imposées, pour que l'explication causale apparaisse comme dirigée. Ainsi, les conditions ne doivent pas découler du phénomène en vertu des principes : non $(H \wedge k \rightarrow h)$. En logique, si une implication matérielle $X \rightarrow Y$ est trop faible pour exprimer le principe de causalité, il est représenté sous certaines réserves par un énoncé conditionnel « si X, alors Y ». Dans les modèles, il est traduit par une simple relation fonctionnelle liant les effets aux causes : $Y = f(X)$, avec ou sans composante aléatoire.

En économie, le passage du niveau neuronal au niveau mental est considéré comme de nature essentiellement causale. Cependant, la nature de la transformation d'états physiques (stimuli) en états psychiques (états mentaux) reste obscure. Ainsi, le lien qui unit l'activité du cortex orbito-frontal à l'utilité ressentie est empiriquement manifeste, mais mal expliqué. Le passage du niveau comportemental au niveau social fait également intervenir certains aspects causaux. Ceux-ci sont essentiellement associés aux processus physiques qui sont mis en œuvre par les acteurs. Ainsi, la fonction de production d'un producteur, qui explique la quantité de produit fabriqué par les facteurs de production utilisés, apparaît comme de nature causale. Cependant, elle incorpore implicitement ou non un taux d'effort des travailleurs, de nature indéniablement intentionnelle.

L'explication intentionnelle est relative à un acteur bien défini, mais obéit tout autant aux conditions du modèle de Hempel-Oppenheim. Le principe général de rationalité affirme qu'une action X est retenue par l'acteur si elle favorise au mieux des objectifs Y. Les conditions spécifiques expriment les objectifs sous la forme d'une utilité U, définie sur un ensemble Z d'actions possibles. La conséquence est que l'action retenue par l'acteur est celle qui maximise l'utilité qui en découle. Il faut noter que le principe de rationalité ne devient opérationnel que s'il est complété par un principe d'implémentation. Ce dernier affirme simplement que, si l'action X est retenue par l'acteur, elle est effectivement mise en œuvre. Du point de vue formel, le principe de rationalité est généralement traduit par la maximisation d'une fonction d'utilité U(C), définie sur les conséquences C de l'action X.

En économie, le passage du niveau mental au niveau comportemental est gouverné par une explication de nature essentiellement intentionnelle. Conjointement avec ses préférences, il repose sur les croyances de l'acteur sur son environnement matériel et social. Ainsi, les croyances et les préférences fonctionnent comme les raisons des actions implémentées par un acteur. Le passage du niveau comportemental au niveau social fait également intervenir des aspects intentionnels. Ceux-ci sont essentiellement liés aux desseins collectifs poursuivis de façon volontaire par les acteurs. Par exemple, un mécanisme de vote agrège explicitement les opinions des acteurs sur un ensemble d'options (candidats, règles). Cependant, il incorpore des habitudes de vote ou des pressions externes qui peuvent avoir une nature plus causale.

Symbole de l'explication intentionnelle, le principe de rationalité se décline sous deux formes principales. La *rationalité instrumentale* concerne l'adéquation que réalise l'acteur entre les moyens dont il dispose et les objectifs qu'il poursuit. Elle est à l'œuvre dans le choix d'une action rationnelle, à savoir l'action la meilleure (au sens des préférences) compatible avec ses croyances. La *rationalité cognitive* concerne l'adéquation que réalise l'acteur entre les informations dont il dispose et les croyances qu'il se forge. Elle est à l'œuvre dans la genèse d'une anticipation rationnelle, à savoir l'anticipation la meilleure (au sens statistique) compatible avec le modèle (complet) et les informations (parfaites et complètes) dont il dispose. Ces deux formes de rationalité sont *a priori* indépendantes, bien que l'on ait tenté de ramener la seconde à la première.

Plus complexe quant au type d'explication qu'il véhicule, le principe d'équilibre s'incarne dans diverses notions plus précises. Il exprime l'idée d'un état tel que, si les acteurs s'y trouvent placés, aucun n'a intérêt à en dévier unilatéralement. Il superpose ainsi trois conditions relatives à la rationalité des acteurs et au mécanisme institutionnel qui les coordonne. Chaque acteur est supposé instrumentalement rationnel au sens où il optimise son comportement sous des contraintes matérielles et institutionnelles. Chaque acteur est supposé cognitivement rationnel au sens où il observe parfaitement ou anticipe rationnellement les éléments du système qu'il suppose pertinents. Une coordination externe des actions est assurée par des institutions à travers des signaux propres de diverses natures.

Si l'on spécifie le modèle pour rendre compte des échanges sur un marché, les principes précédents se durcissent encore. La rationalité instrumentale prend la forme d'une rationalité matérielle et égoïste au sens où l'utilité de l'acteur ne dépend que de l'intérêt apporté par les biens qu'il consomme. La rationalité cognitive se réduit d'une part à la connaissance des contraintes matérielles (budget disponible, technologies accessibles), d'autre part à l'observation et à l'anticipation des prix. L'équilibre est réalisé de diverses façons, les prix apparaissant comme les principaux facteurs institutionnels. Si les prix sont fixés par un commissaire-priseur réel ou virtuel, ils résultent d'un processus de coordination quasi causal. Si les prix sont fixés par les agents eux-mêmes par une négociation bilatérale, le processus devient plus intentionnel.

## EXPLICATION ÉDUCTIVE OU EXPLICATION ÉVOLUTIONNISTE

Une seconde taxonomie oppose deux formes d'explication d'un phénomène social selon le degré de rationalité attribué aux acteurs. L'*explication éductive* (ainsi dénommée par Binmore) postule que les acteurs sont hyperrationnels et anticipent leur propre comportement comme celui des autres. Dotés d'une information parfaite et d'une rationalité forte, ils simulent parfaitement les effets de leurs interactions par des raisonnements croisés. L'*explication évolutionniste* postule que les acteurs sont hyporationnels et agissent de façon purement adaptative en fonction de leur seule expérience passée. Dotés d'une information incomplète et imparfaite et d'une rationalité fort limitée, ils compensent ce déficit par un apprentissage qui se perpétue au cours du temps. Bien entendu, selon les capacités cognitives des acteurs, il existe tout un spectre de positions intermédiaires entre ces deux extrêmes.

L'explication éductive est de nature synchronique dans la mesure où les raisonnements effectués par les acteurs sont supposés instantanés. Elle est généralement univoque dans la mesure où la rationalité forte attribuée aux acteurs reçoit une expression bien définie. Elle conduit à un engendrement volontaire d'un phénomène social par une coordination explicite entre leurs actions. Plus précisément, elle met en œuvre les jeux de miroirs auxquels se livrent les acteurs lorsqu'ils simulent leurs comportements respectifs. Elle s'appuie sur la connaissance croisée que les acteurs possèdent d'un certain événement E : « Je sais que tu sais que je sais… que E. » Cette dernière culmine dans la notion de connaissance commune pour laquelle chaque acteur sait l'événement E, sait que l'autre le sait et ainsi de suite (Lewis).

Nombre d'institutions sont soutenues par ce type d'explication, dans leur essence profonde comme dans leurs modalités pratiques. La règle conventionnelle « rouler à droite sur la route » peut résulter d'un accord tacite et unanime des conducteurs. En effet, il est dans l'intérêt bien compris de tous de la respecter et ce fait est de connaissance commune. Bien entendu, la convention symétrique est tout aussi légitime et les deux conventions dominent selon les pays. De même, la monnaie peut résulter d'un choix collectif qui est réalisé par un planificateur unique ou par un groupe d'agents et qui porte tant sur son opportunité que sur son support. Elle est acceptée par tous comme moyen de paiement dès lors que les autres l'acceptent, quelle que soit la forme qu'elle revêt. Plusieurs formes de monnaie peuvent se superposer sur un même espace et même entrer en concurrence.

L'explication évolutionniste est de nature diachronique car elle suppose une adaptation progressive des acteurs. Elle est spontanée dans la mesure où les agents ne prennent pas forcément conscience des effets qu'ils engendrent. Elle revêt trois modalités associées à des capacités cognitives décroissantes des acteurs. L'*apprentissage épistémique* suppose que les agents ont des informations limitées sur la structure du jeu, mais observent les actions de leurs adversaires. Ils révisent en conséquence leurs croyances sur leurs adversaires et choisissent leur meilleure action pour y répondre. L'*apprentissage comportemental* suppose que les agents n'ont pour information que les résultats passés de leurs actions. Ils calculent un indice de performance de chaque action et renforcent (en les jouant plus souvent) les actions les plus performantes. L'*évolution darwinienne* suppose que les agents adoptent une stratégie fixe au sein d'une population et n'observent rien. Mais ils se reproduisent en fonction de l'utilité qu'ils retirent de leurs interactions, assimilée à la valeur adaptative (*fitness*).

Nombre d'institutions résultent d'un processus dynamique d'un de ces trois types, une modalité en étant automatiquement sélectionnée. La convention qui recommande de rouler à droite résulte d'un apprentissage épistémique si chaque conducteur roule du côté où il y a le plus d'automobilistes. Elle résulte d'un apprentissage comportemental si chaque conducteur roule du côté où il a eu le moins d'accidents. Elle résulte enfin d'une évolution darwinienne si chaque conducteur se dédouble tant qu'il n'a pas d'accident et meurt s'il en a un. Quant à la monnaie, elle peut résulter d'un processus au cours duquel un bien est progressivement singularisé comme objet d'échanges par rapport à d'autres. Un bien particulier est privilégié du fait de ses qualités singulières, par exemple de faibles coûts de transaction et de stockage.

Les deux types majeurs d'explication fournissent des justifications au comportement rationnel des acteurs, dans un contexte de certitude comme d'incertitude. Les explications éductives montrent que, si le décideur suit un autre comportement, il existe une séquence de choix à l'issue de laquelle il sera finalement perdant. Ainsi, l'argument du pari hollandais (*Dutchbook argument*) montre que, si un décideur ne suit pas la règle de maximisation de l'espérance d'utilité, il est possible de le soumettre à une série de paris qui conduiront à une perte certaine. Les explications évolutionnistes affirment que, dans une situation de concurrence entre décideurs, seuls ceux qui suivent la règle rationnelle peuvent survivre (thèse d'Alchian-Friedman). Ainsi, un décideur qui s'écarterait de la règle de maximisation de l'espérance d'utilité obtiendrait des performances systématiquement moins bonnes qu'un autre qui l'utiliserait, et se trouverait ainsi éliminé.

Ces deux types d'explication sont aussi mobilisés pour donner des justifications aux notions d'équilibre de la théorie des jeux, qu'il s'agisse de jeux sous forme normale ou sous forme extensive. Les explications éductives font dériver les équilibres du raisonnement de joueurs ultra-sophistiqués se simulant les uns les autres. Ainsi, les notions d'équilibre rationalisable ou d'équilibre corrélé s'obtiennent à partir d'hypothèses de connaissance commune de la structure du jeu et de la rationalité des joueurs ainsi que d'hypothèses additionnelles. Les explications évolutionnistes justifient un état d'équilibre comme un état asymptotique d'un processus séquentiel d'apprentissage ou d'évolution entre les joueurs. Ainsi, les notions d'équilibre de Nash ou d'équilibre parfait de sous-jeu sont soutenues par le fait que des processus dynamiques diversifiés convergent vers ce type d'équilibre.

Ces deux types d'explication sont finalement mobilisés dans des illustrations économiques comme la formation des prix. L'explication éductive suppose que les agents sont capables individuellement d'anticiper les prix de façon rationnelle et d'y adapter leur comportement. Dans le cas d'un mécanisme explicite de fixation des prix comme sur le marché du poisson, du pétrole ou de la finance, ils simulent le résultat de ce processus en ajustant virtuellement l'offre et la demande. L'explication évolutionniste suppose que les agents participent à un processus de confrontation entre les partenaires de l'échange au cours duquel les prix sont amenés à s'ajuster. Dans le cas du marché du travail, des processus de rencontre entre offreurs et décideurs conduisent par négociation à la détermination de salaires qui sont adaptés à l'évolution de l'offre et de la demande.

## PROFONDEUR DE L'EXPLICATION

Un phénomène social peut donner naissance à des explications multiples, généralement incompatibles entre elles. Du point de vue formel, ces explications s'articulent dans un ensemble de conditions (clause INUS) : $(H \wedge h) \vee (H' \wedge h') \rightarrow k$. Chaque explication élémentaire est formée d'un ensemble de conditions nécessaires, mais non suffisantes. Une explication globale est constituée d'ensembles suffisants, mais non nécessaires, de conditions. Du point de vue substantiel, ces explications diffèrent par la nature des facteurs mobilisés et par l'allure du processus qui les combinent. Une explication est d'autant plus satisfaisante qu'elle fournit des conséquences plus diversifiées en s'appuyant sur moins d'hypothèses. Parmi les explications, le modélisateur peut rechercher une explication minimale, qui repose sur des hypothèses simples et tranchantes.

C'est ainsi que le chômage fait l'objet de diverses explications qui se conjuguent plus qu'elles ne se concurrencent. Le chômage frictionnel est dû à un défaut de mise en relation institutionnelle des offres et des demandes de travail. En particulier, les salaires sont peu flexibles tant à la hausse qu'à la baisse et ne sont donc pas en mesure d'assurer un équilibre. Le chômage structurel est dû à une défaillance d'adaptation qualitative entre les postes de travail offerts et ceux demandés. Certaines qualifications se révèlent excédentaires alors que d'autres ne sont pas disponibles en nombre suffisant. Le chômage informationnel est fondé sur des limitations cognitives supportées par les acteurs. Les acteurs disposent d'une information imparfaite sur les offres et les demandes, assortie de coûts de recherche conséquents s'ils désirent y remédier.

Par ailleurs, deux types d'explication peuvent être proposés selon qu'on s'intéresse à un phénomène générique ou spécifique. Une *explication nomologique* (ou nomothétique) s'intéresse aux principes généraux H qui rendent compte d'une classe de phénomènes qui diffèrent quant aux conditions particulières h. Il s'agit d'expliquer pour quelles raisons générales telle ou telle classe de phénomènes est susceptible de se produire. Une *explication idiographique* (ou idiothétique) s'intéresse aux conditions particulières h qui rendent compte d'un phénomène spécifique k, compte tenu de principes H donnés. Il s'agit de comprendre les raisons particulières pour lesquelles tel phénomène se produit dans un contexte donné. Dans de nombreux cas, les deux types d'explication résultent en fait d'un même schéma plus ou moins spécifié.

Ainsi, une bulle financière est définie comme la différence entre le prix d'un actif et sa valeur fondamentale. Très souvent, au cours du temps, une bulle se forme de façon régulière, puis se dégonfle de façon plus brutale. Lorsque tous les agents sont rationnels, il ne peut se former de bulle financière que sur un horizon infini. En revanche, lorsque les agents ont une rationalité limitée, deux explications nomologiques peuvent être avancées. Une explication synchronique postule que les agents anticipent les prix en supposant que les autres anticipent à un niveau inférieur au leur. Chacun se croit plus intelligent que les autres, même si cette condition s'avère globalement incohérente. Une explication diachronique postule que les agents anticipent les prix par simple extrapolation. Chaque agent se contente d'anticipations adaptatives des prix jusqu'à ce que la menace d'une rupture se profile. Dans un cas concret comme la bulle immobilière de 2009, une explication idiographique peut s'inspirer des schémas précédents, mais en les complétant par des facteurs conjoncturels.

Enfin, des explications qui s'enchaînent en cascade peuvent être proposées pour un même phénomène. Du point de vue formel, un phénomène spécifique est expliqué par des principes fondamentaux H (lois) et des conditions spécifiques h (domaines d'application). Ces principes H sont eux-mêmes expliqués par des méta-principes **H** (règles) et des conditions génériques **h** (paramètres). Du point de vue substantiel, un phénomène superficiel est expliqué par des mécanismes plus profonds. Ces mécanismes sont eux-mêmes justifiés par des processus abstraits et souvent cachés aux yeux du modélisateur. En pratique, cette opération est sans fin au sens où il n'existe pas d'explication ultime, toute démarche explicative s'engageant dans une régression infinie sur ses facteurs explicatifs.

Ainsi, le comportement d'un spéculateur sur un marché financier est généralement décrit comme résultant de la maximisation de sa richesse espérée. Cette maximisation trouve elle-même son origine dans le principe de rationalité justifié par divers arguments à un niveau plus profond. Si les préférences du spéculateur sont supposées transparentes, ses croyances ne font l'objet d'aucune justification *a priori*. Il s'agit essentiellement d'anticipations du prix futur des actifs financiers, qui peuvent difficilement être considérées comme rationnelles. Elles sont dites chartistes si elles s'appuient sur les régularités observées sur le prix dans le passé. Elles sont dites fondamentalistes si elles supposent que le prix s'aligne sur le fondamental de l'actif. Cependant, à un niveau plus profond, il est loisible de supposer que les schémas d'anticipation adoptés par le spéculateur résultent eux-mêmes d'un processus d'apprentissage ou d'évolution.

L'explication apportée à un phénomène peut souffrir de deux défauts opposés quant à son degré de profondeur. Un modèle est *sous-explicatif* lorsqu'il explique un phénomène par des hypothèses de même niveau de spécificité sans recours à un principe plus général. L'explication est cantonnée au phénomène particulier et ne concerne pas un ensemble de phénomènes ayant une même origine. Elle est *ad hoc* au sens où elle a été imaginée pour rendre compte du seul cas particulier examiné. Un modèle est *sur-explicatif* lorsqu'il explique le phénomène par un principe passe-partout de type panglossien sans faire intervenir de conditions particulières précises. La même explication vaut pour une variété de phénomènes sans qu'elle ne fasse l'effort de s'adapter aux uns ou aux autres. Elle est tautologique au sens où elle semble pouvoir rendre compte de n'importe quel cas au sein d'une classe très vaste.

À titre d'illustration, on peut considérer différents modèles de comportement qui rendent compte d'un acte criminel. Le modèle passionnel considère que le criminel est soumis à des facteurs émotionnels qui déterminent parfaitement son acte. Il s'agit d'une sous-explication car le comportement de l'agent est ramené à une force particulière dont on ne peut spécifier précisément les conséquences dans des contextes différents. L'explication passionnelle peut cependant être solidifiée en caractérisant le champ d'action de chaque émotion. Le modèle rationnel considère que le criminel agit en procédant à un bilan explicite des coûts et des avantages de son acte (Becker). Il s'agit d'une sur-explication car le principe de rationalité, s'il est insuffisamment spécifié, s'applique à toute forme de comportement. L'explication rationnelle peut cependant être spécifiée en donnant un contenu précis aux coûts et aux avantages considérés.

## *Rapports aux autres disciplines*

La disjonction entre des hypothèses (explicatives) et des conséquences (expliquées) est partie prenante de la définition même d'un modèle. Elle est mise en œuvre de façon plus ou moins systématique et rigoureuse selon les disciplines considérées. Les sciences formelles proposent des explications globales purement déductives qui demandent à être interprétées au coup par coup dans les sciences empiriques. Les sciences de la nature construisent des explications en cascade, à partir d'un nombre réduit de principes généraux qui sont validés empiriquement. Les sciences sociales proposent des explications plus locales, fondées sur des principes extrêmement dispersés, souvent postulés *a priori* et peu testés.

## SCIENCES FORMELLES

Fondement de tout raisonnement déductif, la logique d'Aristote a été élargie et axiomatisée par la logique formelle. D'une part, elle est fondée sur des règles d'assemblage entre des symboles (variables, connecteurs) dans le but d'obtenir des énoncés bien formés. Ces énoncés concernent aussi bien des propositions qui s'en tiennent aux connecteurs usuels (négation, conjonction) que des prédicats qui font intervenir les quantificateurs universel et existentiel. D'autre part, elle repose sur des axiomes et des règles d'inférence qui permettent conjointement de produire des théorèmes. En particulier, elle satisfait aux axiomes de contraposition (si $p \rightarrow q$, alors $\neg q \rightarrow \neg p$) et de monotonie (si $p \rightarrow q$, alors $p \,\&\, r \rightarrow q$). Elle obéit également à la règle du *modus ponens* qui permet, à partir des énoncés p et $p \rightarrow q$, d'inférer l'énoncé q.

Des formes affaiblies de raisonnement sont à l'œuvre dans des logiques non classiques développées plus récemment. La logique non monotone conduit à réviser le raisonnement déductif en présence d'un nouvel énoncé et permet ainsi de prendre en compte des exceptions. La logique probabiliste ne raisonne plus en tout ou rien, mais associe un degré de croyance aux énoncés primitifs et permet de transmettre cette évaluation quantitative aux énoncés dérivés. Ces logiques non classiques se singularisent en ce qu'elles ne conservent plus forcément la valeur de vérité des énoncés. Elles sont dites ampliatives au sens où elles tirent des conséquences qui vont au-delà de la pure déduction. Elles sont fondées sur des systèmes d'axiomes propres et renoncent en particulier à la propriété de monotonie. Elles se rapprochent de la souplesse du raisonnement ordinaire et traduisent plus fidèlement la rationalité cognitive limitée des acteurs.

Les formalismes mathématiques usuels sont calqués sur la logique classique et admettent pour énoncés des relations entre des variables. Les formalismes déterministes permettent des déductions par un simple calcul fonctionnel sur les variables. Les formalismes probabilistes autorisent des enchaînements moins intuitifs fondés sur un calcul de probabilités. Si l'on résout un système statique en calculant la valeur des variables endogènes en fonction des variables exogènes, on obtient une solution instantanée ou « point fixe ». Si l'on résout un système dynamique en calculant l'état asymptotique de ses variables endogènes en fonction des variables exogènes de chaque période, on obtient une solution asymptotique ou « attracteur ». Les conséquences lointaines de ces systèmes sont obtenues avec grande difficulté et s'avèrent souvent peu robustes aux hypothèses.

Les systèmes mathématiques donnent naissance à des résultats variés et parfois inattendus, qu'ils soient instantanés ou asymptotiques. Tout d'abord, ils peuvent conduire à des équilibres ou à des attracteurs multiples (non-ergodicité). La trajectoire du système demeure alors partiellement indéterminée, en l'absence de facteurs explicatifs de la sélection de l'une d'elles. Surtout, ils aboutissent à des attracteurs ponctuels (état asymptotique fixé), cycliques (passage régulier par les mêmes états) ou chaotiques (états asymptotiques irréguliers). Tant le nombre que la forme des équilibres (ou des attracteurs) se modifient pour certains seuils de la valeur prise par les facteurs exogènes ou les paramètres. On observe ainsi des bifurcations au cours desquelles le système passe d'un équilibre unique à des équilibres multiples ou encore d'un attracteur ponctuel à un attracteur cyclique ou chaotique.

En logique ou en mathématiques, la notion d'explication est traitée de façon essentiellement formelle. Des théorèmes mettent en relation des hypothèses formelles qui définissent son champ de validité et des conséquences formelles qui agissent comme des résultats. Les systèmes mathématiques peuvent d'ailleurs être classés selon les résultats auxquels ils conduisent. Étudiés récemment, les automates cellulaires sont définis par les états successifs de remplissage d'un quadrillage en fonction de règles simples d'évolution. Ils sont classés en quatre catégories selon l'état asymptotique auquel ils aboutissent sur les cases du quadrillage. Ceux de classe 1 conduisent en temps fini à un état homogène, ceux de classe 2 engendrent des structures périodiques simples, ceux de classe 3, des structures apériodiques, irrégulières et apparemment chaotiques, ceux de classe 4, des structures plus irrégulières encore, mélangeant ordre et chaos.

Cependant, une notion d'explication plus substantielle, traduite par l'intervention de mécanismes, peut être incorporée dans les formalismes. Mais il s'agit encore d'une pré-interprétation qui possède essentiellement une vertu pédagogique. Ainsi, le raisonnement naturel incite à interpréter une implication matérielle (ou un conditionnel) comme une liaison causale. Il en est de même de la lecture d'une relation analytique entre des variables explicatives et expliquée comme une liaison causale. Techniquement, on peut distinguer deux types de causalité selon le type de formalisme retenu. La causalité discrète met en rapport deux événements souvent représentés par des propositions qualitatives. La causalité continue met en rapport les variations de deux grandeurs représentées par des variables quantitatives.

Dans un cadre probabiliste, la notion de causalité est associée à une relation entre variables aléatoires. Symétrique dans le cas d'une corrélation entre deux variables, cette relation est asymétrique dans celle d'une régression d'une variable sur une autre. Des graphes de causalité permettent dès lors de relier un grand nombre de variables stochastiques (réseaux bayésiens). Cependant, le passage d'une corrélation entre deux variables à une causalité entre ces mêmes variables est loin d'être immédiat. Il est pour le moins nécessaire de supposer qu'aucune tierce variable n'influence simultanément les variables corrélées. Des critères statistiques de causalité entre variables temporelles décalées ont néanmoins été proposés (Granger, Sims). Ils reposent sur l'idée qu'une variable est la cause d'une autre si la probabilité de la seconde conditionnellement à la première est plus grande que la probabilité simple de la seconde. Mais il s'agit d'une notion épistémologique de prédictibilité d'une variable par l'autre plus que d'une notion ontologique de causalité qui lie les variables.

Par un mécanisme d'explications emboîtées, les systèmes mathématiques peuvent être ordonnés selon des treillis à deux dimensions. Horizontalement, les modèles se déduisent les uns des autres par inférence logique sur leurs hypothèses. Verticalement, les modèles sont de plus en plus spécifiés en précisant formellement leurs propriétés. En amont, les structures mathématiques de base reposent sur des systèmes d'axiomes qui fondent tout l'édifice. Ainsi, la théorie des ensembles s'est vu doter d'une axiomatique désormais universellement reconnue (Zermelo-Fraenkel). Des systèmes d'axiomes alternatifs peuvent néanmoins être proposés pour certaines structures classiques. Ainsi, les géométries de Riemann et de Lobatchewsky, munies de leurs axiomes propres, sont entrées en concurrence avec la géométrie d'Euclide.

## SCIENCES DE LA NATURE

Les sciences de la nature s'appuient couramment sur des modèles formalisés à des fins de déduction. Les lois synchroniques (équations fonctionnelles) ou diachroniques (équations différentielles) permettent de dériver les états que revêt un système à partir d'hypothèses sur son comportement et de conditions d'environnement. Cette déduction est en général déterministe car les lois introduites dans les modèles sont structurellement bien cernées et les conditions d'environnement, connues avec précision. Elle peut néanmoins être stochastique, soit parce que les hypothèses globales sont elles-mêmes stochastiques (mécanique quantique, radioactivité), soit parce que des hypothèses locales déterministes sont combinées de façon probabiliste (cinétique des gaz, épidémiologie).

Ainsi, en physique, on peut considérer un modèle du soleil qui superpose des équations de diverses natures. L'équilibre d'état thermodynamique est donné par la loi fondamentale des gaz qui relie la pression, la densité et la température. L'équilibre hydrostatique précise la relation entre pression et densité alors que l'équilibre thermique relie l'énergie nucléaire au flux de photons. Enfin, deux relations supplémentaires précisent l'intensité des réactions nucléaires et la diffusion des photons. En biologie, on peut citer le modèle de Lotka-Volterra, qui ne se compose que de deux équations pour traduire les relations entre prédateurs et proies. Chaque équation indique le taux de variation de chaque espèce en fonction de son effectif propre, de l'effectif de l'autre espèce et de conditions d'environnement.

Les sciences de la nature recourent également à des simulations numériques pour connaître les conséquences lointaines d'hypothèses combinées. Ces exercices de calcul informatisés rencontrent rapidement des limites de calculabilité, malgré la simplicité des principes de base des modèles. Ces limites sont souvent engendrées par des combinatoires explosives sur les entités et les relations présentes dans un système. Elles peuvent être partiellement compensées par le recours à des méthodes stochastiques qui explorent le champ des possibles. La robustesse des résultats au regard des hypothèses fait l'objet de calculs d'erreur explicites et précis, progressivement théorisés. Les hypothèses en cause sont moins les lois fondamentales, essentiellement invariantes, que les conditions d'environnement, bien plus fluctuantes.

Ainsi, le problème des trois corps résulte de l'impossibilité de calculer le mouvement de trois corps en interaction gravitaire malgré la parfaite connaissance des lois de Newton. De façon encore plus accentuée, les phénomènes naturels émergents sont difficiles à obtenir analytiquement et même par simulation. Outre l'apparition de la vie ou de la pensée, les occurrences les plus frappantes concernent les turbulences dans les fluides, le développement de l'embryon, les vols d'oiseaux, les sociétés d'insectes. Cependant, les turbulences dans les fluides résultent *in fine* de mouvements simplifiés des particules dans des configurations loin de l'équilibre. Les vols d'oiseaux s'obtiennent à partir d'un nombre réduit de règles locales de comportement appliquées à chaque oiseau.

Les explications les plus classiques des systèmes naturels sont intra-niveau et mettent en rapport diverses propriétés d'un objet macroscopique. Les explications inter-niveau sont plus profondes et rendent compte d'un phénomène macroscopique par des processus microscopiques. Les explications proposées en physique comme en biologie sont essentiellement de nature causale. Les explications intentionnelles ne commencent à poindre que pour les comportements d'animaux supérieurs, capables d'anticipations. Contrairement aux explications physiques, les explications biologiques, tout en restant causales, sont essentiellement de deux types. Une explication structuro-fonctionnaliste relie l'organisation structurale et les fonctions physiologiques d'un organisme spécifique. Une explication évolutionniste est fondée sur les principes de mutation, de sélection et de transmission de gènes dans une population d'organismes.

La cinétique des gaz fournit l'exemple standard de passage du niveau microscopique au niveau macroscopique. Comme ce passage ne peut être réalisé de façon déterministe, il est obtenu par voie statistique. Les molécules d'un gaz sont situées dans une boîte de volume donné et sont animées de vitesses aléatoirement distribuées. Deux principes de pontage sont introduits pour articuler le niveau moléculaire et le niveau global du gaz. La température du gaz est assimilée à l'énergie cinétique moyenne des molécules constitutives. La pression du gaz est elle-même exprimée à partir des caractéristiques microscopiques des particules. Un calcul stochastique permet dès lors de dériver du mouvement des particules la loi des gaz parfaits qui relie le volume, la température et la pression du gaz.

Les explications sont synchroniques lorsqu'elles reflètent les facteurs explicatifs des états d'équilibre. Elles sont diachroniques lorsqu'elles traduisent un déplacement (mouvement d'un corps, propagation de la chaleur, locomotion animale) ou une transformation (expansion de l'univers, dérive des continents, évolution des espèces). Par ailleurs, on possède souvent des explications multiples d'un même phénomène, de natures différentes. Ainsi, on peut disposer d'une explication macroscopique directe d'un phénomène et d'une explication microscopique indirecte du même phénomène. Les explications sont logiquement emboîtées entre elles, des plus profondes aux plus superficielles. Tout l'édifice de la physique repose sur quelques principes fondamentaux desquels découlent toutes les autres lois. En revanche, les principes biologiques sont plus discutés et les lois de la biologie n'en découlent pas nécessairement.

Ainsi, la loi de Newton appliquée aux planètes conduit aux lois de Kepler qui, appliquées elles-mêmes à trois planètes alignées, rendent compte des éclipses. Parallèlement, cette même loi de Newton, appliquée au couple formé de la Terre et d'un corps, conduit à la loi de Galilée qui, appliquée à un boulet de canon, rend compte de sa trajectoire parabolique. Cependant, la loi de Newton reste provisoirement non expliquée elle-même par des principes plus profonds. Par ailleurs, les lois de la mécanique classique résultent des lois de la relativité restreinte si la vitesse du corps matériel considéré (qui agit comme paramètre) tend vers zéro. Enfin, nombre de propriétés macroscopiques de la matière (solidité, masse, supraconductivité) sont expliquées par des propriétés microscopiques des particules constituantes (principe d'exclusion de Pauli, conservation masse-énergie, structure cristalline des métaux).

## SCIENCES SOCIALES

La plupart des sciences sociales présentent leurs assertions sous forme d'un récit exprimé en langage courant. Les hypothèses et les conséquences sont exprimées sous forme d'énoncés littéraires et sont liées par des argumentaires informels. Ces argumentaires sont eux-mêmes enchaînés par des articulations grossièrement assurées et décrivent des scénarios qualitatifs. Un récit est limité dans la mesure où seules les conséquences d'un petit nombre d'hypothèses peuvent être logiquement dérivées. Il lui est impossible de prendre en compte des facteurs trop nombreux, et plus encore des liaisons en boucles. Il est ainsi difficile de déterminer comment la modification d'une condition locale va infléchir la trajectoire d'un système dans un sens déterminé. Il est même quasiment impossible de procéder à une modification d'une contrainte globale sauf à reconstruire complètement le récit.

Ainsi, l'histoire vise à restituer la chronologie des événements qui ont agité un ensemble social sur une certaine période. La sociologie s'efforce de décrire l'enchevêtrement des facteurs qui rendent compte d'un certain phénomène social. Ces récits prennent la forme de chaînes qui articulent des états physiques et des états mentaux en combinant quatre types d'opérations (Sperber). Les opérations de transformation (fabrication, déplacement) font évoluer certains états physiques vers d'autres. Les opérations de raisonnement (déduction, abduction) font sauter de certains états mentaux à d'autres. Les opérations de conceptualisation (perception, évaluation) transforment des états physiques en états mentaux. Les opérations d'implémentation (énonciation, action) traduisent des états mentaux en états physiques.

On peut certes reconnaître dans un récit la trajectoire d'un système placé dans des conditions d'environnement locales. Mais cette trajectoire autorise un certain jeu sur les déductions réalisées et fait douter de son caractère nécessaire. Le récit peut néanmoins être considéré comme un prémodèle qui sera ultérieurement formalisé. Il a l'avantage de contenir d'emblée tous les éléments d'interprétation du futur modèle auquel il peut donner naissance. La formalisation véritable permet cependant de pousser plus loin encore les limites du raisonnement déductif. Elle est précédée d'opérations formelles de catégorisation des objets et de mise en relation de leurs propriétés. Une formalisation d'une exigence suffisante est déjà à l'œuvre dans des champs privilégiés de diverses sciences sociales.

Ainsi, la linguistique a procédé à la catégorisation des unités minimales distinguées dans les langues (phonèmes, morphèmes) tout comme des langues elles-mêmes. Elle a mis en évidence des structures formelles permettant de caractériser les phrases jugées acceptables par les locuteurs d'une langue. Elle a surtout tenté de dégager des grammaires formelles qui permettent d'engendrer toutes les langues comme instances particulières. L'anthropologie a proposé des catégorisations des sociétés primitives selon divers critères liés aux capacités et aux relations de leurs membres. Elle a mis en évidence des structures stables qui gouvernent les liens de parenté dans ces sociétés. Mais elle s'est moins intéressée aux processus qui permettent de rendre compte des formes d'organisation économiques et politiques.

De type intra-niveau, les explications holistes sont fondées tant sur la structure du système (explication structuraliste), sur les fonctions qu'il remplit (explication fonctionnaliste) que sur le changement qu'il subit (explication évolutionniste). De type inter-niveau, les explications individualistes sont fondées sur les agents individuels (explication atomistique), sur leurs relations (explication interactionniste) ou sur leur contexte commun (explication contextuelle). Les quatre formes de réductionnisme dans l'explication en découlent, liées à l'absence de tel ou tel facteur *a priori* pertinent. Un phénomène microscopique est victime d'un biais psychologique s'il ne dépend que de facteurs microscopiques et d'un biais écologique s'il ne dépend que de facteurs macroscopiques. Un phénomène macroscopique est victime d'un biais atomistique s'il ne dépend que de facteurs microscopiques et d'un biais sociologique s'il ne dépend que de facteurs macroscopiques.

Par exemple, le taux de suicides dans une société peut faire l'objet d'explications de divers types. Une explication est structuraliste quand elle découle de modes d'organisation sociale qui s'avèrent trop rigides ou trop exigeants. Elle est fonctionnaliste quand elle traduit l'incapacité des individus à se mouler dans certains rôles sociaux qui leur sont imposés. Elle est évolutionniste quand elle montre des effets de contagion entre les individus fondés sur des critères d'empathie. Par ailleurs, elle est atomistique si le suicide résulte d'une tendance naturelle d'un individu à se supprimer dans des situations d'impasse. Elle est interactionniste si le suicide est lié à la faible intensité du lien social qui engendre une forme d'isolement. Elle est contextuelle si le suicide est induit par des situations économiques qui s'avèrent trop dures et trop pesantes.

La plupart des sciences sociales distinguent scrupuleusement et pratiquent les deux types d'explication nomothétique et idiographique. Seule l'histoire revendique de travailler à un niveau strictement idiographique tout en puisant ses schémas explicatifs des faits singuliers à de multiples sources. Si le premier type cherche à détecter des structures cachées derrière les phénomènes apparents, le second met l'accent sur des facteurs plus conjoncturels. Ces explications ont fréquemment une dimension à la fois subjective (les individus interprètent les phénomènes) et historique (les individus s'adaptent aux phénomènes). Elles sont complémentaires quand elles s'enchaînent informellement les unes aux autres et peuvent même être substituables entre elles. C'est ainsi qu'une explication fonctionnaliste (qui justifie une propriété par l'avantage qu'elle procure à ceux qui la possèdent) est souvent soutenue par une explication évolutionniste (qui justifie la propriété par un mécanisme de rétroaction à partir des effets qu'elle engendre).

À titre d'illustration, la sociologie s'efforce d'expliquer, au niveau nomologique, les similarités de comportement entre acteurs (Manski). Celles-ci sont dues à la similitude de leurs environnements (effet contextuel), à la ressemblance de leurs caractéristiques (effet structurel) ou aux relations qu'ils entretiennent (effet interactif). La sociologie s'efforce, à un niveau plus idiographique, de rendre compte des liens de solidarité entre les membres d'une assemblée ou d'une association spécifiques. Ces similarités sont dues à des liens familiaux, à des complicités d'intérêt ou à des normes sociales efficaces. Quant aux structures cachées, elles ont massivement été mises en exergue dans deux domaines. En psychologie, il s'agit des pressions de l'inconscient derrière la rationalité apparente du comportement (Freud). En sociologie, il s'agit des mécanismes de domination derrière l'harmonie apparente des rapports sociaux (Marx).

CHAPITRE 3

# Fonction empirique

« Les équations décrivent à quoi ressemblerait le monde réel s'il ressemblait à la théorie. »

Lester C. THUROW.

Un modèle se présente comme un outil de représentation d'un système de référence doté à présent d'une existence concrète. Il est soumis à une *validation* de ses énoncés théoriques par les données empiriques issues de l'observation du système. C'est ainsi qu'un modèle cherche à rendre compte du fonctionnement du marché du poisson de Marseille à partir des observations quotidiennes effectuées sur les transactions. Tout modèle vise à fournir une image sinon fidèle, du moins explicite, d'un système qui nous est à jamais inaccessible dans sa réalité profonde. Il s'agit de corroborer le modèle en appréciant la distance ultimement irréductible entre les propositions qu'il énonce et les données dont il dispose. La qualité recherchée du modèle n'est autre que sa *plausibilité*, à savoir sa capacité à traduire de façon convaincante les caractéristiques essentielles du système.

La *fonction empirique* du modèle se résume simplement dans l'assertion qui proclame que « connaître, c'est tester ». Elle se traduit par une mise à l'épreuve systématique de la structure du modèle au regard des données d'observation existantes ou potentielles. Elle reflète les options épistémologiques adoptées par le modélisateur quand il cherche à faire agir la main invisible de la vérité. La mise à l'épreuve du modèle combine deux modes de raisonnement usuels, de nature respectivement projective et inductive. Le problème central est celui de l'*idéalisation* du modèle, qui l'amène à ne refléter le système étudié que sous certains aspects et dans certaines limites. De ce point de vue, l'économie procède à des approximations empiriques bien plus radicales que les sciences de la nature.

## *Confrontation du modèle aux observations*

La validation empirique d'un modèle conduit à singulariser le système existant au sein de tous les systèmes envisageables. Les données empiriques, associées à des grandeurs observables, sont obtenues selon trois modes d'expérimentation distincts. La confrontation de la structure *a priori* du modèle à ces données empiriques s'exerce dans les deux sens selon diverses procédures. La démarche projective confronte un modèle préexistant aux données alors que la démarche inductive infère un modèle acceptable à partir des données. L'approche confirmationniste vérifie qu'un modèle est compatible avec les données alors que l'approche réfutationniste cherche à mettre le modèle en défaut face aux données. Cependant, cette méthodologie globale par ajustements successifs se heurte à de redoutables contraintes quant à la testabilité des modèles.

### BASE EMPIRIQUE

Une première catégorie de grandeurs rencontrées dans les modèles est constituée par les *grandeurs* observables. Elles sont appréhendées à travers des indicateurs directement mesurables à l'aide d'un protocole d'observation. Comme ce dernier mobilise tant les organes de sens que des instruments d'observation, il se traduit par un coût d'observation. Un indicateur peut n'exprimer qu'un aspect partiel de la grandeur et n'est souvent que corrélé avec elle. La relation entre une grandeur et l'indicateur associé est d'ailleurs appréciée selon diverses propriétés formalisables : univocité, sensibilité, fidélité. La valeur de l'indicateur est rarement accompagnée d'une erreur de mesure explicite, mais est néanmoins supposée connue à des aléas près. La qualité de l'indicateur est qualitativement évaluée en fonction des sources utilisées par diverses propriétés : précision, justesse. Ainsi, le prix de l'or est déterminé par sa valeur moyenne observée sur différentes places financières et peut être accompagné par sa variance.

Une seconde catégorie de grandeurs intervenant dans les modèles est constituée par les *grandeurs théoriques*. Elles ne peuvent être directement appréhendées par l'observateur et ne sont définies que par des relations qui les lient de façon indirecte à des grandeurs observables. Elles sont donc évaluées par un processus de révélation, qui met en œuvre un raisonnement de type abductif. Obtenues à partir de mécanismes postulés et de phénomènes observés, ces grandeurs apparaissent comme des conditions cachées d'obtention des phénomènes. Ainsi, des préférences simples d'un acteur peuvent être révélées à partir de ses actions observées en s'appuyant sur le postulat de rationalité. Mais ce processus devient multivoque dès lors que plusieurs grandeurs sont simultanément révélées et que les relations qui les lient se complexifient. Ainsi, la révélation des états mentaux devient périlleuse lorsqu'elle porte sur des préférences contextualisées ou des croyances croisées, voire concerne simultanément les préférences et les croyances.

Le statut observationnel des grandeurs économiques est lié au niveau ontologique considéré par le modélisateur. À tout niveau, le temps et l'espace sont des grandeurs observables, malgré leur définition conventionnelle (périodicité considérée). Au niveau social, les grandeurs collectives comme les prix sont considérées comme observables, de même d'ailleurs que les institutions. Au niveau comportemental, les actions individuelles des acteurs sont observables, particulièrement les quantités de biens échangés. En revanche, les coûts (d'information, de négociation) supportés par les agents ou les capacités (taux d'effort) qu'ils manifestent ne sont pas observables. Au niveau mental, les états mentaux sont enregistrés par déclaration des acteurs, même s'ils sont soumis à des biais volontaires (volonté de les masquer) ou involontaires (connaissance imprécise). Mais ces mêmes états mentaux observés par les psychoéconomistes sont généralement considérés comme inobservables par les économistes classiques. Au niveau neuronal, les signaux neuronaux émis par le cerveau sont observés par simple imagerie cérébrale selon diverses techniques.

Un exemple type de grandeur ambiguë concerne l'utilité attachée par un acteur à une action ou à un phénomène (*cf.* « Nature de l'interprétation », page 31). Elle est appréhendée à trois niveaux d'organisation, les mesures correspondantes pouvant fort bien ne pas coïncider. L'*utilité ressentie* (ou hédoniste) est éprouvée par l'acteur et exprimée par lui dans un processus d'énonciation. Bien qu'observable, elle est de nature introspective et considérée comme résultant de l'expérience passée et d'informations externes de l'acteur. L'*utilité révélée* est abduite par le modélisateur à travers les seules actions observées de l'acteur. Elle est théorique et dépend certes de l'utilité ressentie de l'acteur, mais aussi d'une utilité qui ne s'exprimerait que dans l'action. L'*utilité détectée* résulte d'un signal neuronal provenant de zones cérébrales qui lui sont associées. Elle est liée tant à l'utilité ressentie qu'à l'utilité révélée, dans la mesure où elle manifeste des motivations tant conscientes qu'inconscientes.

Les observations résultent de trois formes d'expérimentation, qui diffèrent quant au contrôle exercé par le modélisateur sur les acteurs et leur environnement. L'*expérimentation historique* consiste à recueillir les données sur un système économique non influencé par le modélisateur. Elle concerne surtout des périodes où agissent des politiques économiques originales (expérience Thatcher en Grande-Bretagne, expérience communiste en URSS). L'*expérimentation de terrain* consiste à délimiter un sous-système économique pour lui appliquer des politiques économiques spécifiques. Elle produit des effets qui sont comparés à ceux qui résultent des mesures usuelles dans un sous-système de référence (mesures fiscales, politiques de santé). L'*expérimentation en laboratoire* consiste à construire un système économique artificiel partiellement isolé de son environnement. Elle peut être réalisée dans un cadre générique (choix en incertitude, jeu stratégique, procédure de vote) ou spécifique (marché, bien public).

Lorsqu'un modèle est confronté à une situation de laboratoire plutôt qu'à une situation réelle se pose le problème du parallélisme entre les deux situations (validité externe du modèle). Une première interrogation porte sur la proximité des conditions d'environnement en laboratoire et en milieu réel. En particulier, les décisions des agents en laboratoire se font dans un vide social fort éloigné des pressions morales et culturelles de la vie réelle et mettent en jeu des enjeux plus restreints. Une seconde interrogation porte sur la proximité des comportements des agents en laboratoire et dans la vie réelle. En particulier, les décisions que les acteurs sont invités à prendre en laboratoire, choix virtuels entre loteries ou choix dans des jeux abstraits, sont souvent très éloignées de toute décision réelle. En pratique, l'expérimentation en laboratoire peut constituer une première étape avant d'aborder de front l'expérimentation de terrain ou l'expérimentation historique.

Les expérimentations historiques produisent des données naturelles sous forme d'indicateurs qui sont mesurés indépendamment les uns des autres. Ceux-ci sont recueillis soit par les acteurs eux-mêmes à des fins administratives ou de gestion, soit par des organismes statistiques spécialisés. Ils ne font généralement l'objet que d'une mesure unique, qui est soumise à divers contrôles et n'est dès lors plus contestée. Ils peuvent être prétraités, pour les corriger de biais reconnus comme systématiques ou pour redresser des écarts dus à des conditions exceptionnelles. Ils sont souvent combinés en indicateurs composites et adaptés pour assurer dans leur ensemble le respect de contraintes comptables (Comptabilité nationale). C'est ainsi que le niveau général des prix est appréhendé à partir d'un indice de prix qui combine les prix des biens puisés dans un panier de biens.

Les expérimentations en laboratoire produisent des données artificielles de façon répétable, par conjugaison de divers éléments. Tout d'abord, les acteurs entrent au laboratoire avec des états mentaux et des modes de raisonnement dont la structure est prédéfinie. Cette structure n'étant pas contrôlée, les acteurs sont choisis autant que possible de façon aléatoire (échantillonnage). Ensuite, des règles du jeu sont fixées par l'expérimentateur aux acteurs, ce qui a pour effet de spécifier leurs états mentaux. Si les opportunités imposées sont généralement endossées par l'acteur, les croyances proposées sont révisées par l'acteur alors que les préférences suggérées (sous forme d'incitations monétaires) sont restructurées par l'acteur (préférences altruistes). Enfin, l'environnement des acteurs est en général neutralisé en limitant les influences résiduelles. Quant à l'action des institutions, elle est éventuellement simulée à l'aide d'un modèle annexe (équilibration d'un marché expérimental).

## DÉMARCHES DE CONFRONTATION

Pour confronter un modèle aux données, deux démarches polaires sont utilisées, qui se distinguent par le sens dans lequel le modélisateur opère. La *démarche projective* est une démarche descendante qui part d'un modèle préexistant et teste sa compatibilité avec les données. Le modélisateur retient une batterie de conséquences testables du modèle, en particulier des énoncés de statique comparative, et les confronte à des observations existantes ou suscitées. La *démarche inductive* est une démarche ascendante qui part des données et construit un modèle susceptible d'en rendre compte. Le modélisateur dégage des données des régularités, en particulier des corrélations entre variables, et les ordonne sous la forme d'un modèle plus ou moins spécifié. Si ces deux démarches ne sont pas propres aux modèles formalisés (et aux données quantifiées), elles y sont appliquées de façon plus systématique en jouant sur la forme des relations et la valeur des paramètres.

De fait, il existe toujours une infinité de modèles compatibles avec un ensemble fini de faits observés. Cette sous-détermination des modèles par les faits conduit tant à délimiter la classe des modèles acceptables qu'à enrichir la classe des faits disponibles. La limitation des degrés de liberté du modèle ne peut résulter que de sa soumission préalable à des contraintes théoriques. L'extension des données ne peut résulter que de la construction d'invariants qui transcendent le matériau empirique. Ainsi, le modèle du penalty étudie les comportements (supposés aléatoires) d'un tireur de penalty et d'un gardien de but en recherchant les équilibres en stratégies mixtes d'un jeu. Si les opportunités sont réduites (tirer à gauche, à droite ou au centre ; plonger à gauche, à droite ou demeurer sur place), les fonctions d'utilité sont parfaitement spécifiées (marquer ou éviter un but). Quant aux données, elles sont extrapolées à partir d'un ensemble d'observations considéré comme un échantillon représentatif.

Dans un sens, la démarche projective conduit à introduire dans le modèle des hypothèses empiriques auxiliaires. En effet, un modèle peut ne pas admettre de conséquences directement testables pour deux raisons. D'une part, il contient des grandeurs théoriques sans contrepartie mesurable et inclut des opérateurs non standard (opérateurs de maximisation). D'autre part, il se situe à un niveau trop générique pour être confronté aux données d'observation. Pour obtenir des conséquences testables, le modélisateur doit à la fois résoudre le modèle et en considérer des spécifications particulières. Ainsi, tout modèle de comportement optimisateur peut être résolu pour en dériver une fonction de comportement, elle-même spécifiée en précisant la valeur de ses paramètres. Appliqué au consommateur, il conduit à une fonction de demande obéissant nécessairement à des conditions formelles (conditions de Slutzky) qui s'avèrent testables.

En sens inverse, la démarche inductive conduit à manipuler les données pour faciliter leur comparaison aux modèles. Elles subissent divers prétraitements (éliminations, redressements, lissages) qui visent à mettre en évidence des régularités structurelles ou statistiques (analyse des données). L'information contenue dans les données est dès lors résumée dans des invariants qui apparaissent comme des « faits stylisés » (Kaldor). Il peut s'agir de propriétés remarquables d'une grandeur comme sa distribution statique (distribution de Pareto des revenus) ou sa tendance dynamique (développement de l'économie immatérielle). Il peut s'agir d'une corrélation statistique robuste entre deux grandeurs (corrélation entre inflation et chômage). Il s'agit plus rarement de faits massifs comme l'existence de certaines entités (firmes, monnaie) ou de certains phénomènes (bulles spéculatives). Il est alors admis que, si un modèle rend compte des faits stylisés, il rend compte également des données initiales.

Dans la pratique, la confrontation entre un modèle et les données se fait à un niveau de spécificité conventionnel dans l'entre-deux entre les principes théoriques et les faits empiriques. Le modélisateur peut ajuster ce niveau intermédiaire tant à la nature du modèle visé (plus ou moins théorique) qu'aux caractéristiques des données disponibles. Un modèle théorique est testé sur des faits stylisés directement observés ou construits à partir des données. Un modèle empirique est testé sur les données quantitatives existantes qui traduisent l'information la plus riche. Pour rendre compte des organisations, March et Simon ont d'emblée dressé une liste de faits stylisés que leur modèle se devait d'expliquer. Pour rendre compte du cycle des affaires, Lucas a constitué une base de données préalable concernant de nombreux pays.

D'un point de vue statique, cette double démarche est à l'œuvre dans ce qui est abusivement appelé l'« induction statistique ». Tout d'abord, le modélisateur astreint une forme analytique aux relations du modèle après avoir procédé à d'éventuels tests préalables sur les données (exogénéité, stabilité). Ensuite, il calibre les paramètres libres des relations en fonction des données en appliquant des méthodes statistiques d'estimation. D'un point de vue dynamique, cette double démarche conduit à une adaptation réciproque du modèle et des données par vagues successives. Le modélisateur confronte un premier modèle aux données et met en évidence des écarts significatifs (« méthode zéro » de Popper). Puis il amende le modèle en conséquence et le confronte à des données éventuellement renouvelées.

Les deux démarches s'adaptent fort bien à la validation d'un modèle par expérimentation historique. La démarche projective confronte un modèle prédéterminé à des données récoltées pour l'occasion. Elle s'appuie sur des enquêtes épisodiques, voire sur des observations ponctuelles spécifiquement recueillies. Les données sont soumises à des conventions d'équivalence pour s'assurer que l'on mesure bien un phénomène de même signification (crises, monnaies). La démarche inductive dégage des données un modèle qui puisse les soutenir. Les données sont souvent mesurées de façon systématique par rapport au temps (séries temporelles plus ou moins longues) et à l'espace (comparaisons internationales plus ou moins étendues). Si elles sont jugées suffisamment homogènes, elles sont incorporées dans des bases de données dûment normalisées et nettoyées. Elles doivent de plus être comparables quant aux échelles de mesure pour une variable quantitative (chômage) ou quant aux catégories pour une variable nominale (catégories socioprofessionnelles).

Les deux démarches s'adaptent mieux encore à la validation d'un modèle par expérimentation en laboratoire. La démarche projective vérifie qu'un modèle prédéfini est validé dans des conditions spécialement conçues pour le tester. Elle est à l'œuvre en psychoéconomie pour tester par questionnement divers modèles de choix en incertitude (variantes du modèle d'espérance d'utilité). Elle est à l'œuvre en neuroéconomie pour tester par imagerie cérébrale divers phénomènes (préférence pour le présent, aversion face au risque, altruisme). La démarche inductive propose un modèle compatible avec les résultats obtenus en laboratoire. Elle est importante en psychoéconomie où divers faits stylisés ont été énoncés (existence d'un point de référence, asymétrie éprouvée entre gains et pertes, déformation subjective des probabilités). Elle reste prégnante en neuroéconomie où des éléments de raisonnement différents ont été associés à des zones du cerveau différentes (probabilités *vs* utilités, égoïsme *vs* altruisme, certitude *vs* incertitude, gains *vs* pertes).

## MODES DE VALIDATION

Pour valider un modèle sur des données, deux approches sont traditionnellement utilisées, qui s'opposent quant à la partie qui supporte la charge de la preuve (Popper). L'*approche confirmationniste* vise à montrer que le modèle est compatible avec l'ensemble des données disponibles. Si elle intervient dans la démarche projective pour donner un satisfecit au modèle, elle est surtout implicite dans la démarche inductive pour exhiber un modèle fondé sur les données. L'*approche réfutationniste* vise à montrer que le modèle est mis en défaut par des données existantes ou spécialement suscitées. Si elle est déjà à l'œuvre dans la démarche inductive pour montrer l'inexistence d'un modèle satisfaisant aux données, elle intervient surtout dans la démarche projective pour contester un modèle *a priori*. Ces deux approches ne sont pas propres aux modèles formels, mais ces derniers conduisent à des conclusions plus tranchées.

Les faits susceptibles de se produire sont classés en trois catégories selon leur rapport de vérité au modèle susceptible d'en rendre compte. Un fait positif est en accord avec les hypothèses du modèle (il est obtenu comme conséquence du modèle). Un fait négatif est en contradiction avec les hypothèses du modèle (sa négation est une conséquence du modèle). Un fait neutre est muet sur le modèle (il n'est pas dérivable, pas plus que sa négation, des hypothèses du modèle). Dès lors, quant à sa potentialité de validation, un modèle est confirmable s'il admet des faits positifs et réfutable s'il admet des faits négatifs. Ainsi, contrairement à une proposition universelle, une proposition existentielle est non réfutable. De plus, un modèle est plus réfutable qu'un autre s'il admet plus de faits négatifs et moins de faits positifs. Enfin, deux modèles sont observationnellement équivalents s'ils admettent les mêmes faits positifs et négatifs.

Une approche confirmationniste pure est insuffisante au sens où tout modèle suffisamment générique et sans restrictions peut être rendu compatible avec les observations. Il est toujours possible d'adapter la forme analytique ou les paramètres du modèle pour qu'il puisse endosser les données. C'est ainsi que, par n points d'un plan, il passe toujours un polynôme de degré n (et même une infinité de degrés n + 1). Il est donc nécessaire de limiter *a priori* le nombre de paramètres libres du modèle, comparé au nombre de variables endogènes. Ainsi, dans sa formulation la plus générale, le modèle rationnel de décision est non réfutable au sens où il est capable d'expliquer tout type de comportement avec des états mentaux adaptés. Même plus, tout modèle de choix en incertitude peut être adapté aux données s'il autorise toute fonction d'utilité et toute fonction de déformation des probabilités.

Une approche réfutationniste pure est inefficace car tout modèle donné *a priori* finit par être réfuté pourvu que les données soient en nombre suffisant. Il est possible de mettre en défaut un modèle en démultipliant les circonstances dans lesquelles il est testé, jusqu'à procéder à un acharnement expérimental (Tversky). C'est ainsi que, par n points d'un plan, il ne passe en général aucun polynôme de degré n-1. Il est donc nécessaire de limiter *a priori* le champ des données qui seront mobilisées pour procéder au test potentiel du modèle. Ainsi, le modèle rationnel lui-même est aisément réfuté si on réduit l'utilité de l'acteur à une utilité matérielle et égoïste, et, plus encore, s'il s'incarne en modèle du consommateur. De même, le modèle des perspectives (*prospect theory*), proposé par Kahneman-Tversky au terme d'une démarche inductive, se révèle parfaitement réfutable.

Une approche combinant approche confirmationniste et approche réfutationniste s'avère donc nécessaire. De façon générale, le succès ou l'échec de l'une des deux approches dépend du degré de spécification du modèle. Plus précisément, lorsque le degré de spécification d'un modèle augmente, il devient aussi plus réfutable. En effet, un modèle plus générique qu'un autre admet plus de faits positifs et moins de faits négatifs. Ainsi, le modèle IURDP généralise le modèle de maximisation de l'espérance d'utilité en déformant subjectivement les probabilités objectives. Il est aussi moins réfutable car la fonction de déformation des probabilités lui permet de s'adapter plus facilement aux données. De même, le modèle d'équilibre quantal suppose que les joueurs choisissent leur action avec une probabilité croissante avec son utilité. Il est lui aussi moins réfutable que le modèle d'équilibre de Nash car il introduit un degré de liberté supplémentaire.

D'un point de vue statique, les deux approches se complètent lorsque le modélisateur compare plusieurs modèles du même système en regard des faits. En particulier, un modèle peut être comparé à un modèle de référence, soit globalement, soit relation par relation. Les modèles sont évalués à partir d'un critère de comparaison commun qui traduit individuellement leur adéquation aux données. Il s'agit par exemple d'un critère statistique de vraisemblance ou plus généralement d'inférence à la meilleure explication. D'un point de vue dynamique, les deux approches se renforcent quand le modèle et les données disponibles sont ajustés au cours du temps. Un modèle est d'abord construit par induction à partir des données existantes et il se trouve naturellement confirmé. Puis il est confronté à des données nouvelles qui confirment sa validité ou le remettent en cause. Un nouveau modèle est alors construit toujours par induction et soumis à un nouveau cycle de validation.

Une attention spéciale doit être accordée aux modèles stochastiques qui sont les plus répandus en économie. Techniquement, attribuer un caractère aléatoire à un modèle, c'est diminuer son degré de spécification en lui attribuant des degrés de liberté supplémentaires, en pratique quasi infinis. De fait, un modèle stochastique n'est jamais logiquement réfuté car il est toujours compatible avec les données. Les termes aléatoires qu'il introduit sont capables (avec une faible probabilité) d'absorber tous les écarts aux observations. On obéit alors à l'adage selon lequel « par trois points, il passe toujours une droite, pourvu qu'elle soit suffisamment large ». Si la nature aléatoire du modèle est ontologique (due à un indéterminisme du système), cette non-testabilité est radicale. Si elle est épistémique (due à une méconnaissance du système), on peut espérer la compenser par une amélioration de l'information.

Pour faire face à cette situation, les modèles aléatoires sont validés en les soumettant à des tests statistiques généraux qui s'appuient sur divers critères statistiques. Ces tests introduisent en particulier deux types d'erreurs que le modélisateur peut commettre. Si l'erreur de première espèce consiste à rejeter le modèle alors qu'il est vrai, l'erreur de seconde espèce consiste à accepter le modèle alors qu'il est faux. Ces deux erreurs sont contenues en leur imposant un seuil d'acceptation statistique (à 5 % par exemple). La valeur de ces seuils est évidemment arbitraire et fait l'objet de conventions partagées par les statisticiens. En pratique, les seuils sont calibrés en fonction du degré de spécification du modèle afin de n'être ni trop laxistes ni trop drastiques.

## LIMITES DE TESTABILITÉ

Une première limite de testabilité provient de la fréquente rareté des données aptes à valider le modèle. Certaines grandeurs observées font l'objet d'un recueil historique sur des séries très courtes ou résultent d'enquêtes exceptionnelles. D'autres grandeurs, bien que théoriquement observables, ne le sont que localement, en l'occurrence à l'équilibre. Il en est ainsi des offres et des demandes de biens qui ne sont observables qu'aux prix en vigueur. Cependant, les expériences de laboratoire permettent théoriquement de compenser le manque de données historiques. Mais elles sont rarement répétées à l'identique, bien que leur duplication soit toujours invoquée comme indispensable. En effet, seule l'itération des expériences, sous des conditions randomisées, permet de neutraliser les facteurs jugés indésirables.

Ainsi, les modèles alternatifs de choix en incertitude ont été validés pour une vaste gamme de décideurs et de décisions. Ils ont été testés *in situ* sur des experts financiers qui effectuent des transactions réelles sur des actifs financiers. Ils ont aussi été testés en psychoéconomie sur des acteurs volontaires faisant des choix artificiels entre des loteries. Ils ont été testés en neuroéconomie dans des circonstances similaires, par observation des zones cérébrales activées. Ils ont enfin été testés sur des rats ou des pigeons soumis à des choix aléatoires de nourriture. De plus, les modèles de choix ont été validés autant quant aux axiomes qui les sous-tendent que quant aux règles qui les expriment. Les résultats obtenus dépendent fortement du contexte retenu et conduisent rarement à renoncer définitivement à tel ou tel modèle.

Une deuxième limite de testabilité provient de l'inadéquation fréquente entre le modèle testé et les données disponibles. Ces dernières ne sont souvent que des approximations des données dont le modélisateur souhaiterait idéalement disposer (sans pour autant pouvoir les expliciter). Tout d'abord, pour valider le modèle, il est nécessaire d'avoir défini précisément son domaine d'application. Le modélisateur doit être en mesure de définir qualitativement les situations qui relèvent du champ du modèle. Ensuite, certaines variables du modèle doivent trouver une contrepartie acceptable en termes de grandeurs observées. Souvent, les indicateurs disponibles ne sont que des *proxys* lointains des variables que le modèle met en scène. Enfin, s'il existe plusieurs indicateurs liés à une même grandeur, l'un d'entre eux doit être privilégié. En effet, ces indicateurs multiples correspondent à l'utilisation d'instruments de mesure différents pour les données de base ou à des combinaisons différentes de ces informations de base.

Ainsi, tout modèle macroéconomique doit préciser d'emblée les époques et les pays où il est applicable. En particulier, il doit expliciter *a priori* si deux crises économiques sont suffisamment semblables pour dépendre de ce même modèle. Par ailleurs, il peut intégrer des variables qui n'ont pas de contrepartie mesurée directe et doivent être approchées par des indicateurs *ad hoc*. Il en est ainsi pour la pollution qui n'est pas directement mesurée, mais peut être reconstituée à partir d'indicateurs de la présence de certains produits dans l'air. Enfin, nombre d'agrégats macroéconomiques ont des définitions opératoires multiples : masse monétaire, chômage, indice des prix. Il faut alors définir laquelle est la plus pertinente au regard de la relation dans laquelle la grandeur est censée s'inscrire.

Une troisième limite à la testabilité des modèles provient de la dépendance méthodologique entre les modèles et les données. Les observations ne sont pas neutres, mais s'avèrent teintées de théorie à divers stades de leur élaboration. D'abord, les faits sont sélectionnés en fonction du modèle considéré et cette sélection s'effectue de façon à confirmer le modèle. Ils ne sont pas circonspects en eux-mêmes, mais simplement choisis parce qu'ils sont à décharge plutôt qu'à charge. Ensuite, les faits sont mesurés à l'aide de protocoles de mesure (instruments, indicateurs) s'inspirant de telle ou telle théorie. Cette fois, les indicateurs mesurés sont bel et bien biaisés par la théorie, mais la mesure elle-même reste évidemment exempte de tout biais. Enfin, les faits sont interprétés en prenant appui sur le modèle lui-même, en particulier pour juger d'éventuels écarts avec les prévisions. Là encore, ils ne sont pas sujets à caution, mais ils se voient attribuer une signification allant dans le sens du modèle.

Ainsi, un modèle macroéconomique va éventuellement exclure les données relatives à certaines périodes si elles s'avèrent hétérogènes avec celles collectées à d'autres. Il en est ainsi des données de l'année 1968 en France, qui sont purement et simplement occultées. De même, les agrégats macroéconomiques de la Comptabilité nationale sont inspirés des idées keynésiennes. Ces agrégats tendent évidemment à favoriser tout modèle d'inspiration théorique keynésienne. Enfin, si les réalisations s'avèrent éloignées des prévisions du modèle, leur divergence est imputée à un facteur non pris en compte par le modèle. Il en est ainsi du niveau élevé des exportations, qui est attribué à une croissance plus rapide dans certains pays voisins, même si ceux-ci ne sont pas décrits dans le modèle.

Une quatrième limite provient, malgré la sophistication des méthodes employées, de la faible robustesse des résultats obtenus en matière de validation empirique. D'une part, des données nouvelles suffisent souvent à remettre en cause un modèle dûment validé. Cependant, le modélisateur n'abandonne pas un modèle à la première réfutation rencontrée, mais seulement si sa réfutation est jugée systématique et s'il possède un modèle alternatif. D'autre part, une faible modification de la structure du modèle peut lui fait acquérir ou perdre sa validité. Ce problème est atténué lorsque le modélisateur ne teste pas un modèle spécifique, mais teste simultanément toute une classe de modèles. Les problèmes de robustesse apparaissent au grand jour dans un exercice parfois pratiqué par le modélisateur. Il se donne d'emblée un modèle, en calcule certaines conséquences quantitatives et fournit ces

« données » à d'autres modélisateurs afin qu'ils reconstruisent le modèle par induction.

Ainsi, toute une gamme de modèles d'apprentissage individuels a été testée et comparée dans un contexte donné (Camerer). Ils sont regroupés en deux classes, les modèles d'apprentissage épistémique et les modèles d'apprentissage comportemental. Chaque classe est engendrée par un nombre limité de paramètres libres qui caractérisent des variations individuelles de comportement. Ces deux classes de modèles peuvent elles-mêmes être réunies en une classe unique en introduisant des paramètres supplémentaires liés à l'arbitrage que l'acteur est censé exercer entre elles. Le modélisateur peut alors déterminer soit la classe de modèles empiriquement la plus significative, soit le modèle hybride le plus adéquat. Le modèle le mieux confirmé diffère d'ailleurs selon que l'on considère des données de laboratoire ou de terrain.

## *Problème de l'idéalisation*

Tout modèle économique est idéal au sens où il ne reproduit les phénomènes réels que moyennant certaines approximations. Cependant, la distance du modèle à la réalité (supposée) ne peut être précisément définie, même si les écarts peuvent être qualitativement appréhendés. La procédure d'idéalisation fait l'objet de formalisations élémentaires et donne lieu à la procédure inverse de désidéalisation. L'idéalisation externe, liée à l'environnement du système, est confrontée à l'idéalisation interne, liée à sa structure. L'idéalisation délibérée, qui déforme volontairement une représentation déjà figée, est opposée à l'idéalisation subie, qui s'exerce spontanément en l'absence de représentation préalable. Enfin, l'idéalité d'un modèle se décline en degrés de profondeur variables, conduisant à des modèles sous-idéalisés ou sur-idéalisés.

## NATURE DE L'IDÉALISATION

Un modèle idéal déforme certains aspects d'un système de référence aux dépens d'autres aspects qui sont négligés. Cependant, le modèle ne peut être comparé au système concret lui-même, mais seulement à une représentation primaire de ce système, incomplètement conceptualisée. Un modèle idéal apparaît ainsi comme une caricature délibérée de la représentation primaire (Gibbard-Varian), soumise à une distorsion plus ou moins prononcée. Il s'appuie sur des hypothèses qui s'avèrent non seulement approchées, mais qui sont assumées par le modélisateur dans leur immédiate fausseté. Bien entendu, un même système donne lieu à une pluralité de modèles idéaux qui distordent des caractéristiques différentes du système selon des dimensions variées.

C'est ainsi qu'un modèle de négociation renvoie à une représentation stylisée de ce qui se passe dans une négociation réelle. Il existe de nombreuses monographies peu exploitées concernant des négociations concrètes (traité de Vienne). Mais il existe peu de modèles ayant réussi à dégager et à intégrer les traits les plus pertinents d'une négociation d'une certaine ampleur. Dans le modèle théorique de Rubinstein, la négociation ne concerne que deux personnes et porte très précisément sur un gâteau (monétaire) à partager. Les deux joueurs sont supposés rationnels et actualiser leurs gains successifs en adoptant des taux d'escompte éventuellement différents. Ils énoncent des séquences d'offres et de contre-offres concernant la clé de partage du gâteau, qui sont successivement refusées jusqu'à ce que l'une soit acceptée et mette fin au jeu.

Il apparaît que ce modèle de négociation introduit des simplifications drastiques sur plusieurs aspects. Il met en scène deux négociateurs qui font des propositions sur un horizon potentiellement infini. L'enjeu de la négociation est réduit à une grandeur unidimensionnelle parfaitement divisible. La négociation elle-même est réduite à un processus dynamique d'offres et de contre-offres de partage. La liaison entre ces facteurs est assurée par le taux d'escompte des négociateurs, qui a pour effet apparent de diminuer la taille du gâteau au fur et à mesure du passage du temps. L'état d'équilibre qui résulte de ces hypothèses extrêmes a la propriété remarquable d'être unique. Le premier négociateur propose d'emblée un partage bien défini du gâteau (dépendant des taux d'escompte respectifs) et le second a intérêt à l'accepter.

Considérée sous un angle logique, l'idéalisation est fondée sur une vision contrefactuelle du raisonnement suivi par le modélisateur. Dans la représentation primaire, il suppose que les hypothèses H sont vérifiées et conduisent à des conséquences C : H → C. En revanche, dans le modèle idéal, il considère les hypothèses retenues H' comme des approximations des hypothèses H. Ces hypothèses sont suffisantes (mais non forcément nécessaires) pour engendrer certaines conséquences C' : H' → C'. Par association, les conséquences C' résultent dès lors de façon contrefactuelle des hypothèses initiales H : H ▶ C'. De façon corollaire, l'idéalisation est fondée sur une vision possibiliste du fonctionnement du modèle. Le modèle ne décrit pas ce qui se réalise dans le système de référence, mais ce qui est susceptible de se réaliser sous des hypothèses qui se démarquent des hypothèses véritables. Il se contente d'apporter logiquement une réponse virtuelle à une question virtuelle que le modélisateur est amené à se poser à propos du système.

Par exemple, le modèle d'équilibre général walrasien introduit nombre d'hypothèses qui s'avèrent très idéalisées. Il en est ainsi des comportements des producteurs et des consommateurs, supposés parfaitement rationnels. Il en est surtout ainsi du fonctionnement du marché, réduit à l'égalisation d'une offre et d'une demande par le biais du prix des biens. L'information est supposée parfaite, la concurrence est tout aussi parfaite et les prix sont parfaitement flexibles. De fait, les marchés concrets peuvent être ordonnés selon leur proximité estimée au modèle idéal. Le marché financier s'en rapproche le plus, le marché des voitures en est déjà plus éloigné, le marché du travail n'en est plus qu'un lointain reflet. Mais, sauf à réaliser des tests plus précis, il ne s'agit là que d'une évaluation grossière des propriétés empiriques du marché.

Le modèle d'équilibre général walrasien décrit ce qui se passe sur les marchés lorsque la concurrence qui y règne est pure et parfaite. Il fournit une explication certes plausible, mais non forcément réaliste, de la coordination des échanges entre les agents sur un marché. Plus précisément, il répond de façon théorique à une question théorique : « Peut-on coordonner les agents économiques en leur fournissant les prix comme uniques signaux reflétant les contraintes de marché ? » La réponse donnée par le modèle est positive sous les conditions fort restrictives qu'il met précisément en musique. Mais cette réponse ne s'étend guère à des conditions moins restrictives et plus proches des conditions de concurrence réelles s'exerçant sur le marché.

Le processus d'idéalisation permet au modélisateur de choisir les dimensions pertinentes du système et conduit à les accentuer de fait. Il est souvent associé à une épistémologie instrumentaliste qui fait des modèles des instruments au service du modélisateur. Pour ce dernier, tout se passe comme si le modèle était vrai, au regard des utilisations auxquelles il est destiné. Celles-ci sont de nature cognitive (description, prévision) comme de nature opératoire (évaluation, prescription). Le processus inverse de désidéalisation consiste à réintégrer dans le modèle des aspects jusqu'alors négligés ou déformés. Il renoue avec une épistémologie plus réaliste en s'efforçant de donner une représentation plus fidèle du système. Cependant, il reste limité dans la mesure où le modèle ne peut éliminer toutes les caractéristiques irréalistes attribuées au système.

Dans les modèles de négociation, de nombreux aspects sont laissés dans l'ombre et ne demandent qu'à être réintégrés progressivement. Une négociation concrète voit s'affronter des agents hétérogènes quant à leurs caractéristiques générales, mais aussi quant à leurs intérêts. Leurs personnalités psychologiques sont essentielles, de même que leurs relations éventuelles en dehors de la négociation. Les enjeux de la négociation sont des objets pluridimensionnels qui sont traités de façon conjointe. Ces objets sont perçus et interprétés de façon différente par les acteurs, comme d'ailleurs les propositions d'accord elles-mêmes. Les situations de référence auxquelles se réfèrent les négociateurs jouent un rôle décisif et sont susceptibles d'évoluer. Enfin, des contraintes de procédure et de temps, souvent implicites, viennent encadrer la négociation.

## IDÉALISATION EXTERNE ET IDÉALISATION INTERNE

Deux formes d'idéalisation peuvent être distinguées selon l'accent mis sur tel ou tel aspect de l'ontologie du système de référence. L'*idéalisation externe* repose sur une opération d'isolation du système de son environnement, qui accentue son autonomie. Le modèle ne retient que certaines influences réciproques entre le système et son contexte et neutralise les autres. L'*idéalisation interne* repose sur une opération de stylisation du système, qui épure ses caractéristiques internes. Le modèle ne retient que les aspects les plus pertinents des propriétés et des relations entre entités du système et gomme les autres. Ces deux opérations sont complémentaires dans la mesure où il s'agit de filtrer les éléments essentiels du système, voire de les déformer pour mieux les mettre en valeur.

L'idéalisation externe s'exprime par des hypothèses qui affirment l'influence négligeable d'un facteur provenant de l'environnement (ou agissant sur lui). L'hypothèse d'exogénéité postule qu'un facteur extérieur agit sur le système sans effet en retour. Plus précisément, ce facteur influence le système de façon indépendante de l'évolution même du système.

L'hypothèse de stabilité suppose qu'un facteur extérieur conserve une influence stable au cours du temps. Il s'agit d'une reformulation de la clause *ceteris paribus* qui affirme que le système évolue de lui-même, toutes choses égales par ailleurs. L'hypothèse de négligibilité affirme qu'un facteur extérieur est considéré comme négligeable ou du moins exerce une influence négligeable. Il s'agit cette fois de la clause *ceteris absentibus* qui affirme que le système évolue spontanément en l'absence de toute autre influence externe.

Ces hypothèses s'appliquent parfaitement au modèle de délibération rationnelle et plus précisément à la fonction d'utilité. L'hypothèse d'exogénéité affirme que la fonction d'utilité n'est pas influencée par le processus de délibération ou par ses résultats. C'est dire que le décideur n'est pas sensible aux conditions d'exercice du choix, ce qui exclut la prise en compte de son plaisir à jouer un certain jeu. L'hypothèse de stabilité affirme que les facteurs structurels dont dépend à long terme la fonction d'utilité sont stables dans le temps. C'est dire que le décideur ne modifie pas ses préférences sur des choix successifs, ce qui exclut la prise en compte d'un apprentissage comportemental de sa part. L'hypothèse de négligibilité affirme que les facteurs contextuels qui modulent à court terme la fonction d'utilité sont négligeables. C'est dire que le décideur n'est pas sensible à son environnement immédiat, ce qui exclut la prise en compte de sautes d'humeur liées à sa situation météorologique ou sentimentale.

L'idéalisation interne s'exprime par des hypothèses qui affirment l'influence négligeable d'une caractéristique structurale propre du système. L'hypothèse d'homogénéité postule que les entités du système sont semblables sauf pour quelques propriétés dûment précisées. Toute population inhomogène est subdivisée en sous-populations selon des propriétés structurales ou comportementales. L'hypothèse de permanence affirme que la distribution des propriétés des entités et la structure de leurs relations restent constantes dans le temps. Les sous-populations conservent la même composition et le réseau de leurs relations reste invariant. L'hypothèse de neutralité suppose que certains éléments du système ont un impact quasi nul sur son comportement. Il en est ainsi de propriétés jugées purement fortuites ou de relations jugées purement symboliques.

Ces hypothèses s'appliquent à tout modèle de jeu et plus précisément aux états mentaux et aux relations entre les joueurs. L'hypothèse d'homogénéité affirme que les joueurs ne diffèrent que par leurs opportunités, leurs croyances ou leurs préférences. C'est dire que toutes les autres caractéristiques de différenciation entre les joueurs peuvent se ramener aux précédentes. L'hypothèse de permanence affirme que les joueurs ont des caractéristiques invariantes et restent situés sur un réseau d'interaction permanent. C'est dire que les joueurs ne peuvent modifier les règles du jeu qui leur sont imposées et ne subissent pas de transformations endogènes. L'hypothèse de neutralité affirme que les joueurs possèdent des caractéristiques qui ne sont pas pertinentes pour l'analyse du jeu. C'est dire par exemple que l'allure physique des joueurs ou leurs liens de parenté n'ont aucune influence en première approximation.

Selon le type d'approximation introduit, on peut considérer trois sortes de modèles dotés d'idéalité. Ces modèles ne sont valides que si leurs hypothèses demeurent plausibles et si leurs conséquences sont robustes aux hypothèses. Un *modèle contextuel* est un modèle qui a été soumis à un processus sévère d'idéalisation externe. Il n'est applicable que dans un contexte épuré sous les aspects considérés et suffisamment peu influent sur le système. Un *modèle typique* est un modèle qui a été soumis à un processus drastique d'idéalisation interne. Il n'est applicable que si les simplifications introduites sont approximativement satisfaites et s'il n'est pas à l'origine d'effets amplificateurs. Un *modèle attracteur* est un modèle qui est obtenu comme limite asymptotique par rapport au temps. Il n'est applicable que si ses trajectoires de long terme ne font pas apparaître de bifurcation temporelle.

Formellement, on s'interroge sur les contextes E dans lesquels les hypothèses simplifiées H' conduisent aux mêmes conclusions que les hypothèses véridiques H. De fait, par une opération classique, le conditionnel H' ► C est transformé en une implication logique, moyennant l'adjonction implicite de « provisos ». Ces provisos P jouent le rôle de conditions particulières dans le mécanisme d'inférence considéré : $H' \wedge P \rightarrow C$. Dans un modèle contextuel, il s'agit de l'environnement E dans lequel le conditionnel est valide : $H' \wedge E \rightarrow C$. Dans un modèle typique, il s'agit de contraintes structurelles S sous lesquelles le conditionnel est valide : $H' \wedge S \rightarrow C$. Dans un modèle attracteur, il s'agit de conditions de convergence T pour lesquelles le passage à la limite est valide : $H' \wedge T \rightarrow C$.

Cette typologie est applicable au modèle élémentaire du duopole, qui décrit l'équilibre relatif à un bien homogène qui s'établit entre deux firmes et une myriade de consommateurs. Tout d'abord, le duopole est contextuel car il ne décrit qu'un équilibre partiel sur le marché du bien considéré. Les prix des autres biens qui interviennent dans la fonction de demande sont implicitement fixés. Ensuite, le duopole est typique car il considère que les consommateurs ont une information parfaite sur la qualité et le prix du bien. La qualité du bien est ressentie identiquement par tous et le prix qui est annoncé conjointement par les deux firmes est universellement diffusé. Enfin, le duopole est attracteur car l'équilibre peut résulter d'un processus d'apprentissage convergent suivi par chaque firme. Cet apprentissage porte tant sur la demande des consommateurs que sur le comportement attribué à l'autre firme.

## IDÉALISATION DÉLIBÉRÉE ET IDÉALISATION SUBIE

Deux modalités d'idéalisation sont considérées selon les connaissances initiales du modélisateur sur le système. L'*idéalisation délibérée* suppose que le modélisateur possède une représentation primaire précise du système de référence et en propose une version secondaire formelle et simplifiée. Il ne dispose pas forcément d'un modèle primaire formel, mais il en infère une version secondaire formalisée qui procède à des approximations clairement endossées. L'*idéalisation subie* suppose que le modélisateur ne possède qu'un modèle flou du système de référence et en propose directement une version formelle épurée. Il est doté d'une représentation primaire présentant des lacunes et des incertitudes et en donne une version secondaire formalisée limitée aux connaissances les plus assurées. Bien entendu, la frontière entre ces deux idéalisations demeure mal définie, en l'absence d'une explicitation du modèle primaire.

L'idéalisation délibérée est clairement à l'œuvre quand le modélisateur dispose d'emblée d'un modèle primaire formalisé et complexe et en propose une version plus simple. Elle est engendrée par la nécessité de simplifier le modèle pour le résoudre analytiquement ou même pour le simuler. En tout état de cause, un modèle parfaitement fidèle d'un système (modèle à l'échelle 1) serait non seulement inutilisable, mais même inutile pour autant qu'il n'est pas plus économe. L'idéalisation délibérée est également à l'œuvre quand le modélisateur dispose d'une représentation primaire qui détaille informellement les caractéristiques du système. Elle résulte alors de la difficulté à formaliser des propriétés pourtant bien conceptualisées littérairement. Mais le modèle informel à lui seul ne permet pas de réaliser certaines opérations formelles malgré sa richesse.

Ainsi, les modèles d'apprentissage déclinent simplement quatre phases de raisonnement suivies par chaque acteur dans un jeu répété. Bien appréhendées de façon informelle, ces étapes se prêtent à des formalisations tout à fait transparentes. La phase de structuration décrit les connaissances préalables de l'acteur sur les états mentaux permanents d'autrui ainsi que sur les processus de rencontre mutuelle. La phase d'information décrit les informations que reçoit l'acteur au cours du jeu sur les actions passées d'autrui et sur ses utilités ressenties. La phase de computation décrit la manière dont l'agent utilise son savoir pour engendrer des prévisions des actions d'autrui ou des indices de performance attachés à ses propres actions. La phase de choix décrit comment ces indicateurs sont sélectionnés et combinés par l'acteur pour opter entre ses diverses alternatives.

L'idéalisation subie est mobilisée quand le modélisateur possède une représentation primaire qui reconnaît l'existence de certains facteurs, sans pouvoir préjuger de leur importance ou de leur mode d'action. Elle est due à la nécessité d'adapter et de compléter le modèle pour le faire tourner, en choisissant conventionnellement les caractéristiques les plus simples. C'est ainsi que le modélisateur fait appel à la clause *ceteris paribus* parce qu'il ne sait rien sur l'influence de l'environnement. L'idéalisation subie est aussi pratiquée quand le modélisateur n'est pas même averti du fait que certains facteurs sont efficaces en pratique. Elle ne procède alors d'aucune intention dans la mesure où le modélisateur se trouve face à une incertitude radicale. Dans l'impossibilité d'envisager *a priori* toutes les influences possibles sur le système, il ne peut que les négliger.

Ainsi, les modèles d'innovation, particulièrement ceux relatifs à l'entreprise, sont élaborés dans un brouillard épais sur les processus réels à l'œuvre. Seule une chronologie des événements est mise en scène, dont chaque phase demeure obscure et n'est formalisée que de façon grossière. Une découverte scientifique est due tant au hasard des circonstances qu'à l'intuition des savants, deux concepts qui échappent pour une grande part à une élaboration formelle. Une innovation technologique résulte de la confrontation de données scientifiques avec un problème concret, mais elle reste soumise à la psychologie peu accessible des technologues. Un développement technique concret est plus facile à programmer et donc à représenter, mais ses modalités et ses performances dépendent d'une pluralité quasi infinie de facteurs.

Selon le mode d'utilisation du modèle, le modélisateur sélectionne les directions privilégiées de son idéalisation. Pour un usage cognitif, il s'agit de privilégier les causes les plus saillantes du phénomène à expliquer. Pour un usage opératoire, il s'agit de singulariser les facteurs les plus sensibles du système à réformer. Pour un usage pédagogique, il s'agit de retenir les aspects les plus compréhensibles d'un mécanisme à démonter. De plus, les idéalisations effectuées par différents modélisateurs font souvent l'objet d'un large consensus. En effet, elles résultent de connaissances d'arrière-plan et d'expériences passées qui font partie de leur culture commune. En revanche, les aspects négligés se modifient au cours du temps du fait des informations nouvelles. Ces dernières conduisent alors à la réintégration de certains facteurs qui se sont avérés plus importants que prévu.

Ces choix sont très visibles dans l'expérimentation en laboratoire qui confère à l'idéalité un tour concret. Les conditions expérimentales isolent le système de son environnement en neutralisant certaines influences externes. Les protocoles expérimentaux ne retiennent que des aspects partiels de la structure interne du système de référence. Cependant, tout idéale qu'elle soit, l'expérimentation fonctionne comme un processus réel et non comme une simulation informatique. Elle fournit des données qui ne sont pas forcément substituables aux données de terrain, mais sont fortement ancrées dans des comportements effectifs. Elle est contextuelle car elle n'est valide que si les influences négligées en laboratoire sont réellement faibles sur le terrain. Elle est typique car elle fait agir les acteurs dans des conditions d'information schématiques par rapport à l'information sur le terrain.

Ainsi, l'expérimentation peut concerner des procédures de négociation à propos d'une ressource sujette à litige entre différentes parties. Elle met alors en scène des acteurs non professionnels, souvent censés être les mandataires d'autres décideurs. Il est supposé que le litige considéré est séparable de tout conflit précédent ou parallèle existant entre les mêmes protagonistes. Les états mentaux imposés aux négociateurs sont simplifiés au point de ne retenir que leurs intérêts directs.

En particulier, les protagonistes n'intègrent guère de considérations culturelles véhiculées par leur milieu social. En revanche, les règles formelles de négociation peuvent être détaillées au début de l'expérience ou même par un tiers participant à l'expérience. Enfin, la négociation se déroule sur un temps imposé, ce qui empêche de considérer des périodes d'interruption pendant lesquelles les problèmes peuvent se décanter.

## PROFONDEUR DE L'IDÉALISATION

Les approximations effectuées sur un modèle idéal ont des contreparties plus ou moins réalisables sur le système réel. Une configuration est décalée si elle correspond à des états qui interpolent des états déjà réalisés ou ne s'en démarquent que légèrement. Elle peut recevoir des contreparties concrètes dans des situations de terrain ou dans des conditions artificielles. Une configuration est inexplorée si elle correspond à des états qui sortent du champ habituel, par une extrapolation hors des limites admises. Elle demeure potentielle, au sens où elle appelle des modifications drastiques de l'environnement du système. Une configuration est utopique si elle oblige à remettre en cause certaines lois qui régissent le comportement du système tout en en conservant d'autres. Elle s'avère purement virtuelle, au sens où elle exige de modifier des lois qui ne sont pas authentiquement contournables.

Comme situation décalée, le marché d'un nouveau produit technologique est fréquemment mis en place dans nos sociétés. Mais, de même que pour des marchés plus usuels comme le marché du travail, une telle implémentation est hors d'atteinte dans des sociétés primitives. Comme situation inexplorée, un marché d'organes humains, même s'il est moralement toléré, reste problématique. Un tel marché parallèle existe certes localement, comme pour tous les biens illégaux, mais il soulève des problèmes d'implémentation spécifiques.

Comme situation imaginaire, un marché du temps, permettant à des vieux d'acheter du temps aux jeunes, reste inatteignable et serait sans doute source de violences. Là encore, il en existe des substituts (paiement pour des coupe-file), mais le temps proprement dit n'est pas un bien échangeable.

Par ailleurs, les approximations formelles apportées à un modèle sont plus ou moins profondes. L'approximation est paramétrique quand elle porte sur une variable exogène ou un paramètre d'une relation. Ce paramètre est alors fixé à une valeur conventionnelle, qui s'avère souvent être la valeur nulle. L'approximation est analytique quand elle porte sur la forme mathématique d'une relation du modèle. Une relation sera limitée à un sous-ensemble de variables ou encore traitée comme étant linéaire. L'approximation est structurelle quand elle porte sur les propriétés générales assignées au modèle. Un modèle sera traité comme statique bien que le système soit dynamique, comme déterministe bien que le système soit stochastique, comme réduit à peu d'entités bien que le système en comporte plus.

Ainsi, du point de vue paramétrique, on va supposer que les transactions sur le marché d'un bien s'effectuent de façon instantanée et à un coût nul. C'est dire que tout échange d'un bien contre de la monnaie s'effectue de façon synchrone et sans mobiliser de ressources supplémentaires. Du point de vue analytique, on va supposer que les prix sont fixés sous information parfaite et sont parfaitement flexibles. C'est dire que le mécanisme de fixation des prix fonctionne dans une parfaite transparence et sans frottements. Du point de vue structurel, on va supposer que le marché se déroule sur deux périodes et met en scène deux producteurs et deux consommateurs qui considèrent les prix comme exogènes. C'est dire que les agents ne peuvent acheter à terme que sur la période suivante et qu'ils ont un pouvoir de marché négligeable.

En principe, toute idéalisation peut être ramenée à la nullité de certains paramètres figurant dans les relations du modèle. D'abord, toute modification paramétrique se ramène trivialement à l'annulation d'un paramètre, moyennant la redéfinition de son échelle de mesure. En particulier, la fixité de certains éléments du système se ramène à l'annulation de leur vitesse d'évolution. De façon plus restrictive, toute modification analytique se ramène à une modification paramétrique en remplaçant un ensemble de fonctions par une classe paramétrique de fonctions. En particulier, la liaison entre deux éléments du système se résume en l'introduction d'une fonction suffisamment riche. Opération encore plus délicate, toute modification structurelle se ramène à une modification analytique par traduction des éléments structurels en facteurs monodimensionnels. En particulier, l'absence de certains éléments du système est simplement traduite par l'absence de toute influence de leur part.

Cependant, une mesure quantitative précise de l'idéalité d'un modèle est impossible à concevoir en toute généralité. Certes, la distance d'un modèle aux données est traduite par des indicateurs statistiques comme celui de vraisemblance. Mais elle repose sur une hypothèse préalable fort lourde, en l'occurrence que les données observées sont bien engendrées par le processus stochastique décrit par le modèle. Or l'hypothèse qui confère un caractère aléatoire à un système ne peut pas même être testée directement. Bien entendu, il est plus difficile encore de comparer deux modèles au regard de la réalité, même si certains modèles semblent plus idéaux que d'autres. D'ailleurs, la notion de distance entre deux modèles, avec ou sans référence à la réalité, s'avère des plus problématiques.

En tout état de cause, on peut considérer deux cas extrêmes d'idéalisation tendant à rendre compte d'un phénomène donné. Le modèle est *sous-idéal* s'il conserve nombre de variables et de relations non véritablement pertinentes. Il est surchargé par un grand nombre de grandeurs qui n'interviennent pas dans l'explication proposée du phénomène central. À la limite, il se veut tellement fidèle que toute dissemblance à la réalité est purement involontaire. Le modèle est *sur-idéal* s'il fait fi de certaines caractéristiques qui s'avèrent essentielles au système. Il est caricatural au point de ne plus exhiber aucun mécanisme convaincant permettant d'expliquer un phénomène quelconque. À la limite, il se veut tellement dépouillé que toute ressemblance à la réalité est purement fortuite.

Ainsi, dans la description du marché de l'automobile, l'introduction de la couleur des voitures vendues manifeste une sur-idéalisation. Elle intervient à l'évidence dans le choix des conducteurs pour une voiture spécifique, voire pour un certain type de voiture. Mais elle est sans incidence notable sur le volume des ventes d'un constructeur, ni même sur les prix qu'il pratique. En sens inverse, dans la description du marché du travail, l'absence de prise en compte du taux d'effort adopté par les employés manifeste une sous-idéalisation. Il a été longtemps négligé car il s'agit d'une grandeur non directement observable et même difficile à conceptualiser. Mais c'est sur cette grandeur que les incitations psychologiques ou financières de l'employeur ont véritablement prise.

## *Rapports aux autres sciences*

Le rapport distancié entre un modèle et les observations correspondantes est constitutif de toute représentation d'un système réel. Cependant, ce rapport de la théorie à l'empirie est traité de façon sensiblement différente selon les disciplines considérées. Les sciences formelles n'ont pas de rapport direct à l'empirie, bien qu'elles s'appuient parfois sur des pseudo-expériences dont s'inspirent d'ailleurs les économistes. Les sciences de la nature reposent, du moins dans le cœur de chaque discipline, sur une épistémologie rigoureuse, fondée sur des expériences répétées réalisées en laboratoire. Les sciences sociales s'appuient sur une épistémologie bien plus lâche, qui reconnaît et met en valeur le lien à l'expérience tout en s'en affranchissant si nécessaire.

## SCIENCES FORMELLES

La logique et les mathématiques développent des structures formelles auxquelles on attribue une existence propre. Elles ne sont pas supposées avoir de contrepartie réelle sous forme de systèmes empiriques particuliers. Elles ne sont pas expérimentales par nature et ne sont pas confrontées à des observations de terrain. Cependant, dans certains champs, des propriétés particulières sont dégagées par des expériences de pensée et viennent jouer le rôle de données empiriques. Elles sont dûment recensées et mettent en évidence des régularités qui constituent autant de faits stylisés formels. Les rubriques de récréations mathématiques des revues sont friandes de ces faits stylisés peu à peu approfondis. L'utilisation de l'ordinateur a d'ailleurs permis de démultiplier les propriétés remarquables des objets mathématiques visualisables.

Ainsi, en théorie des nombres, des régularités empiriques sont mises en avant à propos d'opérations sur les nombres entiers. Il s'agit aussi bien de décompositions de nombres en éléments plus simples que de suites de nombres ayant des limites particulières. En géométrie, des propriétés caractéristiques apparaissent sur des figures spécifiques tracées sur papier. Il s'agit aussi bien de points remarquables de certaines figures que de structures d'empilement de certaines formes. Plus récemment, les automates cellulaires produisent à partir de règles simples des suites de configurations présentant des configurations singulières. Il s'agit d'ensembles de nombres binaires 0 ou 1 qui possèdent une géométrie particulière car ils prennent place sur un support déjà structuré (quadrillage sur un plan ou une sphère).

Les régularités observées suggèrent des propositions génériques qui sont connues sous le nom de « conjectures ». Énoncer une conjecture qui soit à la fois vraie et générale constitue en soi une contribution importante aux mathématiques. Elle résulte d'une procédure abductive qui est ampliative, mais souvent multivoque, donc possiblement erronée. De fait, toute réfutation de la conjoncture par un contre-exemple la condamne définitivement. En sens inverse, il demeure nécessaire de la démontrer en appliquant une procédure déductive rigoureuse. En cas de succès, la conjecture se mue en un théorème qui s'appuie exclusivement sur des résultats préalablement obtenus. L'allure des régularités mises au jour donne des indications quant à la démonstration ultérieure, mais celle-ci peut fort bien utiliser des voies très différentes.

Ainsi, la conjecture de Fermat affirme qu'il n'existe pas de triplet de nombres entiers tel que la puissance énième de l'un soit la somme des puissances énièmes des deux autres (si $n \geq 3$). Cette conjecture a été démontrée récemment par Wiles en combinant des théorèmes de diverses origines. De même, la conjecture de Goldbach affirme que tout nombre pair est la somme de deux nombres premiers. Elle n'est pas encore démontrée à ce jour bien qu'elle soit vérifiée par une liste interminable de nombres. Les automates cellulaires commencent à donner lieu à des conjectures jugées suffisamment fines et plausibles. Mais les voies de démonstration sont étroites malgré la simplicité des règles qui permettent d'engendrer les configurations remarquables.

Les constructions logiques et mathématiques sont elles-mêmes soumises à des formes diverses d'idéalisation. Cette idéalisation obéit à des fins cognitives lorsqu'on recherche des classes de modèles simples aptes à rendre compte des phénomènes. Elle obéit à des fins opératoires lorsqu'il s'agit d'exhiber des outils mathématiques qui soient facilement applicables. De fait, le degré d'idéalité des modèles est fortement corrélé à leur degré de spécification. Plus un modèle est générique, plus il englobe de systèmes empiriques possibles, mais aussi de systèmes imaginaires. Des formalismes suffisamment abstraits s'avèrent ainsi totalement dégagés de toute contrepartie empirique. Ils finissent néanmoins par s'appliquer dans des champs souvent insoupçonnés au terme de délais fort longs.

Ainsi, les nombres réels, tant positifs que négatifs, ont rapidement été mobilisés pour rendre compte de divers phénomènes mécaniques. Les nombres complexes se sont incarnés plus tardivement pour traduire en particulier des phénomènes électriques. Des classes plus sophistiquées de nombres (quaternions) font l'objet d'applications bien moins usitées. De même, la géométrie euclidienne a tôt été mobilisée pour rendre compte des propriétés topologiques de l'espace ordinaire. Mais les géométries non euclidiennes ont elles-mêmes reçu des applications en physique relativiste. Quant aux géométries à plus de trois dimensions, leurs applications ne concernent que des domaines très spécialisés. Enfin, les automates cellulaires ont été conçus pour expliquer des phénomènes biologiques, mais sont en voie d'application plus étendue.

Le problème de l'idéalité prend un tour particulier quand les outils logico-mathématiques traduisent les modes de raisonnement des acteurs. De fait, comme les acteurs ne satisfont pas à la lettre les règles de raisonnement classiques, un processus de désidéalisation a été engagé. Les acteurs ne sont plus dotés d'une rationalité cognitive parfaite, mais d'une rationalité foncièrement limitée qui s'exerce dans deux directions (Simon). D'une part, ils peuvent raisonner en s'appuyant sur des hypothèses volontairement simplifiées. D'autre part, ils peuvent mettre en œuvre des procédures de raisonnement moins complexes à appliquer. Paradoxe apparent, les modèles qui expriment cette rationalité limitée s'avèrent plus complexes (pour le modélisateur) que ceux qui expriment une rationalité parfaite.

Si le raisonnement de l'acteur est déterministe, il est traduit par les axiomes de la logique classique. Une rationalité cognitive limitée conduit à l'abandon de l'axiome d'omniscience logique qui affirme que l'agent connaît toutes les conséquences de ce qu'il sait. Elle s'exprime aussi à travers des logiques plus faibles comme la logique non monotone qui admet l'existence d'exceptions. Si le raisonnement de l'acteur est stochastique, il est traduit par les axiomes usuels du calcul des probabilités. Une rationalité cognitive limitée conduit à l'impossibilité de mener un calcul de probabilités qui s'avère techniquement trop complexe. Elle s'exprime aussi par l'introduction de probabilités non additives qui assouplissent le raisonnement. Des affaiblissements analogues peuvent être introduits lorsqu'il s'agit pour l'acteur de réviser dynamiquement ses croyances.

## SCIENCES DE LA NATURE

L'expérimentation en laboratoire est particulièrement développée dans les sciences de la nature. Cependant, elle est impossible à réaliser dans certains champs du fait de contraintes matérielles ou éthiques. Plus simplement, elle peut être rendue difficile par la non-répétitivité des expériences dans des conditions suffisamment proches. Même dans les domaines où l'expérimentation est envisageable, l'observation directe *in situ* reste importante. Pour la plupart, les grandeurs physiques sont facilement accessibles par une procédure d'observation directe. De plus, des instruments fondés sur des principes différents donnent généralement des mesures semblables d'une certaine grandeur. Cependant, une influence exercée par l'observateur sur le système observé peut se faire jour. Elle prend une forme physique quand l'observateur influence le système en utilisant un appareil de mesure. Elle prend une forme psychique quand le fait pour les entités d'être observées exerce un impact sur leurs comportements.

Ainsi, les expériences en laboratoire s'étendent de la physique des particules à l'éthologie des primates. Toutefois, il est impossible d'étudier *in vitro* l'évolution géologique ou l'évolution des espèces. L'observation directe à l'aide des sens et des instruments est primordiale pour les réactions chimiques comme pour les organismes biologiques. Une grandeur mesurée comme la température conduit aux mêmes résultats avec des thermomètres différents (à mercure, à alcool, à gaz). Cependant, les sciences de la nature sont amenées à introduire des grandeurs plus difficiles à évaluer comme les frottements en physique ou les erreurs de transcription en biologie. Enfin, notamment en mécanique quantique, l'influence de l'observateur s'exerce par le dispositif de mesure qui polarise le système. En biologie, elle s'exprime par les contraintes de mouvement imposées aux animaux de laboratoire par les instruments de mesure.

La démarche inductive est fréquente dans des disciplines où des banques de données bien alimentées sont disponibles. Des considérations théoriques ont cependant été nécessaires pour en dégager des taxonomies robustes et des faits stylisés universalisables. La démarche projective est prépondérante dans des disciplines où sont apparues rapidement des théories générales. Ces dernières n'ont cependant pu être adaptées à des situations concrètes qu'en leur adjoignant des hypothèses empiriques. L'approche réfutationniste est dominante dans les disciplines empiriques où des propositions testables peuvent être construites. Certaines propositions peuvent être aisément contredites par les faits alors que d'autres conservent leur ambiguïté. Dès lors, des modèles concurrents entrent souvent en compétition sur un même domaine d'application.

En astronomie ou en zoologie, la démarche inductive est dominante du fait de l'accumulation des observations. En physique atomique et même en biologie évolutionnaire, la démarche projective reste forte en raison du succès des théories posées *a priori*. Certes, la théorie physique des cordes a peu de conséquences testables et n'est donc pas directement réfutable. *A contrario*, la théorie de l'attraction universelle admet des conséquences testables, Leverrier ayant pu prévoir grâce à elle l'existence de Neptune avant de découvrir cette planète au télescope. Les lois usuelles de la physique (loi des gaz parfaits, loi de la réfraction, loi de la dilatation des métaux) comme les lois de la biologie (lois de la reproduction de Mendel, lois de l'évolution de Darwin) sont facilement testables. Enfin, dans des domaines limites ou complexes tels que la turbulence des fluides ou la vision oculaire, des modèles fondés sur des principes divers demeurent en concurrence.

La notion d'idéalité reste pertinente dans les sciences de la nature car aucun modèle ne saurait traduire de façon parfaitement fidèle la réalité. De fait, s'il existe bien des lois fondamentales qui semblent vérifiées avec une précision aussi grande que l'on veut, elles appartiennent à un noyau restreint de la physique. En dehors, on se retrouve en présence de régularités plus floues et fluctuantes, ce qui pousse naturellement à construire des modèles idéaux. Cependant, les sciences de la nature sont privilégiées par le fait que les facteurs qui influencent un phénomène peuvent être hiérarchisés. On observe souvent un facteur principal qui explique la teneur du phénomène et des perturbations qui viennent le moduler. L'effet du facteur principal est résumé dans une loi alors que les facteurs secondaires conduisent à des aménagements à la marge. De plus, des approximations peuvent être faites par rapport à des modèles qui reflètent l'intégralité du fonctionnement du système.

En cinétique des corps, les lois demeurent contingentes à l'environnement du solide en mouvement. Elles reposent sur des hypothèses d'exogénéité (le champ de pesanteur est indépendant du mouvement), de stabilité (le champ de pesanteur est indépendant du temps) et de négligibilité (la résistance de l'air est négligeable). Plus généralement, la loi de la chute des corps apparaît comme un modèle à la fois contextuel (valablc dans le vide), typique (valable pour un corps ponctuel) et attracteur (valable si la vitesse est faible). Par ailleurs, les quatre forces physiques de base (gravitationnelle, électrique, nucléaire faible et forte) peuvent être hiérarchisées selon leur intensité et leur portée. Il n'empêche que, si un caillou tombe bien au sol, un ballon s'envole car la force d'Archimède est cette fois plus importante que la force de gravitation. Quant aux approximations, l'optique linéaire simplifie des lois plus générales pour des rayons lumineux suffisamment centrés, alors que le pendule linéaire simplifie les lois du pendule pour de petits écarts par rapport à la verticale.

Les sciences de la nature peuvent développer des modèles idéaux dans une perspective contrefactuelle. Ces modèles soutiennent des scénarios de développement d'une évolution passée ou future, compatible avec les lois connues. Ils peuvent aussi s'interroger sur les effets d'une remise en cause des lois et rejoignent alors la science-fiction. Une caractéristique des sciences de la nature réside dans le fait que les écarts du modèle idéal au système de référence sont plutôt bien évalués. Dans certaines situations, le modèle idéal n'est qu'une approximation volontaire, dans des contextes spécifiques, d'un modèle plus complet et connu. Dans d'autres cas, le modèle idéal est plus éloigné de la réalité, et les approximations sont subies plutôt que maîtrisées.

En physique, les concepts chargés d'idéalité abondent : corps pur, gaz parfait, vide intégral. La théorie cinétique des gaz procède à des approximations paramétriques (molécules sphériques et sans masse), analytiques (chocs entre molécules parfaitement élastiques) et structurelles (molécules en nombre infini). La description de l'origine de l'univers ou de la dérive des continents fournit un scénario plausible de l'histoire du cosmos ou de la géosphère. Enfin, on s'est interrogé sur le fonctionnement de l'univers si certaines constantes (constante de la gravitation, constante de Planck) recevaient une valeur différente. De même, en biologie, la plupart des modèles sont idéaux en ce qu'ils fonctionnent dans des contextes mal cernés. Le modèle de Hardy-Weinberg montre que la fréquence des allèles est constante à l'équilibre sous des hypothèses drastiques (rencontre aléatoire des individus, populations nombreuses, pas de mutation-sélection). Quant à l'évolution darwinienne des espèces, elle fournit un scénario raisonnable de l'histoire de la biosphère.

SCIENCES SOCIALES

Toutes les sciences sociales font un usage massif de l'observation directe de leurs objets d'étude respectifs. L'expérimentation en laboratoire reste cantonnée à l'économie, à la politologie et à la linguistique. Elles s'appuient volontiers sur les déclarations des individus (questionnaires, entretiens) et sur l'observation qualitative de leurs actions (envisagées ou réalisées). Cependant, à l'instar de l'économie, elles traitent de plus en plus de données quantitatives, du moins dans des domaines spécifiques. Ces observations sont désormais répertoriées selon des nomenclatures internationalement reconnues (langues, maladies mentales). Elles sont consignées dans des bases de données plus ou moins normalisées et structurées. Celles-ci ne donnent que peu d'indications quantitatives ou qualitatives sur la fiabilité des observations brutes et prétraitées.

En linguistique par exemple, les données de base sont pour une bonne part les énoncés recevables d'une langue. Elles sont reconnues par l'émetteur ou le récepteur de façon immédiate, intuitive, évidente, sans démonstration. Plus généralement, les données sociales sont nombreuses, portant sur les sociétés primitives comme sur les sociétés industrielles. Parmi les plus quantitatives, on peut citer les sondages qui, au terme de nombreux prétraitements, informent sur l'opinion du public dans des domaines variés. Certaines données sont particulièrement sujettes à caution, par exemple celles relatives au suicide que les statistiques minimisent assez systématiquement. De même, l'observation par imagerie cérébrale des états mentaux s'étend à toutes les disciplines (neuroesthétique, neuroéthique), mais reste très sensible aux dispositifs expérimentaux mis en œuvre.

La linguistique et l'économie partagent une démarche essentiellement projective, des théories préétablies étant confrontées aux données quantitatives ou à des illustrations plus informelles. Les autres sciences sociales adoptent une démarche plus inductive et s'efforcent de remonter des exemples historiques ou anthropologiques à des théories suffisamment universelles. En particulier, la démarche statistique, illustrée par l'économétrie, se retrouve dans bien d'autres sciences sociales sous le nom de cliométrie ou de sociométrie. Elle concerne prioritairement les méthodes d'analyse des données, quantitatives ou même plus qualitatives, capables de s'appliquer à des données variées. Certains modèles apparaissent même comme de simples résumés de données sans ambition théorique (modèles phénoménologiques). Ils traduisent des régularités valides dans des domaines fort restreints. En revanche, mais de façon non formalisée, la démarche inductive se prête à une débauche d'imagination lorsqu'il s'agit d'interpréter de maigres données.

En anthropologie, les données recueillies sont peu à peu articulées les unes aux autres pour faire apparaître des relations cachées. Ces modèles partiels sont ensuite synthétisés dans de grandes fresques qui définissent des types de sociétés différentes. De même en histoire, des faits élémentaires sont peu à peu associés les uns aux autres pour faire apparaître des enchaînements qui n'étaient guère perceptibles *a priori*. Des synthèses ultérieures conduisent à distinguer des régimes d'évolution des sociétés (Duby), voire à n'en exhiber qu'un (Fukoyama). Les méthodes statistiques ont tôt fait leur apparition en sociologie pour identifier les facteurs déterminants de tel ou tel phénomène. Elles contribuent pour beaucoup à l'interdisciplinarité en faisant appel dans toute explication à des facteurs de nature très différente.

Les modèles théoriques formalisés, qui ne se sont vraiment développés qu'en économie, en démographie et en linguistique, ont un caractère idéal très marqué. Une notion plus qualitative de modèle est cependant présente dans presque toutes les disciplines sociales et le même caractère d'idéalité peut y être repéré. Une différence apparaît d'ailleurs quant au caractère idéal respectivement attribué aux grandeurs et aux relations. Les concepts économiques sont réalistes car ils concernent des biens et des individus qui ont un support matériel attesté. Les relations économiques le sont moins car elles cherchent à traduire l'intentionnalité des acteurs et la structure de leurs échanges. Les concepts des autres sciences sociales s'avèrent aussi moins concrets car ils portent d'emblée sur des échanges sociaux à forte composante symbolique. Les relations correspondantes s'éloignent plus encore du réalisme car elles sont teintées du subjectivisme des acteurs et de l'historicité de leurs liaisons.

En linguistique, les modèles sont d'abord apparus en phonologie et en syntaxe, et adoptent des formes variées. Ils sont statiques et déterministes, et spécifient les règles qui donnent naissance aux énoncés bien formés d'une langue (Chomsky). Ils sont dynamiques et stochastiques, et mettent en scène des trajectoires menant à un équilibre dans l'utilisation de phonèmes ou de morphèmes. Ils adoptent des hypothèses d'exogénéité (la langue dépend des technologies de communication sans effet en retour), de stabilité (la langue évolue dans un contexte institutionnel figé) et de négligibilité (la langue est insensible aux conditions économiques). Dans les disciplines *a priori* plus littéraires, des modèles ont vu le jour, mais leurs domaines d'application restent fort dispersés. Ils sont aussi bien contextuels (régimes politiques), typiques (structures de parenté) ou attracteurs (configurations de villes). Même les grandes fresques historiques (Hérodote, Michelet) sont dotées d'un caractère idéal très marqué.

Les modèles, formels ou plus informels, ont un caractère contrefactuel dans toutes les sciences sociales. Ils ont pour objet de tester si les explications données aux phénomènes qui se sont réellement déroulés s'appliquent dans des conditions non encore réalisées. Pour ce faire, il est nécessaire de justifier l'apparition de conditions différentes de celles qui se sont effectivement produites. Cela peut nécessiter de modifier d'autres facteurs d'évolution en amont, un processus qui peut paraître sans fin. En tout état de cause, les changements testés vont de la simple modification d'un aléa exogène à la modification de structures sociales plus profondes. Des scénarios alternatifs de leurs effets, correspondant à autant de bifurcations, sont rarement proposés. Finalement, les exercices d'économie-fiction ou de sociologie-fiction restent moins prisés que ceux de science-fiction, peut-être par manque d'imagination.

Ainsi, l'histoire contrefactuelle vise précisément à établir des scénarios de développement dans des conditions différentes de celles qui se sont effectivement réalisées. Une étude pionnière s'est intéressée à la croissance que les États-Unis auraient connue si le chemin de fer n'avait pas été inventé (Vogel). On peut tout aussi bien examiner ce qui serait advenu de l'Europe en cas d'échec de l'attentat de Sarajevo ou de réussite de l'attentat contre Hitler (Lesourne). Il s'agit de variantes historiques induites par des événements fortuits plus que d'histoires parallèles relatives à des lois différentes. En revanche, on connaît peu d'exercices d'anthropologie contrefactuelle ou de linguistique contrefactuelle, les sociétés primitives ou les langues proposant déjà une grande variété de configurations possibles. Surtout, malgré des pesanteurs lourdes, l'évolution des sociétés semble contrainte par si peu de structures et obéir à tant d'aléas que cet exercice ne peut rester que pédagogique.

CHAPITRE 4

# Fonction heuristique

> « Si vous n'aimez pas mon jeu d'hypothèses, donnez-m'en un autre et je vous ferai un autre modèle. »
>
> Wassily LEONTIEF.

Un modèle est un artefact qui se renouvelle au fur et à mesure des inadéquations théoriques et empiriques qu'il rencontre. Il subit une *transformation* progressive au contact de modèles apparentés, de données d'observation nouvelles ou de programmes de recherche innovants. C'est ainsi que les modèles de marché subissent une évolution incessante qui épure leur structure et les adapte à des contextes nouveaux. Cette évolution, qui mobilise des modes de raisonnement déductif autant qu'abductif, se traduit par des modifications à la marge ou des recompositions drastiques. Il s'agit de « bricoler un modèle » afin qu'il conserve la trace des modèles passés et serve de tremplin aux modèles futurs. La qualité recherchée du modèle n'est autre que sa *fécondité*, à savoir sa capacité à engendrer une filiation riche et originale de modèles largement acceptés.

La *fonction heuristique* du modèle est fondée sur l'idée simple selon laquelle « connaître, c'est créer ». Elle demande un effort d'imagination du modélisateur pour engendrer des modèles originaux dans le contexte de la découverte. Elle exige aussi un travail comparatif pour articuler les modèles et montrer leurs connexions et leurs filiations. Le modélisateur procède tant à l'incorporation d'apports externes par analogie qu'à la restructuration d'éléments internes par généralisation.

Le problème central est celui de la *cumulativité* des modèles, à savoir leur enchaînement temporel censé assurer tant la cohérence que la continuité du savoir. De ce point de vue, l'économie doit se contenter de faire évoluer certains principes généraux en l'absence de lois vraiment fondamentales et universelles.

## *Transformation de modèles en d'autres*

Un modèle n'est pas un objet conceptuel isolé, il est relié à d'autres modèles par des liens de complémentarité et de substituabilité. C'est non seulement un outil de stabilisation du savoir, mais un instrument de son développement, à travers un processus de révision des croyances. Avec deux autres types d'objets conceptuels, les données et les programmes, les modèles forment le corpus scientifique d'une discipline. Ce corpus importe de disciplines extérieures des outils mathématiques et des schémas explicatifs plus ou moins grossièrement transférés. Il subit des restructurations internes qui visent à le généraliser tout en lui apportant une valeur ajoutée substantielle. Il se heurte cependant à des difficultés de conception qui peuvent prendre provisoirement la forme de paradoxes.

### CORPUS SCIENTIFIQUE

Deux types d'objets conceptuels ont été distingués jusqu'à présent, les modèles et les données. Chacun de ces objets conceptuels est caractérisé par trois éléments, sa forme, son champ d'application et son interprétation. Les données sont des informations élémentaires ou élaborées qui résultent d'un processus d'observation appliqué à une propriété repérée d'un système concret. Quantitatives ou qualitatives, elles concernent une grandeur ou un événement et se prêtent à diverses lectures. Les modèles sont des constructions intellectuelles constituées de relations simples et robustes établies entre des variables. Dûment formalisés, ils rendent compte des liaisons entre les propriétés d'un système et donnent lieu à divers commentaires. D'autres objets conceptuels sont traditionnellement considérés en épistémologie, essentiellement les lois, les théories et les programmes (ou paradigmes).

Les *lois* expriment des liaisons nécessaires et stables entre des grandeurs ou des événements du système de référence. Du point de vue syntaxique, elles sont génériques ou spécifiques, synchroniques ou diachroniques, déterministes ou stochastiques. Du point de vue sémantique, elles sont de deux types, bien que certaines cumulent les deux aspects considérés. D'une part, les lois empiriques expriment des régularités systématiques dans la concomitance ou la succession des données d'observation. D'autre part, les lois théoriques énoncent des propriétés générales qui sont dérivables à partir de principes plus profonds. Les lois mixtes résultent bien de considérations théoriques, mais elles sont néanmoins testables et ont une validité empirique reconnue. Elles sont à la fois dispositionnelles (elles traduisent des capacités causales du système) et contextuelles (elles sont valables dans des environnements spécifiques). Isolant et stylisant un phénomène, leur caractère d'idéalité leur confère de plus un rôle rhétorique et pédagogique manifeste.

De nombreuses lois économiques ont été considérées tout au long du XIXe siècle comme éléments essentiels de la discipline. La loi de Gresham est une loi qualitative qui exprime de façon elliptique que la mauvaise monnaie chasse la bonne (que les agents souhaitent thésauriser). La loi de Pareto est une loi de distribution qui affirme que le montant des revenus est fortement décroissant avec le rang correspondant des agents. La loi d'Engel est une loi de corrélation qui indique que la propension pour un individu à consommer de la nourriture augmente avec son revenu. Seules quelques lois ont survécu aujourd'hui sous ce vocable, mais sont complètement assimilées par les modèles. La loi des rendements décroissants est empirique et reflète une propriété de convexité des fonctions de production. La loi de l'offre et de la demande est théorique et exprime une condition d'équilibration des processus d'échanges. La loi de la demande est théorico-empirique et traduit la forme analytique que doit revêtir la fonction de demande si elle résulte d'une optimisation.

Les *théories* expriment de façon formelle les principes explicatifs fondamentaux d'une discipline. Comme les modèles, elles sont exprimées sous forme de relations entre des variables, mais elles s'en distinguent sur trois points essentiels. Elles sont formellement plus génériques et admettent ainsi un domaine d'application plus large et moins contextuel. Elles sont fondées sur un raisonnement hypothético-déductif qui fonctionne sur un mode analytique plutôt que par simulation. Elles contiennent des concepts théoriques et des relations non analytiques, qui n'en permettent pas une validation directe. De ce point de vue, les théories sont assimilables à des classes de modèles, chaque modèle en constituant une spécification particulière. Elles remplissent toutes les fonctions assignées aux modèles, avec une insistance sur les fonctions syllogistique et heuristique.

Peu nombreuses, mais servant de référence constante, les théories explicitent les piliers sur lesquels repose la science économique. La théorie du choix rationnel pose les prémisses du comportement individuel de type intentionnel. La théorie des jeux propose des fondements aux interactions stratégiques entre plusieurs agents. La théorie de l'équilibre général fournit une explication du fonctionnement de l'économie des échanges. Cependant, des schémas explicatifs relatifs à des phénomènes plus localisés portent encore le nom de théories. La théorie de la négociation examine la manière dont les acteurs parviennent à s'accorder sur une décision à enjeux collectifs. La théorie des contrats étudie la nature et les formes de relations contractuelles que nouent les agents. La théorie de la valeur identifie les facteurs matériels et psychologiques qui déterminent la fixation du prix des biens.

Les *programmes* sont des objets conceptuels plus hétéroclites, ils sont exprimés sous forme littéraire et comportent deux volets essentiels. D'une part, ils définissent des principes ontologiques et des schémas explicatifs à favoriser dans la recherche. Ils concernent un domaine d'application potentiellement très large, mais dont les frontières demeurent circonscrites. Ils détaillent les arguments à mettre en œuvre pour faire face aux critiques en provenance de l'extérieur. D'autre part, ils proposent des méthodologies à privilégier pour appréhender les systèmes empiriques. Ils mettent en exergue des exemples de modélisations spécifiques ayant donné des résultats probants. Ils suggèrent des démarches permettant de développer des modèles novateurs dans des domaines inexplorés. Au total, les programmes manifestent *ex ante* un aspect fortement normatif, même si l'on peut vérifier *ex post* leur validité du point de vue positif.

Programme orthodoxe dominant, le programme néoclassique déroule les options théoriques essentielles de la discipline autour des concepts de rationalité et d'équilibre. Il préconise de recourir à de petits modèles formalisés qui expliquent les phénomènes à partir de ces principes. Principal programme déviant, le programme keynésien met l'accent sur l'existence de déséquilibres durables sur les marchés et de conventions communes guidant les agents. Il incite à construire des modèles économétriques fondés sur des données agrégées mises en relation. Autre programme hétérodoxe, le programme marxiste insiste sur le rôle social essentiel de l'infrastructure économique et sur les rapports de classe qui se nouent entre les agents. Il n'est guère favorable à la formalisation et préconise une méthode dialectique pour révéler les fondements des phénomènes. Si le programme keynésien a été phagocyté par le programme néoclassique, le programme marxiste reste plus réfractaire à une telle réduction.

Le corpus scientifique d'une discipline est considéré comme formé essentiellement des données, des modèles et des programmes. Quant aux lois et aux théories, elles sont simplement réduites à des instances particulières des modèles. D'une part, les lois sont considérées comme des ancêtres des modèles dont elles héritent nombre de propriétés. Ces lois peuvent être assimilées à des protomodèles réduits à une relation unique. Symétriquement, les lois sont incorporées aux modèles (généralement empiriques) comme relations particulières, à côté des relations comptables ou définitionnelles. D'autre part, les modèles reçoivent une définition qui tend à s'élargir et sont différenciés en deux types. Les *modèles empiriques*, qui font passer d'hypothèses ciblées à des conséquences concrètes, sont formés de variables toutes observables et de relations très spécifiées. Les *modèles théoriques*, qui font passer d'axiomes fondamentaux à des principes généraux, contiennent des variables non observables et des relations incomplètement spécifiées.

## INFLUENCES EXTERNES

Le modélisateur adopte des outils mathématiques nouveaux qu'il mobilise pour deux usages principaux. Au niveau théorique, il importe des outils tant de représentation des hypothèses que de démonstration de leurs conséquences. Des théorèmes mathématiques plus puissants permettent de repousser les limites des conséquences inférées. Des algorithmes de calcul plus performants permettent de démultiplier les exercices de simulation sur ordinateur. Au niveau empirique, il importe des instruments de traitement préalable des données et d'ajustement des modèles aux données. Des méthodes d'analyse plus sophistiquées permettent de révéler des structures formelles insoupçonnées sous-jacentes aux relations entre variables. Des algorithmes d'ajustement plus efficaces permettent de calculer simultanément tous les paramètres d'un modèle par voie informatique.

C'est ainsi que la logique épistémique ou les probabilités non additives ont permis de mieux rendre compte de la structure et de la révision des croyances des agents. Les structures topologiques derrière les théorèmes de point fixe ou les théorèmes de séparation ont servi de support à l'établissement de l'existence des équilibres. Les processus dynamiques stochastiques proposent des théorèmes de convergence indispensables pour étudier les mécanismes d'apprentissage. Par ailleurs, les méthodes de classification permettent de construire des nomenclatures robustes concernant les biens ou les agents. Les méthodes statistiques de factorisation ou de régression permettent de faire apparaître des relations systématiques entre des propriétés d'un système. Enfin, des tests d'hypothèses permettent de vérifier l'exogénéité de certaines variables ou la stationnarité de certaines relations.

Par ailleurs, le modélisateur est guidé par des analogies en provenance d'autres disciplines, essentiellement les sciences de la nature. Une analogie suppose qu'un même modèle formel voit ses variables recevoir des interprétations référentes différentes dans des champs distincts. Cependant, ces interprétations sont liées au niveau des relations selon les exigences que s'impose le modélisateur. Dans une *analogie formelle*, seule la structure logico-mathématique des relations est transférée d'un domaine à l'autre, indépendamment de leur contenu sémantique. Dans une *analogie substantielle*, une interprétation signifiante commune s'applique en plus aux relations entre les variables. Une fois posé, le transfert analogique d'un champ à un autre peut être exploité de deux façons par le modélisateur. Il peut construire un modèle nouveau dans le second champ en s'inspirant de celui qui existe dans le premier. Il peut résoudre un modèle déjà existant dans le second champ en s'appuyant sur sa résolution antérieure dans le premier.

Comme analogie purement formelle, on peut citer le principe d'extrémalité qui s'applique aussi bien à la minimisation du temps de parcours de la lumière entre deux points qu'à la maximisation du profit d'un producteur. De même, on peut citer le principe de conservation qui s'applique aussi bien à l'énergie dans les échanges physiques qu'à la valeur dans les échanges économiques. De façon plus analytique, on peut citer le modèle de propagation de la chaleur dans un corps physique et le modèle de propagation des opinions dans un milieu social, qui obéissent à une même loi formelle. On peut citer enfin le modèle newtonien d'attraction entre deux corps et le modèle du trafic entre deux villes, le nombre de déplacements étant supposé proportionnel à leurs populations respectives et inversement proportionnel au carré de leur distance.

Comme analogie substantielle, on peut citer le concept d'équilibre, transposé de la mécanique vers l'économie. S'il traduit dans les deux cas l'idée d'un état stable en l'absence de perturbations extérieures, il diffère par son interprétation. De la compensation des forces qui s'exercent sur un système de particules (purement réactives à leur environnement), on passe à la coordination des actions des acteurs d'un système social (dotés d'une intentionnalité). Dans une formulation plus précise, on peut considérer un modèle standard d'équilibre entre entités en interactions bilatérales. En physique des milieux désordonnés, il s'agit du modèle d'Ising alors qu'en théorie des jeux il s'agit de l'équilibre de Nash. Le premier traduit l'équilibre entre les spins de particules (chacune minimisant son énergie dépendant du spin des autres) alors que le second traduit l'équilibre entre des acteurs rationnels (chacun maximisant son utilité dépendant de l'action des autres). Cependant, s'il existe en physique un hamiltonien global dont dérive le système de particules, l'économie rechigne à l'idée d'une utilité collective dont résulterait le fonctionnement du système social.

Comme analogie plus substantielle encore, on peut citer l'influence sur l'économie de la biologie évolutionniste. Le modèle darwinien est fondé sur trois principes qui admettent des variantes et portent sur des entités différentes. En biologie, la variation s'adresse aux gènes (croisement génétique, mutation), la transmission, à l'organisme (reproduction sexuée), la sélection, à une population (rôle de la valeur adaptative). En économie des échanges, la variation est attribuée aux routines mises en œuvre par une firme (comportement exploratoire), la transmission, à l'entreprise elle-même (comportement répétitif et mimétique) et la sélection, au secteur (concurrence ou migration). En théorie des jeux évolutionnaire, la variation s'applique aux stratégies (modifications exogènes ou combinaisons), la transmission, à l'acteur (transfert des stratégies à l'identique) et la sélection, à une population (réplication des stratégies en fonction de l'utilité obtenue). Cependant, les mécanismes de mutation et les forces de sélection ont une contrepartie économique qui demeure mal définie.

Enfin, le modélisateur est conduit à s'approprier nombre de mécanismes plus informels, empruntés aux autres sciences sociales. Il s'agit d'exprimer le concept ou le phénomène importé en réinterprétant un modèle formel existant. Cette opération s'accompagne d'une modification plus ou moins profonde du modèle d'accueil. Le modélisateur peut se contenter de réinterpréter une variable ainsi que les relations associées, sans toucher à la structure même du modèle. Il peut ajouter de nouvelles variables dans une relation ou créer de nouvelles relations entre des variables et les réinterpréter en conséquence. Il peut enfin restructurer plus profondément le modèle pour tenir compte de sa nouvelle interprétation. Ces opérations sont particulièrement aisées dans le cadre de la théorie des jeux, dont l'interprétation préalable est peu contraignante. Néanmoins, de nombreuses notions restent réfractaires à leur insertion dans un cadre traditionnel, malgré son élasticité.

Ainsi, la menace (ou la promesse) proférée par un acteur a été traduite sous la forme d'une stratégie annoncée par cet acteur envers autrui. L'accoutumance d'un acteur à la drogue ou à la musique a été transcrite en termes de préférences évolutives. Plus profondément, la réputation d'un acteur (aux yeux de l'autre) a été formalisée par la probabilité qu'accorde cet acteur au type (dur ou mou) supposé de l'autre. La confiance en un acteur a été modélisée comme la probabilité attribuée à cet acteur de se comporter selon un certain type (loyal ou retors). L'altruisme d'un acteur a été intégré en supposant que son utilité ressentie dépend de l'utilité ressentie par autrui. Le conditionnement social a été introduit en se contentant de rendre les préférences d'un acteur dépendantes de normes collectives. En revanche, le pouvoir d'un acteur reste mal appréhendé lorsqu'il est considéré comme une capacité qu'il possède *a priori*.

## RESTRUCTURATIONS INTERNES

Tout d'abord, le modélisateur va réviser plus ou moins profondément son modèle en réponse à de nouvelles observations. Il peut le conserver tant que les observations demeurent en accord avec ses conséquences testables. Mais il est amené à le remettre en cause lorsque les observations sont en contradiction avec elles. Le problème de Duhem-Quine souligne qu'on ne peut, sur une base purement logique, déterminer quelles sont les hypothèses qu'il faut modifier. En effet, une réfutation du modèle indique simplement qu'une hypothèse au moins est défectueuse. Cependant, le modélisateur est amené à attribuer à chaque hypothèse un degré d'enracinement épistémique traduisant le degré auquel il y adhère. Il retire alors les hypothèses les moins enracinées jusqu'à restaurer la compatibilité du modèle avec les observations. En pratique, il affaiblit ou modifie ces hypothèses pour donner naissance à un modèle plus général.

Ainsi, le modèle de base du choix en incertitude, le modèle de maximisation de l'espérance d'utilité, a subi de nombreux tests en laboratoire. Il s'agit de faire choisir un décideur entre des couples de loteries et d'observer si les choix effectués sont compatibles avec lui. Le modèle est clairement réfuté par le paradoxe d'Allais ou par le paradoxe du renversement des préférences. Néanmoins, en examinant les justifications axiomatiques de la règle, le modélisateur n'est pas toujours en mesure de désigner l'hypothèse fautive. Cependant, il est parfois possible pour le moins de montrer que telle ou telle hypothèse n'est pas concernée. De même, certaines hypothèses ont été désignées comme les plus fragiles, en particulier l'hypothèse d'indépendance. En revanche, l'hypothèse de stabilité des préférences n'est pas contestée, car elle autoriserait n'importe quel choix.

De façon plus ambitieuse, le modélisateur soumet son modèle à des traitements qui portent sur son champ, sa forme ou son interprétation. Plus précisément, il met en œuvre trois opérations de base qui visent à le généraliser dans les trois directions évoquées. L'*élargissement* rend le modèle plus universel en étendant son domaine de validité sans toucher pour autant à sa structure formelle. L'*affaiblissement* rend le modèle plus générique en lui attribuant une spécification plus faible par ajout de variables ou extension de sa forme analytique. L'*enracinement* rend le modèle mieux fondé en le faisant dériver d'axiomes ou de principes plus profonds. Chacune de ces trois opérations admet une opération inverse, qui tend cette fois à particulariser le modèle.

Ainsi, le modèle de maximisation de l'espérance d'utilité peut être généralisé selon les trois modes. Il est élargi si le modélisateur l'applique à des décisions non opérationnelles (acquisition d'information, perception, acceptation de croyances) ou à des acteurs non humains (rats, pigeons). Il est affaibli si le modélisateur l'étend sous la forme du modèle de maximisation de l'espérance crédibiliste d'utilité ou du modèle des perspectives. Il est enraciné si le modélisateur produit un système axiomatique qui le fonde (axiomatique de von Neumann et Morgenstern). De fait, l'élargissement le plus classique conduit à étendre le modèle de choix d'un acteur d'un environnement incertain (il affronte la nature) à un environnement stratégique (il affronte un adversaire). Mais l'attitude d'un acteur face à un environnement passif (nature *a priori* ni favorable ni hostile) n'a aucune raison de s'appliquer à un environnement actif (adversaire aux intérêts partiellement complémentaires, partiellement antagonistes aux siens).

Le modèle d'un jeu dynamique en certitude, résolu par un équilibre parfait de sous-jeu, relève des mêmes opérations. Il est élargi lorsqu'il s'applique à des joueurs collectifs (entreprises, nations) ou à des situations d'interaction diverses (concurrence imparfaite, commerce international). Il est affaibli lorsqu'il s'applique à des situations d'incertitude exogène probabilisable sous la forme d'un équilibre bayésien parfait. Il est enraciné lorsqu'il reçoit une justification épistémique à travers la rationalité cognitive supposée parfaite des joueurs. De fait, un élargissement plus spectaculaire fait passer des interactions instantanées entre divers agents à des interactions séquentielles entre les « *selves* multiples » que peut revêtir un même agent. Mais il est difficile de considérer que ces incarnations successives d'un acteur sont indépendantes et ne sont pas coordonnées par une sorte de « méta-moi » qui agit en surplomb.

En économie des échanges, le marché de concurrence parfaite peut être soumis aux trois mêmes opérations. Il est élargi lorsqu'il est étendu des biens matériels aux services, puis au travail et à la monnaie, à l'information et aux droits, à la sexualité et au crime, enfin à la vie humaine et au temps. Il est affaibli lorsqu'il prend en compte une information imparfaite des agents ou des technologies non convexes. Il est enraciné lorsqu'il apparaît comme le cœur d'un jeu coopératif entre producteurs et consommateurs. Là encore, un élargissement majeur fait passer d'un bien ordinaire à un bien daté (disponible à une certaine date) ou à un bien contingent (disponible dans un certain contexte). Il devient alors délicat de supposer que tous les agents ont la même vision de ces biens et anticipent leurs prix de manière identique.

Enfin, le modélisateur utilise des structures formelles qui ont fait leurs preuves dans certains domaines de l'économie pour les appliquer à d'autres domaines de l'économie. Il s'agit encore d'un mécanisme analogique, qui opère cette fois de façon interne à la discipline et non plus entre disciplines. Il s'applique aux fondements axiomatiques des modèles, des axiomes « similaires » étant transférés d'un domaine à un autre. Nombre d'axiomatiques économiques reposent ainsi sur des axiomes semblables, éventuellement complétés par d'autres plus spécifiques. Il s'applique aussi aux hypothèses d'un modèle plus empirique qui sont transposées d'une situation à une autre. Des modèles structurellement semblables sont diversement interprétés dans divers domaines de l'économie. Cette opération peut conduire à la réduction complète d'un domaine à un autre par l'intercession d'un principe spécifique. Il suffit d'introduire un concept nouveau qui subsume les anciens et de relire les hypothèses du modèle en conséquence.

Ainsi, les axiomes du choix en incertitude ont été transcrits en axiomes de choix multicritères (agrégation de critères de choix d'un individu) ou en axiomes de choix social (agrégation de préférences individuelles). Le modèle de hasard moral ou de sélection adverse, développé d'abord pour les risques liés aux assurances (vol, maladie), a été étendu à d'autres formes de risque (risque technologique, risque écologique). Par ailleurs, un jeu sous forme extensive est réduit à un jeu sous forme normale grâce à la notion de stratégie d'un joueur, qui traduit l'action qu'il est conduit à jouer en toutes circonstances. De même, un jeu à information incomplète est ramené à un jeu à information imparfaite grâce à la notion de type d'un joueur, qui résume les états mentaux qui déterminent ses choix.

## LIMITES DE CONCEPTION

La formalisation favorise les apports externes à la discipline en systématisant le transfert analogique. Cependant, nombre d'analogies apparaissent triviales ou forcées et correspondent à des transferts sauvages. Un modèle d'un domaine de départ est projeté dans un domaine d'arrivée sans en respecter l'interprétation traditionnelle. Il manifeste un entrisme autoritaire dans un champ en arrivant auréolé de l'autorité scientifique du champ initial. Mais il se heurte à des obstacles majeurs lors de son insertion dans un cadre ontologique étranger. En fait, le modélisateur se doit de partir des problèmes qui se posent dans la discipline d'arrivée. Face à une situation inédite, il formule des concepts et des hypothèses dans les termes qui lui sont propres. Si le modèle esquissé présente une analogie apparente avec des modèles existants, il est souhaitable qu'il l'approfondisse. Si l'analogie est avérée, il peut utiliser les résultats du premier modèle pour construire et résoudre le second.

La formalisation favorise les restructurations internes à la discipline à travers l'application rigoureuse des trois opérations de généralisation. Cependant, ces opérations formelles s'avèrent pauvres si elles ne s'accompagnent d'aucun gain en interprétation. Ainsi, l'élargissement d'un modèle lui donne *a priori* une assise plus forte, mais peut cacher des différences d'interprétation significatives dans chaque sous-domaine concerné. De même, l'affaiblissement d'un modèle est sans portée s'il ne conduit pas à des conséquences enrichies, correspondant à des phénomènes jusqu'alors inexpliqués. Enfin, l'enracinement du modèle n'est utile que si les axiomes fondateurs précisent et amplifient l'interprétation littérale préalable du modèle.

Dans la restructuration des modèles, trois types de paradoxes peuvent apparaître pour s'imposer quelque temps. Une fois explicités, ils fonctionnent comme des aiguillons provisoires mais puissants de la recherche. Les *paradoxes logiques* s'expriment sous forme d'une contradiction logique à l'intérieur du raisonnement effectué par un modèle. Ils prennent généralement la forme d'une régression à l'infini ou d'un raisonnement circulaire. Les *paradoxes théoriques* s'expriment comme des conséquences surprenantes d'un modèle, dérivées d'hypothèses qui semblent raisonnables. Ils se traduisent par des assertions qui résultent d'un raisonnement valide, mais s'avèrent en contradiction avec le bon sens. Les *paradoxes empiriques* s'expriment à travers des conséquences testables d'un modèle en contradiction avec les observations. Ils se manifestent comme des faits empiriques qui violent des prédictions issues du modèle.

En théorie de la décision individuelle, le paradoxe de Winter est reconnu comme un paradoxe logique. Il observe que, pour savoir s'il veut acquérir de l'information (sur les états de la nature), un décideur doit déjà disposer d'information (sur le coût et la valeur de l'information), ce qui l'entraîne dans une régression à l'infini sur ses choix. En théorie du choix collectif, le paradoxe de Condorcet apparaît comme un paradoxe théorique. Il affirme que, même si les votants ont des préférences transitives sur un ensemble d'options, des règles de vote naturelles peuvent aboutir à des préférences collectives intransitives. En théorie du choix en incertitude, le paradoxe d'Allais ou le paradoxe du renversement des préférences sont répertoriés comme des paradoxes empiriques. Face à un environnement risqué, un décideur va faire des choix entre loteries qui sont incompatibles avec le critère de maximisation de l'espérance d'utilité.

Cependant, les paradoxes logiques ne sont véritablement fondés que si l'on démontre que les régressions à l'infini sont divergentes ou que les raisonnements circulaires sont vicieux. Ils exigent des remises en cause souvent drastiques des structures invalidées, qui font sortir le modèle de son cadre ontologique usuel. Les paradoxes théoriques ne sont pertinents que si les effets surprenants sont des conséquences nécessaires des hypothèses. Ils conduisent à une remise en cause de certaines hypothèses qui s'avèrent moins inoffensives qu'il ne semblait de prime abord. Les paradoxes empiriques ne sont fructueux que si l'on peut attribuer les anomalies empiriques à des hypothèses précises. Ils imposent là encore une remise en cause de certaines hypothèses soigneusement ciblées. De fait, les paradoxes correctement analysés finissent sinon par s'évanouir, du moins par être dépassés grâce aux nouveaux modèles.

Outre des paradoxes, les modèles rencontrent d'autres anomalies qui n'atteignent pas au même statut. Elles sont théoriques quand elles traduisent une insatisfaction psychologique face à des types de résultats non souhaités. Il en est ainsi de la multiplicité des équilibres, qui se produit dans de nombreux modèles de théorie des jeux et de théorie économique. Cette multiplicité rend ces modèles incomplets au sens où les prédictions qu'ils permettent sont multivoques. Elles sont empiriques quand elles traduisent un hiatus perceptible à l'œil nu entre les conséquences d'un modèle et les observations. Il en est ainsi de l'observation de biais systématiques entre les résultats des modèles décisionnels et les comportements observés. Ces biais reçoivent des explications tant épistémiques (cognition limitée) que motivationnelles (volonté limitée).

Ces difficultés de conception se retrouvent dans les débats théoriques entre économistes, qui se font par modèles interposés. Ils sont de nature syntaxique quand ils portent sur la représentation la plus pertinente des phénomènes. Ils sont de nature sémantique quand ils portent sur les frontières du champ de validité empirique des phénomènes. Ils sont de nature interprétative quand ils portent sur les principes explicatifs les plus convaincants des phénomènes. Ils s'accompagnent aussi de débats méthodologiques sur la meilleure façon de construire et de tester les modèles. Tous ces débats se concluent parfois par la victoire de l'un des deux camps, mais ils permettent surtout une meilleure compréhension des problèmes qui en font l'objet. En particulier, ils conduisent à expliciter dans les modèles certaines hypothèses restées implicites en première instance (information parfaite, connaissance commune).

Le débat de l'entre-deux-guerres entre les deux Cambridges a porté tant sur la définition que sur la signification du capital. Le débat après guerre entre Friedman et Samuelson a porté sur la nécessité ou non d'adopter une approche réaliste en ce qui concerne les hypothèses du modèle rationnel de décision. Le débat des années 1980 entre Aumann et Binmore a concerné un point technique concernant le bon usage des contrefactuels dans la procédure décisionnelle de rétroduction (*backward induction*). Plus récemment, le débat entre Fehr-Schmidt et Binmore-Shaked porte sur la validité des tests économétriques appliqués aux modèles d'économie comportementale. Le débat entre Gul-Pesendorfer et Camerer porte sur la pertinence des données neuronales dans la compréhension des comportements économiques.

## *Problème de la cumulativité*

La notion de cumulativité renvoie simplement à l'idée d'un accroissement de la connaissance au cours du temps. Elle est liée à la comparaison intertemporelle des éléments du corpus scientifique qui sont progressivement révisés. De fait, les modèles n'évoluent pas isolément, mais se transforment au contact des données et au sein de programmes. La distinction entre cumulativité verticale et cumulativité horizontale repose sur l'articulation entre objets conceptuels de types tantôt différents tantôt semblables. La distinction entre cumulativité synchronique et cumulativité diachronique insiste sur la cohérence instantanée ou la continuité de développement des objets conceptuels. Enfin, différents degrés de cumulativité peuvent être introduits, conduisant aux notions de sur-cumulativité et de sous-cumulativité.

### NATURE DE LA CUMULATIVITÉ

La notion de cumulativité du savoir exprime le fait que le modélisateur en sait plus dans tel état de connaissance que dans tel autre. Elle repose sur la comparaison de deux corpus scientifiques d'une discipline, supposés bien circonscrits et dûment commensurables. D'une part, elle suppose qu'à une époque donnée le corpus scientifique puisse être clairement délimité. Or certains éléments n'y sont plus véritablement actifs alors que d'autres sont encore en voie de reconnaissance. De même, certains éléments ont été pleinement validés alors que d'autres ne sont encore que suggérés. D'autre part, elle suppose qu'il existe des critères de comparaison consensuels entre deux corpus scientifiques. Or les éléments du corpus ont subi des révisions plus ou moins drastiques qui les rendent souvent incomparables. De même, les objets conceptuels sont affectés de degrés d'adhésion difficiles à évaluer et à comparer.

La notion de cumulativité s'applique à toutes les composantes du corpus scientifique et se décline selon les trois dimensions partagées par chacune. La *cumulativité syntaxique* postule que les objets conceptuels actuels sont formellement dérivables des objets anciens. Elle traduit le fait que le corpus scientifique actuel est plus fort d'un strict point de vue logique que l'ancien. La *cumulativité sémantique* suppose que les objets conceptuels actuels ont un domaine d'application plus vaste que les objets anciens. Elle traduit le fait que le champ couvert par le corpus scientifique actuel est plus vaste et moins lacunaire que le corpus ancien. La *cumulativité interprétative* suppose que les objets conceptuels actuels ont une interprétation plus riche que les objets anciens. Elle traduit le fait que le corpus scientifique actuel est pourvu de significations plus nombreuses et plus nuancées, compatibles avec celles du corpus ancien.

Les données disponibles s'accumulent au sens où elles semblent simplement s'empiler les unes sur les autres. Des séries anciennes de données sont prolongées alors que des données originales peuvent apparaître. En sens inverse, des ensembles de données deviennent caducs car ils ne correspondent plus aux normes en vigueur. Il s'agit donc essentiellement d'une cumulativité syntaxique au sens où les données nouvelles ne contredisent pas les données anciennes, mais viennent les compléter. Une cumulativité sémantique n'est à l'œuvre que si l'on recueille des données sur des domaines nouveaux ou avec des techniques nouvelles. La cumulativité interprétative reste plus implicite car les concepts mesurés conservent leur signification sur des périodes assez longues.

Ainsi, l'économie financière a connu un développement spectaculaire grâce aux données recueillies de façon quasi continue sur un grand nombre de marchés spécialisés. Le commerce sur Internet est une activité économique récente qui produit quotidiennement des données innombrables aisément accessibles et directement traitables. La *freakseconomics* (Lewitt) s'appuie sur des données collectées de façon plus aléatoire, mais surtout plus indirecte, en ce qui concerne certaines activités économiques frauduleuses (drogue, prostitution). Enfin, la neuroéconomie développe des techniques d'imagerie cérébrale qui fournissent des données inédites sur le fonctionnement du cerveau dans des situations expérimentales de décision fort variées.

Les modèles existants sont progressivement révisés selon des méthodes proches de celles préconisées en logique épistémique pour la révision des croyances. Si une information nouvelle est compatible avec le modèle ancien, le modèle révisé est plus fin que le modèle initial au sens où il est plus riche en propositions. S'il est incompatible, le modèle révisé n'est plus comparable au modèle initial du point de vue de sa finesse car les propositions les moins enracinées du modèle initial ont été abandonnées et remplacées par des propositions originales inspirées par l'information reçue. Il s'agit là d'une cumulativité essentiellement sémantique dans la mesure où le modèle est rendu plus fidèle aux données empiriques. Cette cumulativité n'est pas forcément syntaxique car le modèle nouveau n'est souvent qu'une généralisation de l'ancien. De même, la cumulativité interprétative est peu assurée car l'interprétation du modèle peut changer profondément lors de sa révision.

Ainsi, en théorie de la décision ou en théorie des jeux, les états mentaux ont subi des transformations profondes dans leur modélisation. Les croyances se sont diversifiées en introduisant des formes originales d'incertitude comme l'inattention (*unawareness*) ou l'erreur. Elles ont été hiérarchisées en considérant des phénomènes comme l'ambiguïté (incertitude sur l'incertitude) ou le jugement croisé. Les préférences se sont diversifiées en introduisant des motivations particulières comme l'altruisme conditionnel (Rabin) ou l'aversion pour les inégalités (Fehr-Schmidt). Elles ont été hiérarchisées en considérant les méta-préférences d'un acteur sur ses propres préférences (Sen) ou sur celles d'autrui. Quant aux modes de combinaison des états mentaux, on est passé d'une rationalité parfaite à une rationalité limitée et d'une coordination forte à une coordination imparfaite.

Les programmes se renouvellent lentement et de façon discontinue tout en continuant de coexister. Dans la comparaison entre programmes, l'un est plus progressif que l'autre sous deux conditions. Il fournit une solution aux problèmes déjà rencontrés et résolus par lui et une solution à un problème au moins non encore soulevé ou non encore résolu par lui (Mongin). Il s'agit là d'une cumulativité interprétative dans la mesure où elle porte sur les préceptes ontologiques et méthodologiques du programme. La cumulativité sémantique est à l'œuvre quand on considère qu'un programme est formé de deux couches qui correspondent à deux niveaux d'enracinement des propositions (Lakatos). Le noyau dur regroupe des propositions immuables qui en expriment les principes généraux alors que la ceinture protectrice regroupe des propositions réformables susceptibles de s'adapter aux objections théoriques ou empiriques. Quant à la cumulativité syntaxique, elle est peu pertinente du fait de la faible formalisation et de l'incommensurabilité partielle des programmes.

Ainsi, le programme cognitiviste insiste sur le rôle moteur des croyances des acteurs, mises désormais sur le même plan que leurs préférences. Il préconise un rapprochement avec les sciences cognitives sans exclure le recours à l'introspection. Le programme comportemental (*behavioral program)* met l'accent sur les heuristiques de comportement des acteurs, dans une perspective de rationalité limitée. Il est proche de la psychologie en proposant des modèles de comportement adaptés à des contextes spécifiques et testés en laboratoire. Le programme institutionnel se focalise sur le rôle de coordination des institutions, vues comme les règles du jeu du système économique. Il préconise de s'appuyer sur les données historiques pour mener une analyse dynamique des faits économiques globaux.

### CUMULATIVITÉ HORIZONTALE ET CUMULATIVITÉ VERTICALE

Une première taxonomie distingue deux formes de cumulativité du savoir selon la nature des objets conceptuels mis en relation. La *cumulativité horizontale* étudie la compatibilité entre des objets conceptuels de même type sur les zones de recouvrement entre leurs champs respectifs. Il s'agit d'articuler soit les données relatives à des phénomènes semblables, soit les modèles portant sur des secteurs voisins, soit encore les programmes concernant des thèmes analogues. La *cumulativité verticale* examine les rapports entre les programmes, les modèles et les données sur un champ d'application restreint fixé. Elle suppose que les modèles peuvent être articulés simultanément à des principes théoriques à vocation générale et à des données recueillies à d'autres fins.

La cumulativité horizontale consiste en particulier à comparer des modèles qui explorent un système de référence partiellement commun. Sa manifestation la plus aiguë concerne la confrontation de modèles concurrents qui se situent à un même niveau théorique et recouvrent un même domaine. Ces modèles reposent sur des principes théoriques profondément différents qui s'avèrent ou non contradictoires. Ils se distinguent plus modestement par certaines hypothèses qui se révèlent ou non antagonistes. Le modélisateur peut envisager des modes d'articulation plus ou moins exigeants de ces modèles. Ils peuvent être hybridés, en construisant une version qui emprunte des éléments à l'un comme à l'autre. Ils peuvent être contextualisés, en associant à chacun un régime de fonctionnement différent du système incriminé.

Ainsi, en matière de décision individuelle, les deux modèles d'optimisation (*optimizing*) et de satisfaction (*satisficing*) entretiennent des rapports conceptuels complexes. Le second apparaît comme cas particulier du premier lorsque l'acteur adopte une fonction-objectif qui minimise la distance des performances obtenues aux seuils d'aspiration retenus. Il en est de même lorsque l'acteur procède à une méta-optimisation qui arbitre entre le coût et l'utilité respectivement associés aux deux procédures d'optimisation simple et de satisfaction utilisables au premier niveau. En sens inverse, le premier se présente comme un cas particulier du second quand les seuils d'aspiration sont précisément fixés par l'acteur au niveau d'utilité obtenu par optimisation. Il en est de même quand les seuils s'ajustent dans le temps et mènent asymptotiquement à un comportement optimal.

La cumulativité verticale entre les modèles et les données concerne tant la validation des modèles que leur remise en cause en cas de réfutation. Le modélisateur peut faire appel à des stratégies immunisatrices qui visent à amender le modèle réfuté à moindres frais. D'une part, il introduit des hypothèses *ad hoc* qui n'assurent qu'une validation locale du modèle. Une telle hypothèse n'engendre avec les autres aucune conséquence nouvelle, admet par rapport à elles une interprétation hétérogène et n'est introduite que pour obtenir certaines conséquences désirées. D'autre part, il généralise le modèle pour le rendre plus universel et donc moins vulnérable. Cette généralisation consiste tant à affaiblir abusivement sa spécification qu'à étendre artificiellement son champ de validité. Apparue insidieusement, une stratégie immunisatrice peut cependant recevoir progressivement une reconnaissance théorique.

Ainsi, l'hypothèse de main tremblante (Selten) affirme qu'au moment de mettre en œuvre l'action qu'il a retenue un joueur peut en dévier aléatoirement. Elle a l'avantage d'introduire un élément stochastique dans la décision, qui permet de balayer tout l'espace des actions. Mais elle reçoit aussi une justification plus profonde en termes d'exploration d'actions nouvelles. De même, l'hypothèse de saillance (Schelling) affirme qu'entre divers équilibres équivalents les joueurs vont retenir celui qui satisfait une convention culturellement partagée. Elle a essentiellement pour rôle de découpler le problème de sélection d'un équilibre de celui de son apparition. Mais elle est aussi soutenue par des arguments cognitifs fondés sur une induction réalisée conjointement par les joueurs. Enfin, des hypothèses comme les coûts de transaction ou les préférences évolutives, qui ont d'abord permis de résoudre artificiellement des problèmes empiriques locaux, ont été peu à peu intégrées à la théorie.

La cumulativité verticale entre les modèles et les programmes concerne l'inspiration théorique et méthodologique des modèles. De fait, tout modèle est construit à court terme sur des principes généraux considérés provisoirement comme *a priori*. Il s'agit essentiellement des deux principes fondateurs de l'économie néoclassique que sont les principes de rationalité et d'équilibre. Il s'agit de postulats de séparation affirmant l'indépendance entre les croyances et les préférences d'un même acteur ou celle entre les opportunités de deux acteurs différents. Il s'agit de postulats de commensurabilité affirmant la comparabilité entre les motivations d'un même acteur ou celle entre les croyances d'acteurs différents. Ces principes de structuration des modèles ne sont remis en cause qu'à long terme si leur application se heurte à des difficultés persistantes.

En ce qui concerne le marché du travail, des principes plus locaux proposent des explications alternatives au chômage. Les modèles à prix fixes supposent une certaine viscosité dans l'ajustement des prix et des salaires. Cette viscosité est attribuée aussi bien à une information imparfaite des acteurs qu'à des coûts d'ajustement dans les transactions. Ils conduisent à distinguer entre des régimes de chômage classique ou de chômage keynésien, valables selon le contexte. Les modèles de salaire d'efficience supposent que des employeurs augmentent les salaires par rapport à la moyenne du marché pour fidéliser leurs employés. Ils reposent sur l'idée que les salariés modifient leur taux d'effort en fonction du salaire interprété comme un gage de reconnaissance. Ils rendent compte du chômage par des rapports symboliques que l'employeur développe envers ses employés et qui viennent s'ajouter à la seule pénibilité du travail.

Le modélisateur parachève la cumulativité des objets conceptuels disponibles en les articulant selon deux dimensions. Horizontalement, trois strates correspondent aux trois types d'objets conceptuels et relient des facteurs explicatifs et des phénomènes expliqués. Elles s'appuient sur un raisonnement de type déductif dans le sens direct et abductif dans le sens inverse. Au niveau supérieur, des modèles théoriques associent à des axiomes de base des principes ontologiques. Au niveau intermédiaire, des modèles empiriques associent à des hypothèses explicites des conséquences testables. Au niveau inférieur, des relations empiriques associent à des faits stylisés des données d'observation. Verticalement, les articulations spécifient formellement des conséquences du niveau supérieur en hypothèses du niveau inférieur. Ainsi, les hypothèses d'un modèle empirique s'appuient sur les principes théoriques dégagés au-dessus. De même, les conséquences testables d'un modèle sont mises en rapport avec les faits stylisés mis en évidence au-dessous.

## CUMULATIVITÉ SYNCHRONIQUE ET CUMULATIVITÉ DIACHRONIQUE

Une seconde taxonomie distingue deux formes de cumulativité du savoir selon le rôle accordé au temps. La *cumulativité synchronique* considère que les modèles présents à une certaine période sont compatibles et s'articulent les uns aux autres. Ils s'ordonnent selon des constellations de modèles qui peuvent revêtir diverses configurations structurelles. La *cumulativité diachronique* considère que les modèles successifs sont comparables et découlent les uns des autres. Ils se succèdent selon des filiations de modèles qui peuvent adopter diverses modalités historiques. Si l'idée de cumulativité a une connotation d'emblée dynamique en s'intéressant à l'évolution du savoir entre deux périodes, elle reste néanmoins concernée par la cohérence de l'état instantané du savoir.

La cumulativité synchronique se manifeste par la structuration des modèles en treillis conceptuels organisés autour d'un noyau central. Au cœur du dispositif, un modèle princeps apparaît comme typique en ce qu'il fournit une explication minimale d'un phénomène et comme générique en ce qu'il résume toute une classe de modèles. Des modèles satellites le complexifient en démultipliant ses entités ou en diversifiant ses liaisons. Des modèles dérivés le renforcent en spécifiant ses entités et en particularisant ses relations. Bien entendu, il est utopique d'imaginer un modèle universel qui contiendrait toutes les variables et relations pertinentes et dont découleraient tous les autres modèles. Cependant, il existe un nombre réduit de modèles prototypiques capables chacun de représenter une classe étendue de modèles.

Cette organisation est illustrée par les modèles de concurrence imparfaite qui déclinent dans diverses directions le modèle central du duopole. Le modélisateur peut multiplier le nombre de biens (biens différenciés), augmenter le nombre de producteurs (oligopole), considérer une multiplicité de périodes avec des temporalités emboîtées. Il peut faire intervenir des rendements croissants ou une information imparfaite (avec des mécanismes de hasard moral ou de sélection adverse). Il peut introduire la monnaie, considérer d'autres marchés parallèlement au marché considéré et même un pays étranger. Il peut enfin considérer un processus d'apprentissage des producteurs ou des consommateurs, qui conduit asymptotiquement à la solution des modèles statiques associés.

La cumulativité diachronique se traduit par la structuration des modèles en arbres génétiques plus ou moins ramifiés à partir d'une racine. Au départ du processus, un modèle séminal capture par une explication originale un phénomène dûment identifié. Il est suivi par une filière de modèles expansateurs qui enrichissent ses hypothèses et de modèles consolidateurs qui renforcent ses relations. Plus rarement, des modèles distincts sont fusionnés en mettant en commun leurs apports respectifs. Cette succession de modèles, où chacun sert de relais aux suivants, permet d'assurer globalement leur traçabilité. Elle s'achève par l'entrée des modèles dans une zone de rendements décroissants, où ils finissent par être contre-productifs. Comme l'évolution des espèces, l'évolution des modèles présente ainsi des branches vives en concurrence, mais aussi des branches en déclin ou mortes.

Si le modèle de Hotelling s'intéresse à la localisation spatiale d'entreprises en concurrence, celui de Schelling est consacré à la ségrégation spatiale des habitants d'une ville. Si le modèle de Stiglitz considère la prospection des employés sur le marché du travail, le modèle de Spence s'intéresse au tri effectué par l'employeur sur ses employés. Si le modèle d'Akerlof s'intéresse au marché des voitures d'occasion avec asymétries d'information, le modèle de Coase justifie l'existence de firmes par la présence de coûts de transaction. Le modèle de Blanchard explique la formation de bulles sur le marché des actifs financiers alors que le modèle de Modigliani-Miller formalise l'arbitrage réalisé par les entreprises entre diverses sources de financement. Le modèle de Solow fournit les prolégomènes d'un modèle macroéconomique de croissance alors que le modèle de Howitt-Aghion introduit la croissance endogène. Le modèle de Rubinstein donne les bases d'un schéma de négociation alors que le modèle de Grosman-Hart donne l'épure d'une théorie des contrats.

En pratique, tout modèle connaît un cycle de vie au cours duquel il satisfait à des critères d'évaluation de plus en plus complets. Le modèle proposé obéit aux canons usuels de la rigueur mathématique et manifeste une originalité certaine par rapport aux modèles existants. Le modèle accepté se caractérise par le regard théorique nouveau qu'il porte sur un phénomène (*insight*) et par son adéquation empirique grossière avec ce phénomène. Le modèle reconnu résiste à des analyses et à des comparaisons théoriques systématiques, et donne lieu à des tests empiriques satisfaisants, voire à des applications pratiques. Le modèle finit néanmoins par pâlir, puis à disparaître s'il traduit des phénomènes devenus désuets ou se trouve supplanté par un modèle plus puissant.

Ainsi, le modèle de Schelling constitue une tentative pour rendre compte de la ségrégation spatiale dans les villes. Des agents de deux types (Blancs et Noirs) sont situés initialement dans les cases d'un quadrillage. Chacun a des préférences qui lui font préférer un voisinage homogène à un voisinage hétérogène. Si l'hétérogénéité du voisinage dépasse un certain seuil, il déménage de sa case pour occuper une case libre. Au bout d'un certain temps, on observe que les agents se regroupent sur un petit nombre de zones homogènes. Ce modèle a été proposé en 1971 et amélioré selon diverses variantes jusqu'en 1978. Il a été accepté quand on a compris comment des hypothèses individuelles non ségrégationnistes pouvaient conduire à une ségrégation globale, phénomène émergent largement observé. Il a été reconnu lorsque des analyses de robustesse ont été entreprises permettant de faire apparaître des biais qui balisent son domaine de validité. Il fait désormais face à de fortes critiques car il néglige nombre d'autres facteurs de la ségrégation (réseaux sociaux, réputation de quartier, niveau des loyers).

Le cycle de vie du modèle s'intègre dans une évolution plus longue où alternent des phases de formalisation et d'interprétation. À l'origine, le modélisateur met en musique des propositions littéraires exprimées sous la forme d'un récit et les articule en un prémodèle. Ce dernier fait l'objet d'interprétations multiples desquelles une interprétation dominante peut se dégager. Le modélisateur est amené à intégrer partiellement cette interprétation dans un modèle désormais reconnu. Celui-ci se prête lui-même à des interprétations nouvelles, en laissant apparaître tant ses forces que ses faiblesses. Ainsi, des réécritures des principaux modèles fondateurs ont eu lieu à des dates bien postérieures. Les idées littéraires de Ricardo ont été exprimées formellement par Sraffa et celles de Marx, par Morishima. Les idées déjà préformalisées de Keynes ont été mises en équations par Hicks ou par Barro-Grosman. Le modèle de Walras, d'emblée mathématisé, a été profondément repensé et généralisé par Arrow-Debreu.

## PROFONDEUR DE LA CUMULATIVITÉ

Une tendance générale dans l'évolution des modèles est à la formalisation de tout ce qui peut l'être. De prime abord, cette formalisation n'apporte pas une valeur ajoutée bien forte aux considérations littéraires correspondantes. Mais elle permet de prendre date pour une formalisation ultérieure d'un phénomène qui s'avère plus général qu'on ne croyait. Plus récemment, une logicisation des modèles économiques a été entreprise pour atteindre un cran supplémentaire dans la rigueur. Cette logicisation peut sembler superfétatoire dans la mesure où elle oblige le modèle à entrer dans un moule *a priori*. Elle autorise néanmoins l'utilisation ultérieure de méthodes de démonstration systématiques de résultats. Elle permet aussi l'intégration de relations logiques s'exerçant entre des variables autrefois indépendantes (actions et états, actions entre elles).

Ainsi, dans le modèle de décision *case-based,* l'acteur choisit une action en s'inspirant de l'expérience acquise avec des actions voisines dans des contextes similaires. Importé de façon qualitative de l'intelligence artificielle, il a été récemment axiomatisé pour expliciter ses fondements (Gilboa-Schmeidler). De même, la sélection des états d'équilibre par les acteurs consiste à singulariser des points focaux culturellement partagés (Schelling). Définis qualitativement, ces derniers sont désormais intégrés de façon plus formelle et donc plus homogène dans la théorie des jeux (Sugden). Quant à la logicisation, elle a d'abord porté sur le modèle classique de décision en incertitude en introduisant des probabilités et les désirabilités comme concepts logiques (Jeffrey). Elle a porté plus avant sur le problème de la décision collective par agrégation des préférences individuelles. Elle concerne actuellement la théorie des jeux par intégration simultanée des croyances et des actions des agents.

D'un point de vue plus dynamique, l'économie met en œuvre une stratégie de recherche très volontariste. Elle adopte provisoirement des hypothèses très fortes, puis elle les relâche progressivement par vagues successives. Cette stratégie permet de bien mettre en évidence, à chacune des étapes, les conséquences de l'affaiblissement de l'hypothèse concernée, ce que ne permet pas un relâchement conjoint de plusieurs hypothèses. De plus, cette stratégie de recherche ne se concrétise que lorsque deux conditions syntaxiques sont préalablement remplies. D'une part, les hypothèses affaiblies doivent être énoncées non seulement littérairement, mais aussi formellement. D'autre part, les hypothèses affaiblies doivent produire des conséquences originales, sous forme de phénomènes nouveaux.

L'exemple le plus typique concerne la rationalité limitée des acteurs, qui n'a été considérée que très tardivement. En fait, les économistes ont toujours estimé que les acteurs concrets ne pouvaient avoir une rationalité aussi forte que celle qui leur était prêtée par les modèles. Toutefois, il leur semblait intéressant de pousser jusqu'au bout l'analyse des conséquences de l'hypothèse d'une rationalité forte. À partir des travaux de Simon, il devenait possible de construire des modèles simples de rationalité limitée. Le principal écueil résidait cependant dans la multiplicité de tels modèles alors que le modèle de rationalité forte est unique. Cependant, ces modèles conduisaient à des résultats formels originaux, impossibles à justifier auparavant. En particulier, la coopération entre agents dans un jeu est plus facile à obtenir avec des agents à rationalité limitée qu'avec des agents à rationalité forte.

Le développement des modèles s'effectue dès lors selon des échelles temporelles emboîtées, qui mobilisent l'ensemble du corpus scientifique. À court terme, l'accumulation continue des données incite à un travail de fourmi sur les modèles qui sont constamment modifiés à la marge. À moyen terme, les réformes par vagues conduisent à des modèles formellement originaux qui étendent le spectre de leurs conséquences admissibles. À long terme, les révolutions scientifiques (Kuhn) se traduisent par des ruptures ontologiques sur les concepts utilisés comme sur les liaisons modélisées. Comme d'habitude, les niveaux inférieurs agissent de façon lente sur les niveaux supérieurs pour les modifier alors que les niveaux supérieurs exercent des contraintes sur les niveaux inférieurs pour les réguler.

Ainsi, une pression empirique a conduit à considérer les préférences des acteurs comme endogènes plutôt qu'exogènes. Formellement, le modélisateur considère que les préférences évoluent en fonction des actions passées, de facteurs exogènes ou encore de l'âge. Cependant, cette hypothèse admet une conséquence jugée indésirable du point de vue de la rationalité, à savoir l'inconséquence temporelle des choix (l'action qu'un agent retient aujourd'hui pour demain peut ne plus être retenue demain, même en l'absence de toute nouvelle information). De même, l'influence des sciences sociales a conduit à intégrer les agents, initialement dépourvus de toutes relations durables, dans des réseaux sociaux qu'ils sont aptes à produire. Techniquement, les agents ont de nouvelles actions à leur disposition, à savoir l'établissement d'un lien avec d'autres acteurs sélectionnés. Cependant, cette hypothèse remet en cause le principe d'équilibre, qui implique désormais de coordonner les relations durables et les relations transitoires.

Le problème de la cumulativité des modèles peut dégénérer selon deux directions opposées. Le modèle est *sous-cumulatif* s'il donne lieu à une multiplication anarchique de ses instances sans procéder à une véritable évaluation de leurs capacités potentielles. Il obéit à la maxime révolutionnaire chinoise « que cent fleurs s'épanouissent », avec l'illusion qu'un tri naturel va séparer le bon grain de l'ivraie. Ce phénomène conduit surtout à une balkanisation du savoir en une multitude de champs étanches les uns aux autres. En sens inverse, le modèle est *sur-cumulatif* s'il est inlassablement répété sans apparition de véritable nouveauté. Il obéit à un phénomène de pensée unique, même s'il demeure constamment menacé par des idées nouvelles ou pseudo-nouvelles. Ce phénomène porte en lui un risque de sclérose du savoir, constitué de modèles figés qui deviennent des icônes immuables et intouchables.

À titre d'illustration, le modèle de concurrence parfaite se développe en exprimant une sur-cumulativité étouffante. Depuis sa première expression par Walras et sa formulation canonique par Arrow-Debreu, il a été présenté dans un cadre topologique de plus en plus abstrait. Mais cette dérive vers l'abstraction n'apporte aucun éclairage nouveau quant à l'interprétation profonde du modèle. En sens inverse, les modèles d'agence se multiplient en manifestant une sous-cumulativité lénifiante. Ils prennent en compte des phénomènes divers sur un marché de concurrence imparfaite avec asymétries d'information (barrières à l'entrée, différenciation verticale et horizontale). Mais cette accumulation de modèles n'établit pas les conditions de superposition des phénomènes décrits et ne précise pas leurs domaines de validité.

## *Rapports aux autres sciences*

Les modèles évoluent par pas successifs d'importance variable dans des directions peu prévisibles *a priori*. Cependant, cette vision discrète et incrémentale du progrès scientifique se décline selon des modalités sensiblement différentes dans chaque ensemble de disciplines. Les sciences formelles progressent par des généralisations plus ou moins spectaculaires, les modèles les plus anciens étant incorporés dans les plus récents. Les sciences de la nature connaissent des évolutions progressives quoique discontinues, mais aussi des découvertes majeures à l'origine de sauts épistémologiques profonds. Les sciences sociales conjuguent des changements mineurs liés à des différences d'interprétation et des changements majeurs associés à des auteurs reconnus.

### SCIENCES FORMELLES

En logique comme en mathématiques, le corpus scientifique est composé de modèles plus ou moins abstraits. Les données sont inexistantes si l'on exclut les régularités numériques ou géométriques qui apparaissent par manipulation raisonnée d'objets mathématiques. Les programmes sont relativement rares, fondés sur des options ontologiques (programme intuitionniste) ou méthodologiques (programme bourbakiste). Ce corpus voit ses structures de base se développer et se diversifier par simple déduction et généralisation. Il s'étend vers l'amont, par recherche de fondements mathématiques et même logiques de plus en plus profonds. Il s'étend vers l'aval, par recherche de conséquences formelles de plus en plus lointaines et spécialisées. Enfin, des transferts de structures d'une sous-discipline à une autre s'avèrent particulièrement féconds.

La logique et les mathématiques se nourrissent cependant d'apports externes en provenance d'autres disciplines. Ainsi, des problèmes rencontrés en physique, et plus particulièrement en mécanique quantique ou en théorie de la relativité, ont donné naissance à des formalismes originaux. De même, des problèmes rencontrés en sciences sociales, et plus particulièrement en théorie des jeux et en économie financière, ont conduit à des outils formels adaptés (*folk theorems*, mouvement brownien généralisé). Enfin, l'irruption des ordinateurs continue de soulever des problèmes spécifiques d'informatique théorique. Tous ces apports laissent une trace indélébile dans le vocabulaire emprunté à la discipline d'origine et adopté en mathématiques. C'est dans cet esprit que l'on y parle désormais de « capacités de Choquet » ou d'« équilibres de Nash ».

Parmi les trois formes de paradoxes, seuls les paradoxes logiques s'avèrent véritablement pertinents. Ainsi, le paradoxe du menteur se trouve au cœur de la logique jusque dans ses développements récents (théorème de Gödel). De même, le paradoxe de Zénon reçoit une solution formelle dans les notions de limites issues du calcul différentiel. En leur temps, des paradoxes empiriques sont apparus sous forme d'un désaccord apparent avec un réalisme immédiat. Il en est ainsi des géométries non euclidiennes qui ont été apprivoisées quand elles ont fait l'objet d'une caractérisation formelle et ont reçu des champs d'application. Par ailleurs, des paradoxes théoriques ont été évoqués sous forme de résultats provisoirement surprenants. Il en est ainsi des nombres irrationnels ou imaginaires qui ont fini par se banaliser en entrant dans l'arsenal commun des mathématiciens.

En revanche, les mathématiciens se lancent constamment des défis exprimés sous la forme de problèmes à résoudre. Ces derniers peuvent d'ailleurs devenir parties prenantes d'un programme de recherches. Ainsi, le programme de Hilbert énonce au début du XX$^{e}$ siècle une série de problèmes dont tous ne sont pas résolus à l'heure actuelle. Parmi ces problèmes figure la démonstration de conjectures difficiles qui ont été subodorées. Il s'agit de théorèmes potentiels, non (encore) démontrés, mais pour lesquels on dispose d'arguments suffisants pour penser qu'ils sont vrais. Ces conjectures sont parfois considérées comme suffisamment importantes pour porter le nom de leurs auteurs. Elles sont souvent spécifiques à telle ou telle sous-discipline comme la théorie des nombres du fait des régularités aisément mises en évidence.

La cumulativité mathématique est d'abord synchronique dans la mesure où la recherche d'une cohérence instantanée est un impératif absolu. Elle consiste en une simplification et une homogénéisation des modèles dans le respect de normes de raisonnement générales. Elle est essentiellement syntaxique car elle porte directement sur les structures logico-mathématiques introduites. Toute contradiction logique susceptible d'apparaître est immédiatement suivie par la proposition d'un système d'axiomes alternatifs. Cependant, une cumulativité interprétative reste parallèlement à l'œuvre, ne serait-ce que pour mettre en évidence certaines hypothèses implicites. Ainsi, l'axiome de choix, qui autorise à sélectionner un élément quelconque dans un ensemble, a longtemps été considéré comme allant de soi avant d'être formalisé.

La cumulativité diachronique se traduit quant à elle par des innovations mathématiques constantes. Il s'agit de découvertes si l'on suppose l'existence d'un monde des idées préalable et immuable. Il s'agit d'inventions si l'on suppose que le monde des idées est construit de toutes pièces par l'homme. Ainsi, des concepts nouveaux sont mis au jour, qu'il s'agisse de nombres (nombres imaginaires), de fonctions (logarithmes) ou de structures (groupes). De même, des formes nouvelles de démonstration émergent et s'avèrent fécondes dans divers champs (technique de diagonalisation). La conjonction de ces deux éléments conduit à de nouveaux résultats qui seront exploités à leur tour par les mathématiciens eux-mêmes ou exportés vers d'autres disciplines.

Pour faciliter le contact entre les sciences formelles et les sciences empiriques, des corpus intermédiaires sont mis en place. Ils développent des classes formelles de modèles, mais en les dotant d'une interprétation transdisciplinaire très générale. C'est ainsi que la théorie des systèmes est apparue dans la seconde moitié du XXe siècle autour de l'idée de régulation et d'auto-organisation. Elle met l'accent sur les mécanismes de rétroaction entre des entités en interaction, capables d'assurer la stabilité ou le développement du système global. C'est encore ainsi que les sciences de la complexité sont apparues au début du XXIe siècle autour de l'idée de non-linéarité et d'histoire. Elles mettent l'accent sur le rôle des processus dynamiques capables de faire bifurquer un système global vers telle trajectoire ou telle autre.

Diverses classes de modèles sont fondées sur des principes généraux communs à plusieurs disciplines. Ainsi, les modèles d'équilibre sont fondés sur la description d'un état stationnaire d'un système formé d'entités en interaction synchrone. Les modèles d'évolution sont fondés sur des processus d'adaptation à leur environnement d'entités en interaction séquentielle. D'autres classes de modèles essayent de capturer un phénomène plus spécifique qui se retrouve à différents niveaux d'organisation. Les modèles de contagion traduisent la diffusion par vagues successives d'un item (maladie, croyance, innovation) entre des entités fixes. Les modèles d'agglomération décrivent les déplacements des entités elles-mêmes sur un réseau prédéfini (cristal, syndicat, ville).

## SCIENCES DE LA NATURE

Dans les sciences de la nature, le corpus scientifique est clairement délimité et structuré en objets conceptuels. Les données résultent de protocoles d'observation volontaristes et contrôlés menés à l'aide d'instruments divers. Les programmes se succèdent plus qu'ils ne coexistent et naissent de modifications tant des ontologies que des méthodologies. Les modèles sont répertoriés selon des sous-disciplines fondées sur les objets auxquels elles s'intéressent. Cependant, des modèles propres sont construits dans des disciplines hybrides qui apparaissent aux frontières des disciplines établies. Par ailleurs, des modèles multiples peuvent être proposés pour un même objet, selon ses régimes de fonctionnement. Ainsi, en dynamique des fluides, les modèles diffèrent pour un écoulement liminaire ou turbulent. De même, en biologie, divers modèles non encore intégrés sont proposés pour représenter la cellule.

L'évolution des théories consiste le plus souvent à les remplacer par des théories plus ambitieuses. Elle ne devient légitime que lorsque le problème de l'incommensurabilité des concepts a été résolu. Ainsi, la mécanique newtonienne apparaît comme un cas particulier de la relativité einsteinienne, une fois que leurs concepts respectifs de masse, d'espace ou de temps ont été rendus comparables. L'évolution des modèles s'effectue plus précisément selon les trois opérations d'élargissement, d'affaiblissement ou d'enracinement. Ainsi, la loi des gaz parfaits a vu son domaine d'application élargi à des entités comme les plasmas. Elle a été affaiblie sous la forme de loi de van der Waals qui conserve les mêmes variables, mais modifie la forme de leur relation. Elle a été enracinée par la théorie cinétique des gaz, qui en donne des fondements à partir des mouvements des molécules constituantes.

Proposées au sein même d'une discipline, des analogies formelles reposent sur des structures mathématiques communes. C'est ainsi qu'on a pu comparer par une analogie fonctionnelle très répandue des réseaux hydrauliques et électriques. On peut aussi parler de la structure fractale tant des flocons de neige que des poumons ou du système vasculaire. On a enfin pu associer de façon plus qualitative et plus imagée la structure de l'atome à un système planétaire. En revanche, en particulier entre des niveaux d'organisation différents de l'univers, des analogies plus substantielles sont suggérées. Ainsi, les idées évolutionnaires de variation et de sélection ont été transférées de la biologie à la chimie moléculaire. De même, le concept d'information comme véhicule de messages codés a été transporté des sciences sociales vers la biologie.

Les types usuels de paradoxes servent comme ailleurs d'aiguillon à la recherche et finissent par se dissiper dans des énoncés mieux interprétés. Comme paradoxe logique, on peut citer le principe biologique de survie des espèces les plus aptes. Il fait apparaître une circularité si les espèces les plus aptes sont justement définies comme celles qui survivent. Comme paradoxe théorique, on peut citer le principe d'incertitude de Heisenberg en mécanique quantique. Affirmant que l'on ne peut connaître précisément et simultanément la position et la vitesse d'un corps, il met en cause la notion classique de trajectoire. Comme paradoxes empiriques, on peut citer la rétrogradation des planètes ou la perturbation de la trajectoire d'Uranus. Si le premier a trouvé sa solution dans le passage du géocentrisme à l'héliocentrisme, le second a permis de révéler l'existence de Neptune comme nouvelle planète (Leverrier).

Les sciences de la nature font l'objet d'une cumulativité horizontale imposée avec force à tous les objets conceptuels. Les données issues de protocoles différents s'avèrent généralement compatibles, particulièrement celles résultant d'instruments analogues. Les programmes adoptent des principes qui peuvent être comparés malgré les changements d'interprétation des concepts. Quant aux modèles, ils peuvent être articulés simplement du fait des variables qu'ils ont en commun. La cumulativité verticale est tout aussi vigoureuse malgré la spécialisation fréquente des savants en théoriciens et praticiens. Les modèles sont construits en accord avec des principes fondateurs admis de façon universelle. Ils sont confrontés de façon incessante aux données nouvelles qui continuent à être collectées à des fins souvent opératoires.

La cumulativité synchronique est assurée par une mise en perspective continuelle des modèles reconnus. En physique, l'essentiel des connaissances passées est censé être résumé dans la théorie contemporaine. Cela rend inutile un retour aux grands auteurs, dans la mesure où tout ce qu'ils ont produit d'utile dans le passé est censé être incorporé dans les modèles présents. La cumulativité diachronique est particulièrement forte et se traduit par des découvertes à différents niveaux. Il peut s'agir d'entités nouvellement appréhendées comme des étoiles, des corps chimiques ou des espèces animales. Il peut s'agir de lois empiriques comme la loi de Descartes, la loi de Boyle-Mariotte ou les lois de Mendel. Il peut s'agir enfin de principes théoriques comme le principe d'inertie, le principe de conservation de l'énergie, le principe de sélection des espèces.

Enfin, la cumulativité syntaxique est favorisée par la mathématisation systématique de la plupart des connaissances. Il n'empêche qu'en physique certaines constructions ne satisfont pas *ex ante* à la totalité des canons mathématiques et ne se retrouvent formellement justifiées qu'*ex post*. La cumulativité sémantique est permise par un recouvrement presque exhaustif des phénomènes matériels par des modèles. Quand un phénomène nouveau est mis au jour, le travail de modélisation se déclenche *quasi* instantanément pour en rendre compte. La cumulativité interprétative est réalisée grâce au travail continu d'affectation de sens aux modèles et aux principes. Si, pour la lumière, des interprétations différentes coexistent sur une longue période (corpusculaire *vs* ondulatoire), c'est parce qu'elles ne sont pas véritablement contradictoires.

Ainsi, les physiciens et les biologistes ne doutent pas qu'ils en savent bien plus aujourd'hui qu'hier. Cependant, la cumulativité qui est effectivement atteinte varie selon les sous-disciplines considérées. Elle est particulièrement forte dans le noyau dur de la physique (mécanique, thermodynamique). Les principes fondamentaux ne sont plus remis en cause, les lois empiriques sont bien validées, les données sont innombrables. Elle est plus faible lorsque l'on passe à des domaines plus excentrés de la physique (chaleur, optique) ou à la biologie. Les principes sont moins nombreux, les lois sont moins mordantes, les données sont plus sujettes à caution. En biologie par exemple, un des rares principes généraux (le « dogme central ») affirme que l'information passe de façon unidirectionnelle des acides nucléiques aux protéines (Crick).

## SCIENCES SOCIALES

Le corpus scientifique de la plupart des disciplines sociales est difficile à cerner du fait de la variété des objets conceptuels qu'il est censé rassembler. Néanmoins, les trois types principaux d'objets sont reconnaissables dans la plupart d'entre elles, quoique sous forme qualitative. Seule l'histoire semble faire exception lorsqu'elle s'en tient à une reconstruction des faits à partir des données, sans prétention théorique. En revanche, à l'instar de l'économie ou de la linguistique, l'ethnologie (au sens large) se décline aux trois étages. L'ethnographie s'intéresse au recueil des données, essentiellement sous forme de monographies illustrées. L'ethnologie (en un sens étroit) propose des synthèses d'ordre thématique relatives à telle ou telle région du monde. L'anthropologie procède à une comparaison et à une structuration de ces éléments pour accéder à une connaissance théorique de la vie sociale.

Hormis l'économie, les sciences sociales limitent les opérations de restructuration interne des modèles ou des récits. Les constellations de modèles sont quasi inexistantes, sauf en anthropologie structurale et en linguistique structurale. Les filières de modèles sont très rares sauf en linguistique (Saussure, Chomsky) voire en sociologie (Bourdieu, Coleman). Ces sciences sociales proposent par ailleurs des programmes peu commensurables qui se superposent les uns aux autres. Ces programmes ne dégagent pas d'ontologies à vocation unitaire, certains concepts étant utilisés par certains d'entre eux et ignorés par d'autres. Ils n'évoluent guère et sont rarement aiguillonnés par des paradoxes, quelle qu'en soit la nature. Néanmoins, en politologie, le paradoxe du vote affirme que l'électeur n'est pas censé voter car le coût de déplacement pour aller voter est supérieur à l'avantage qu'il peut en retirer.

En revanche, les sciences sociales recourent volontiers à des analogies issues des sciences physiques ou biologiques, et plus récemment des sciences cognitives. Elles ont importé de façon molle l'idée d'un organisme qui remplit son rôle par une affectation spécialisée des taches entre ses organes constitutifs (Parsons). Elles ont adopté de façon encore lâche la notion de champ comme substrat social qui conditionne le comportement des individus (Bourdieu). Elles se sont inspirées de façon un peu plus précise des modèles évolutionnaires, en particulier en matière d'évolution culturelle (Wilson, Dawkins). Si la variation s'effectue sur les « mèmes » (innovations culturelles élémentaires), la transmission s'exerce entre les individus (communications interpersonnelles), et la sélection affecte globalement la société (tri par des normes sociales).

Les sciences sociales s'inspirent les unes des autres, dans leur tendance à toujours élargir leur champ d'application. D'une part, des explications issues de diverses disciplines peuvent s'enchaîner les unes aux autres. Ainsi, des déterminants culturels rendent compte de la viscosité des prix et cette dernière explique des formes de chômage. De même, la dissonance cognitive rend compte de la sous-estimation du risque par un travailleur et celle-ci explique le nombre élevé d'accidents du travail. D'autre part, des explications alternatives proposées par des disciplines différentes peuvent être proposées pour un même phénomène. Ainsi, l'effort consenti par les travailleurs peut s'expliquer par un pur intérêt altruiste ou par un phénomène anthropologique de don/contre-don. De même, l'efficacité d'un projet de développement peut être expliquée par des raisons économiques (mobilisation de capital matériel et immatériel) ou par des raisons culturelles (distribution sociale des statuts et des rôles).

Le problème de la cumulativité se pose d'abord au sein même de chacune des disciplines sociales. La cumulativité syntaxique est mal assurée du fait de la faible articulation entre les modèles formalisés et les récits. Les récits peuvent précéder, accompagner ou prolonger les modèles sans jamais être redondants par rapport à eux. La cumulativité sémantique est restreinte par le fait que les modèles ne remplissent pas tout l'espace des phénomènes. En dépit de ces lacunes, les chercheurs qui abordent un domaine nouveau pensent qu'il existe déjà des modèles dans ce secteur, ce qui s'avère le plus souvent erroné. La cumulativité interprétative est limitée par la liberté d'interprétation quasi infinie permise par les modèles proposés. Ces derniers ne sont guère restreints par des principes *a priori* et superposent ainsi nombre d'effets difficiles à démêler. Ainsi, les modèles apparaissent comme des oasis denses et fécondes dans un désert plus uniforme et stérile, et permettent au modélisateur de se ressourcer.

Le problème de la cumulativité se pose plus profondément au niveau de l'ensemble des sciences sociales. En effet, de nombreux objets sont étudiés simultanément par différentes disciplines sous des angles qui ne sont pas indépendants. Elles adoptent une division du travail dont les frontières sont autant de méthode que de champ. Ainsi, l'économie s'appuie sur la psychologie en ce qui concerne le comportement individuel et sur la sociologie en ce qui concerne les institutions. Elle apparaît par rapport aux sciences sociales dans le même rapport que la mécanique par rapport aux autres sciences physiques. Elle apporte une dimension explicative fondamentale par rapport aux autres sciences sociales qui restent plus descriptives et empiriques. Il n'empêche qu'à l'origine ce sont souvent les mêmes auteurs qui ont travaillé en économie et en sociologie avant la reconnaissance officielle de ces disciplines (Smith, Ricardo, Malthus).

Ainsi, en ce qui concerne les organisations, l'économie y voit un marché interne de l'emploi, qui repose sur des incitations et permet une diminution des coûts de transaction. La sociologie y voit un système social hiérarchique qui repose sur des considérations de légitimité et fonctionne par des promotions symboliques. De même, le milieu du travail est vu par les économistes comme un marché en information imparfaite où fonctionnent des mécanismes de signalement et d'acquisition de capital humain. La sociologie y voit un système social fondé sur des statuts où fonctionnent des mécanismes de labellisation et de constitution de capital culturel. Enfin, l'économie s'intéresse à l'existence même d'une ville en justifiant la concentration des activités par des hypothèses d'externalités et de rendements croissants. La géographie rend plutôt compte de l'apparition d'une ville sur tel ou tel site précis par la disposition de ressources naturelles (cours d'eau, protection montagneuse).

La question est de savoir si les disciplines existantes s'acheminent vers une forme de grande science sociale. Face à la balkanisation actuelle du savoir, trois scénarios de rapprochement peuvent être envisagés. Dans le premier, les disciplines restent autonomes, mais interviennent simultanément pour analyser tel ou tel objet ou phénomène. Les sciences sociales se complètent en fournissant des explications sensiblement différentes d'un même phénomène. Dans le deuxième, une discipline (en l'occurrence l'économie) prend une position dominante et finit par absorber l'ensemble des autres sciences sociales. La théorie des jeux peut continuer à jouer le rôle de colonne vertébrale moyennant certains affaiblissements et certaines extensions en cours. Dans le troisième, une discipline unitaire émerge progressivement au terme de synthèses partielles sur des objets communs. Une armature théorique doit alors se mettre en place à partir d'une ontologie puisant à diverses sources.

CHAPITRE 5

# Fonction praxéologique

« Les modèles économiques servent fréquemment à détourner des questions socialement pressantes. »

John Kenneth GALBRAITH.

Un modèle est un support de pensée souple et puissant, qui se prête à des usages variés en réponse aux demandes d'utilisateurs potentiels. Pour ce faire, il subit une *adaptation* plus ou moins profonde au contexte concret de prévision ou de décision qu'il est censé éclairer. C'est ainsi que le modélisateur s'inspire d'un modèle concurrentiel d'échanges pour proposer de corriger, voire de créer des marchés financiers. Dans cette perspective, le modèle est à la fois désidéalisé au regard d'une situation particulière et finalisé pour enclencher un jugement normatif. Il s'agit de « mobiliser un modèle » pour examiner les actions futures d'un décideur public ou privé, de façon éventuellement contradictoire. La qualité recherchée du modèle n'est autre que son *opérationnalité*, à savoir sa capacité à répondre de façon économe et non ambiguë aux questions qui lui sont posées.

La *fonction praxéologique* du modèle s'incarne dans la conviction selon laquelle « connaître, c'est intervenir ». Elle repose sur le savoir-faire du modélisateur, qui se mue en expert et utilise le modèle comme un instrument au service d'une politique concrète. Il s'empare d'un outil construit en vue de certaines finalités pour le réorienter vers des fins sensiblement différentes. Pour ce faire, le modélisateur est amené à compléter le modèle par des moyens et des normes qui caractérisent son usage. Le problème central est celui de l'*instrumentalité* du modèle, à savoir sa capacité à traiter des problèmes bien répertoriés dans des situations bien balisées. Cependant, l'ingénieur économiste doit prendre en compte l'existence de décideurs nombreux aux objectifs multiformes, voire contradictoires.

## *Adaptation du modèle à ses usages*

Le processus d'adaptation du modèle met en rapport son concepteur avec un utilisateur en puissance. Il s'agit d'amender la représentation du système de référence à la lumière des interrogations d'un décideur à son sujet. Associé à des moyens d'action, le modèle fournit des prévisions opérationnelles concernant le système considéré. Associé à des normes d'évaluation, il émet des jugements quant au fonctionnement passé ou futur du système. Associé simultanément à des moyens et à des normes, il suggère des prescriptions concernant les modifications à apporter au système. Ces exercices mettent en scène deux types d'acteurs fort différents, les experts et les décideurs, qui doivent affronter de concert les limites de l'expertise.

### PRÉVISIONS

Pour opérationnaliser son modèle, le modélisateur est amené à y incorporer des moyens d'action sur le système décrit. Ces moyens sont affectés à un décideur qui peut les manipuler librement dans un certain domaine. Si le système comprend différents décideurs, les moyens mis en œuvre par les uns et les autres sont supposés indépendants. Par ailleurs, les décideurs sont plongés dans un contexte commun qui exerce une influence passive sur le système. Formellement, si les moyens d'action des décideurs sont introduits comme des variables de commande du modèle, le contexte se traduit par des variables d'environnement. Pour le modélisateur, ces deux types de variables constituent les variables exogènes qui conditionnent les trajectoires calculées du système.

Les moyens d'action à la disposition d'un décideur se distinguent par leur nature et par leur importance. Il peut s'agir de simples mesures ponctuelles, mixant souvent des éléments de nature matérielle et informative. Il en est ainsi de la détermination du montant d'un investissement ou de l'annonce d'une dévaluation. Il peut s'agir de règles plus structurelles, incitatives ou contraignantes, qui s'exercent sur un groupe d'agents. Il en est ainsi de l'instauration d'aides à l'innovation ou de l'interdiction d'échanger certains biens. Il peut s'agir enfin d'entités nouvellement créées qui se voient dotées du statut d'institutions. Il en est ainsi des organes de régulation mis en place pour favoriser la concurrence entre les firmes d'un secteur (énergie, télécommunications). En revanche, on suppose généralement qu'un décideur ne peut agir sur les préférences des agents qu'à travers les divers facteurs qui les font évoluer. De même, il ne peut agir sur les croyances des agents qu'à travers les informations qui conduisent à les réviser.

Les prévisions résultent dès lors mécaniquement du fonctionnement spontané du modèle dans son domaine de validité. Le futur n'est que le prolongement du présent, modulé par des influences externes et des inflexions humaines. Elles sont généralement décomposées en une projection centrale et en variantes par rapport à celle-ci. La projection centrale est obtenue en maintenant les variables de commande à leur valeur d'origine et en fixant les variables d'environnement à leurs valeurs les plus probables. Elle sert de situation de référence en ce qu'elle correspond à une situation future au fil de l'eau. Les variantes permettent de construire autant de scénarios alternatifs des conditions d'évolution future du système. Si une variante de politique économique résulte de la modification de variables de commande, une variante de contexte économique découle d'une modification des conditions d'environnement.

Une variante est élémentaire quand elle repose sur une modification unique d'un élément du modèle et composite quand elle en combine plusieurs. Sauf pour un modèle linéaire, un scénario composite n'est pas une simple combinaison de scénarios élémentaires. Néanmoins, un modélisateur expérimenté peut deviner sans calcul l'allure d'un scénario composite à partir d'un répertoire de scénarios simples préalablement testés. Par ailleurs, une variante est déterministe si elle fixe rigidement les variables exogènes, et stochastique quand elle définit une distribution de probabilité sur les variables d'environnement (à défaut des variables de commande). Tout scénario calculé hérite ce caractère stochastique éventuel et se trouve ainsi défini avec des marges d'incertitude. Celles-ci sont généralement croissantes avec l'horizon de la prévision et dessinent des cônes d'incertitude.

Les prévisions sont opérationnelles quand elles visent exclusivement à décrire l'évolution future du système sans autre motivation. Elles s'opposent aux prévisions épistémiques, dont l'objet est de tester le modèle, et qui portent tant sur le passé (postdiction) que sur l'avenir (prédiction). Pour des variables de commande données, selon que les variables d'environnement sont plus ou moins favorables, on parle de « scénario rose » ou de « scénario gris ». En pratique, les prévisions affichées ne résultent pas directement du modèle, mais ont subi des corrections pour intégrer des considérations hors modèles. Issues d'études menées indépendamment du modèle, ces dernières véhiculent des informations locales ou conjoncturelles. Elles sont traduites informellement en variables d'écart dont les effets sont le plus souvent calculés à la main. Les prévisions dépendent alors des variables de commande, des variables d'environnement, de la structure du modèle et des considérations hors modèles.

En particulier, les prévisions concernant des grandeurs analogues peuvent résulter de modèles différents, qui agissent comme des modèles concurrents. Ces modèles ont des domaines de validité différents et peuvent même s'avérer contradictoires. Les prévisions afférentes peuvent manifester une dispersion très forte, même lorsqu'elles s'appuient sur les mêmes variables exogènes. Ainsi, il existe une forte variabilité dans les prévisions de trafic sur un itinéraire selon le modèle de transport qui est utilisé. En sens inverse, elles peuvent manifester de fortes similarités qui traduisent un « effet Panurge » entre les prévisionnistes. Ainsi, les prévisions du prix du pétrole présentent souvent un tir groupé sur certaines valeurs qui s'éloignent nettement de la valeur ultérieurement observée. Ces similarités découlent du fait que les modélisateurs construisent leurs modèles sur les mêmes principes et les nourrissent avec les mêmes données. Mais elles résultent aussi du fait que les prévisionnistes préfèrent se tromper conjointement plutôt qu'avoir tort (ou raison) tout seul.

Plus avant, le modélisateur procède à une confrontation entre ses prévisions opérationnelles et les réalisations correspondantes. Toutefois, celle-ci ne peut être effectuée qu'à échéance des réalisations, en l'occurrence à l'horizon retenu pour le modèle. En pratique, elle est rarement pratiquée car les préoccupations opérationnelles des utilisateurs ont évolué entre les deux dates. Cet exercice est néanmoins usuel pour les prévisions d'agrégats macroéconomiques (croissance, emploi) réalisées par une pluralité d'organismes de prévision. Il met en évidence la plus grande facilité de prévision de certaines grandeurs ou de certains phénomènes par rapport à d'autres. Ainsi, la production ou la consommation est mieux prévisible que les prix ou les revenus, eux-mêmes mieux prévisibles que l'investissement ou le solde extérieur. De même, une croissance soutenue et régulière est évidemment mieux prévisible que des points de retournement de la conjoncture.

Les écarts observés sont dès lors affectés par le modélisateur aux quatre facteurs qui les déterminent. Les variables de commande n'ont pas été fidèlement mises en œuvre, les variables d'environnement diffèrent de celles prévues, le modèle n'est pas suffisamment réaliste, les considérations hors modèles sont trompeuses. Deux types de prévision effectués avec le même modèle permettent cependant de distinguer les effets de mesures semblables. Les prévisions *ex ante* sont fondées sur les anticipations des variables d'environnement et les prévisions *ex post*, sur les observations des variables d'environnement. La confrontation entre prévisions *ex ante* et *ex post* met en évidence les erreurs d'anticipation sur les variables d'environnement. La confrontation entre prévision *ex post* et réalisation permet un jugement de validité sur le modèle lui-même.

## ÉVALUATIONS

Afin de porter un diagnostic sur telle ou telle situation économique, le modélisateur introduit dans son modèle des normes d'évaluation. Elles sont définies sur les états sociaux qui résument les caractéristiques pertinentes du système décrit. Elles s'expriment sous forme d'une fonction d'évaluation qui permet de comparer plus ou moins complètement les états sociaux considérés. Une fonction de choix ne détermine qu'un ensemble d'états sociaux maximaux, en l'occurrence les états à privilégier. Une fonction de préférence définit un ordre sur les états sociaux, qu'il soit total ou seulement partiel. Une fonction de satisfaction fournit même une évaluation cardinale de l'utilité associée à chaque état social. Par ailleurs, le modélisateur peut imposer des contraintes globales au système, contraintes qui apparaissent comme des normes indirectes. Ainsi, on peut toujours limiter le nombre d'accidents sur la route, voire les annuler si on accepte de baisser, voire de supprimer le trafic.

La fonction d'évaluation est portée par un décideur-évaluateur qui s'incarne dans deux personnages possibles. D'une part, un décideur individuel émet un diagnostic à deux niveaux en s'appuyant sur deux types de normes. Si l'évaluation concerne exclusivement les effets qu'il subit, la norme utilisée n'est autre que sa fonction d'utilité individuelle. Si l'évaluation porte aussi sur des conséquences sociales subies par autrui, la norme s'aligne sur sa fonction d'utilité sociale. D'autre part, un décideur collectif en charge d'un système social multi-acteurs exprime d'emblée un diagnostic d'ensemble. Son jugement sur la société est traduit par une véritable fonction d'utilité collective qui résume des normes sociales. Celles-ci sont attribuées soit à un décideur bien identifié, en général l'État, soit à un décideur virtuel en surplomb du système économique.

Les évaluations individuelles sont hétérogènes car chaque acteur se forge sa propre vision d'un fonctionnement social satisfaisant. Dans une perspective statique, elles mettent l'accent sur la concurrence entre des valeurs économiques et sociales éventuellement hiérarchisées. L'efficacité économique préconise simplement de créer plus de richesses avec moins de moyens. L'équité distributive tend à répartir équitablement les richesses créées entre les agents économiques. Dans une perspective dynamique, elles mettent en avant les arbitrages intertemporels à réaliser entre les valeurs poursuivies. L'efficacité économique insiste sur l'adaptabilité du système économique à un environnement fluctuant. L'équité distributive met en avant la préservation des intérêts et des conditions de vie des générations futures.

Les évaluations collectives, également dispersées, sont le plus souvent astreintes à satisfaire le postulat de respect des préférences individuelles. Celui-ci impose à la fonction d'évaluation collective d'être une agrégation des fonctions d'évaluation individuelles. La norme la plus simple n'est alors autre que le critère de Pareto qui affirme qu'un état social est collectivement meilleur qu'un autre s'il est jugé préférable par chacun des acteurs (et strictement préférable pour l'un deux). Il apparaît comme une norme minimale qui ne procède à aucune comparaison des préférences individuelles entre les acteurs. Mais il ne permet pas de classer tous les états sociaux dans l'hypothèse habituelle de litige entre ces acteurs. De plus, il ne peut être renforcé sans se heurter au théorème d'Arrow qui montre l'impossibilité d'agréger des préférences individuelles hétérogènes tout en satisfaisant à des axiomes raisonnables.

Si l'on accepte de comparer les utilités individuelles, les normes usuelles se distinguent par la manière dont elles combinent les utilités individuelles jugées à présent commensurables. La norme de Bentham procède à une simple sommation des utilités individuelles, attribuant implicitement le même poids à tous les agents. La norme de Rawls propose de maximiser l'utilité de l'agent le plus mal loti et favorise cette fois les agents les moins bien dotés. La norme égalitariste retient la plus grande utilité possible qui soit simultanément atteignable par tous les agents. Ces normes apparaissent comme de moins en moins libérales et de plus en plus progressistes dans la distribution des revenus. Seules les deux premières normes sont toujours compatibles avec le principe de Pareto, la seconde en étant un cas limite. En effet, le principe de Pareto lui-même apparaît comme conservateur car il suppose le *statu quo* satisfaisant.

Comme exemple d'évaluation du système économique global à un niveau théorique, il faut citer les deux théorèmes du bien-être. Le premier affirme que, sous certaines hypothèses peu restrictives, un équilibre concurrentiel est un optimum de Pareto. Il exerce un impact considérable sur les doctrines économiques tant pour promouvoir un marché concurrentiel s'il est réalisable que pour s'en rapprocher quand il ne peut être atteint. Le second affirme, sous des hypothèses plus drastiques, que tout optimum de Pareto peut être obtenu comme équilibre concurrentiel, moyennant une distribution adéquate des ressources. Il met l'accent sur le fait que l'équité dans la répartition des biens résulte de l'équité préalable dans la distribution des ressources, qui devient l'objet essentiel des arbitrages.

Les évaluations effectuées par le modélisateur peuvent, dans certaines circonstances, être confrontées aux réalisations correspondantes. Des indices de satisfaction individuels sont construits pour apprécier les effets ressentis par un acteur après la mise en œuvre de certaines mesures. Cependant, ces indices sont difficiles à agréger tant entre individus hétérogènes qu'entre périodes successives pour obtenir un indicateur collectif de satisfaction. En pratique, un tel indicateur collectif ne peut que combiner des agrégats de nature physique (richesse produite, niveau d'éducation et de santé, conditions d'environnement). Il permet cependant de comparer les états sociaux qui sont censés s'établir *a priori* à ceux qui s'établissent *a posteriori* (procédure de *benchmarking*). Pour les politiques publiques par exemple, les premiers sont évalués en laboratoire alors que les seconds sont évalués sur le terrain.

Le modélisateur observe fréquemment des écarts entre l'utilité prévue d'une mesure et la satisfaction apportée par sa réalisation. Pour les interpréter, il est amené à neutraliser l'effet des facteurs exogènes en supposant qu'ils sont inchangés. Il considère que les satisfactions ressenties par un agent résultent bien des mesures mises en œuvre et que les conditions d'environnement sont celles qui ont été envisagées. Dès lors, les écarts observés peuvent être attribués soit aux lois du système, soit aux normes des acteurs. Là encore, le modélisateur doit distinguer soigneusement les effets matériels des actions (calculés ou mesurés) et les satisfactions qu'ils procurent (anticipées ou observées). En pratique, cette séparation est difficile à opérer car le passage des mesures à leur impact en termes d'utilité transite par divers canaux psychologiques. De plus, les acteurs peuvent être amenés à valoriser non seulement les effets des mesures, mais les mesures elles-mêmes dans leur aspect symbolique.

## PRESCRIPTIONS

En associant des lois, des moyens et des normes, le modélisateur est capable de proposer des prescriptions au décideur. Elles regroupent des mesures tant conjoncturelles que structurelles en un ensemble cohérent de moyens qui s'épaulent. Ce faisant, il ne fait qu'appliquer, selon une démarche normative, le modèle rationnel de décision. Les mesures possibles voient d'abord leurs effets respectifs prévus par les lois sous forme d'une modification de l'état du système (aspect doxastique). Elles sont ensuite jugées par l'utilisation de normes qui permettent d'évaluer les états sociaux obtenus avant et après l'instauration des mesures (aspect déontique). D'après le principe de séparation des croyances et des préférences, les lois et les normes sont d'ailleurs supposées indépendantes (neutralité axiologique des modèles). Finalement, les mesures suffisamment bien évaluées ou celles qui sont les mieux évaluées sont considérées comme celles qu'il est souhaitable de réaliser. Il faut cependant remarquer que, dans l'absolu, toutes les mesures peuvent s'avérer mauvaises, certains maux s'avérant sans remèdes.

Le modélisateur applique ainsi un principe d'analyse inverse en recherchant les moyens les plus aptes à obtenir des conséquences satisfaisantes. Pour être crédibles, les prescriptions doivent être suffisamment robustes à leurs diverses hypothèses. En effet, les enjeux sont tels qu'il est risqué pour le décideur de suivre des recommandations par trop sensibles à de petites variations des lois ou des normes. De la même façon, les prescriptions doivent demeurer temporellement stables si l'environnement reste lui-même stable. C'est dire que les recommandations faites aujourd'hui pour demain doivent demeurer pertinentes demain. Enfin, les prescriptions doivent anticiper et intégrer les contraintes sociales et institutionnelles de mise en œuvre des actions. En particulier, si les recommandations portent sur un état social futur à réaliser, il doit exister une trajectoire soutenable d'actions menant de l'état présent à l'état futur.

En pratique, nombre de prescriptions d'experts ne sont pas suivies d'effets par les décideurs. Cependant, il ne faut pas oublier que les études peuvent être effectuées pour des motifs non directement opérationnels. Les « études-vitrine » ont pour objet de montrer à l'opinion que le décideur s'intéresse à un problème. Les « études-plaidoyer » ont pour but de lancer des ballons d'essai pour évaluer la popularité d'une mesure. Les « études-parapluie » cherchent à prémunir le décideur des effets négatifs d'une mesure qui va être prise. Les « études-alibi » visent à conforter par des pseudo-arguments des mesures qui ont déjà été prises par ailleurs. En sens inverse, nombre de décisions sont prises sans aucune étude préalable pour les éclairer. Les experts sont considérés au mieux comme trop lents pour mener leurs investigations, au pire comme inutiles au regard du problème posé.

Les experts sont souvent comparés aux acteurs de base quant à l'efficacité des prescriptions qu'ils mettent en œuvre. Les différentiels d'efficacité observés sont alors affectés en priorité aux représentations différentes qu'ils adoptent. Il en est ainsi du méta-argument classiquement énoncé en défaveur de la science économique. Il postule que, si les experts en savaient plus que le commun des mortels sur le fonctionnement de l'économie, ils s'enrichiraient à leurs dépens. Comme on observe que, dans leur grande majorité, les économistes ne sont pas plus riches que les acteurs traditionnels, on en conclut que le postulat est réfuté. Cependant, ce méta-argument suppose que les experts entrent effectivement en compétition avec les acteurs, ce qui est rarement vérifié.

Le modélisateur peut entretenir des rapports avec des décideurs multiples selon diverses modalités. Il peut d'abord conseiller un décideur individuel capable de modifier son environnement immédiat à son avantage. Il lui fournit alors des recommandations adaptées, sachant que les autres décideurs ont leurs propres experts qui feront des recommandations parallèles. Il peut aussi se présenter comme un arbitre au service de plusieurs décideurs ayant des points de vue indépendants. Il recherche alors une recommandation globale cohérente avec les moyens d'action préconisés pour chaque décideur. Il peut enfin conseiller un décideur collectif unique, réel ou fictif, censé avoir à sa disposition un arsenal de politiques économiques. Il lui fournit alors des recommandations précises sans trop se préoccuper des conditions concrètes de leur mise en œuvre.

En sens inverse, un décideur peut s'appuyer sur divers modélisateurs afin d'élargir son horizon et se donner des garde-fous. Le modélisateur peut être au service direct du décideur, ce qui l'incite à une certaine docilité pour conserver son statut. Il peut être sur un marché du conseil (consultant, avocat), ce qui l'amène encore à aller dans le sens du décideur pour perpétuer son contrat. Il peut être autonome et travailler à titre gracieux, sans même savoir qui est susceptible de l'écouter. En tout état de cause, les modélisateurs peuvent être mis en concurrence par le décideur, en particulier par des systèmes d'expertise et de contre-expertise. Chaque modélisateur met alors en œuvre ses propres représentations et même ses propres normes, ce qui rend difficile la comparaison des recommandations.

En tout état de cause, les prescriptions font apparaître des divergences sensibles entre les recommandations d'économistes différents. Ces recommandations couvrent un spectre tellement large que, quelle que soit celle que l'on considère *a priori*, il existe toujours un économiste pour la soutenir. Pour des moyens étudiés identiques, ces divergences ne peuvent logiquement provenir que de différences dans la considération des lois ou des normes. Ainsi, les études concernant un mode de transport nouveau aboutissent souvent à des conclusions différentes parce qu'elles reposent sur des prévisions de trafic divergentes ou des évaluations de la valeur du temps qui ne sont pas les mêmes. Quant aux comportements spéculatifs, ils sont considérés comme positifs s'ils contribuent à fluidifier le marché, mais ils sont perçus comme négatifs s'ils sont fondés sur la recherche d'un profit à court terme.

En sens inverse, il existe de nombreuses convergences entre les recommandations des économistes. On peut observer un effet d'entonnoir purement technique qui fait que les prescriptions sont souvent moins dispersées que les lois et les normes qui leur ont donné naissance. De plus, les économistes se mettent souvent conventionnellement d'accord sur les normes, en particulier collectives. Seules subsistent alors des différences entre leurs visions du monde, mais celles-ci restent elles-mêmes limitées, malgré leurs inspirations théoriques variables. Ainsi, la tarification plus élevée des services aux heures de pointe résulte d'un modèle d'équilibre néoclassique agrémenté d'objectifs parétiens très consensuels. De même, la relance de l'économie par des grands travaux découle d'un modèle macroéconomique d'inspiration keynésienne largement partagé.

## LIMITES DE L'EXPERTISE

Les prévisions du modélisateur reposent à l'évidence sur des hypothèses très fortes de stabilité des lois du système. Il s'agit pour lui de tracer une route en tenant compte des glissements de terrain et des fantaisies des automobilistes. En effet, les lois concernent, outre les fondements matériels du système, les comportements attribués à des acteurs en perpétuel apprentissage. S'ils sont traduits par des fonctions de comportement, celles-ci doivent être supposées stables ou se transformer selon des principes connus. S'ils sont engendrés par les états mentaux des acteurs, ceux-ci doivent être supposés invariants ou évoluer selon des principes explicités. Cette stabilité est en particulier mise à mal par les innovations réalisées dans le système, qu'elles soient de nature technique ou sociale. Popper affirmait déjà qu'une prévision sociale parfaite est impossible car les humains ne peuvent prévoir le résultat de leurs propres découvertes ou inventions futures.

À la limite, le modélisateur fait face à une incertitude radicale, qui échappe à toute forme de probabilisation. Non seulement la probabilité d'occurrence des événements en cause ne peut être évaluée, mais ces événements ne peuvent pas même être conceptualisés. Un exemple classique concerne la découverte d'un matériau nouveau (Téflon) ou encore l'apparition d'une maladie nouvelle (sida). Cependant, la notion de contingence imprévue commence à être intégrée dans la théorie économique. Elle est liée au fait que l'espace d'état qui représente le système n'est pas représentable sous une forme suffisamment complète. Elle est rapprochée de la notion d'inattention (*unawareness*) qui exprime qu'un acteur ne sait pas un certain fait, et ne sait pas qu'il ne le sait pas.

Par ailleurs, les prescriptions du modélisateur reposent sur des hypothèses de permanence des moyens et des normes. Les moyens d'action sont considérés comme invariants dans le temps, nonobstant les innovations et les irréversibilités qui peuvent les affecter. En pratique, certains types de mesures tombent en désuétude alors que d'autres deviennent dominants. C'est ainsi que les actions incitatives prennent actuellement le pas sur les actions contraignantes. Quant aux normes sociales, leur constance dépend de la stabilité des décideurs qui les défendent. En pratique, de nouvelles valeurs apparaissent graduellement alors que d'autres en viennent à s'effacer. C'est ainsi que les valeurs relatives à la protection de l'environnement s'imposent à des valeurs plus directement productivistes. De fait, les moyens et les normes retenus peuvent se préciser ou évoluer au cours même d'un processus de décision suffisamment long.

Les moyens et les normes touchent particulièrement l'attitude qu'un décideur doit adopter face à l'incertitude. Cette incertitude peut concerner l'environnement matériel (incertitude contextuelle), les autres acteurs (incertitude actoriale) ou le décideur lui-même (incertitude personnelle). Dans le contexte d'un risque probabilisable, des critères de choix classiques définissent l'opportunité de retenir telle ou telle action. Le principe de prudence précise les actions à effectuer par le décideur, connaissant ses informations attendues sur le risque et son aversion face au risque. Dans le contexte d'une incertitude radicale, des critères de choix sont aussi activement recherchés. Le principe de précaution indique que le décideur doit mettre en œuvre des mesures immédiates lorsqu'une activité est susceptible, dans l'état actuel des connaissances, de produire à terme des dommages graves et irréversibles. Littérairement, il est utilisé de façon tellement lâche qu'il est fréquemment confondu avec le principe de prudence. Formellement, sa définition demeure ambiguë, dans la mesure où il n'indique pas clairement les actions à retenir dans telle ou telle circonstance.

Des difficultés d'un autre ordre sont liées aux rapports qu'entretiennent le modélisateur et le décideur, le premier agissant comme un expert. Ces deux acteurs sont censés remplir des fonctions spécialisées dans un processus de décision interactif. Le décideur fournit à l'expert ses moyens d'action privilégiés et les normes qu'il souhaite mettre en œuvre. L'expert fournit au décideur des représentations du monde et des éléments d'information originaux : actions impensées, enjeux insoupçonnés. Ils peuvent entamer un dialogue purement littéraire, mais communiquent surtout par l'intermédiation de modèles. Ces derniers fournissent d'abord un langage de référence qui leur permet de se comprendre à moindre coût. Ils véhiculent ensuite des représentations du monde qui leur permet de dialoguer de façon constructive. Cependant, sous la pression du décideur, l'expert est toujours enclin à en dire plus que ce que la sagesse lui permet, compte tenu de ses connaissances validées.

L'expert et le décideur diffèrent quant aux états mentaux sur lesquels ils s'appuient dans le processus de décision. L'expert en sait plus sur les interdépendances globales et les mécanismes profonds qui gouvernent le système économique. Le décideur en sait plus sur les conditions spécifiques et les processus locaux qui règnent dans le domaine d'action considéré. L'expert considère des mesures structurelles qu'il pense maîtrisées par le décideur, mais qui peuvent quelquefois lui échapper. Le décideur se contente de modifications marginales et privilégie autant leurs effets symboliques que leurs effets matériels. L'expert a des préoccupations de long terme sous forme de critères d'évaluation qu'il se plaît à croire universels. Le décideur a des préoccupations de court terme qui échappent à l'expert, et qu'il se masque même à lui-même.

Dans le processus d'aide à la décision, les experts et les décideurs se doivent de concilier des rationalités fort différentes. L'expert est animé d'une rationalité technico-économique qui l'incite à rechercher la meilleure solution à un problème dans le respect des contraintes du système. Cette rationalité est évaluée par ses seuls pairs et ne fait pas l'objet d'une évaluation démocratique (on ne vote pas sur une loi empirique). Elle lui confère une légitimité fondée sur sa connaissance théorique et sur sa compétence pratique. Le décideur est animé d'une rationalité politique qui le pousse à arbitrer entre des préoccupations multiples. Cette rationalité est jugée par l'opinion publique qui admet qu'elle contienne une dimension partisane liée à ses options politiques. Elle lui confère une légitimité fondée sur son engagement dans le processus démocratique en vigueur.

Les experts et les décideurs restent néanmoins soutenus par une forte complémentarité d'intérêt. L'expert sert d'alibi scientifique au décideur alors que le décideur sert d'alibi opérationnel à l'expert. En pratique, l'expert met en avant des recommandations dont il sait qu'elles auront l'oreille du décideur car elles atténuent le poids de sa responsabilité. Il fait même preuve de schizophrénie lorsqu'il donne des conseils qui vont à l'encontre de ce qu'il pense vraiment. En sens inverse, le décideur pioche dans les recommandations de l'expert celles qui confortent son expérience et lui conviennent le mieux. Il fait même preuve de cannibalisme lorsqu'il extrait des recommandations certaines informations, certaines images, certains arguments et délaisse les autres. Aussi, peut-on penser à paraphraser Pascal, « ne pouvant faire que les décideurs soient experts, il faut faire que les experts soient décideurs ».

## *Problème de l'instrumentalité*

Le problème de l'instrumentalité concerne l'adaptation du contenu du modèle au contexte de son application. De fait, le modèle doit être appliqué à une situation particulière tout en spécifiant les moyens d'action et les normes qui lui sont associés. La notion d'instrumentalité d'un modèle est particulièrement difficile à apprécier du fait des domaines d'application multiples. Selon la finesse avec laquelle le décideur concerné est identifié, on parle d'instrumentalité ciblée ou anonyme. Selon la précision avec laquelle une réponse est donnée au problème posé, on parle d'instrumentalité générique ou spécifique. Sans vraiment caractériser la profondeur de l'instrumentalité, on peut parler d'un modèle sous-instrumental ou sur-instrumental.

### NATURE DE L'INSTRUMENTALITÉ

L'instrumentalité du modèle revêt d'abord un aspect syntaxique, résumé par le processus de résolution du modèle complété par les normes. Demeurant entièrement formalisé, le raisonnement praxéologique ne diffère guère du raisonnement épistémique. Une prévision ou une prescription n'est acceptable que si elle est suffisamment robuste à ses ingrédients tant descriptifs que normatifs. La robustesse aux lois du système est étudiée par l'analyse structurelle des modèles, qui simule leurs réactions à des chocs structurels. La robustesse à l'environnement du système est testée par les nombreux exercices de statique comparative réalisés par le modélisateur. La robustesse aux normes ne fait guère l'objet d'examens, si tant est que les normes usuelles (Pareto, Bentham) soient couramment acceptées. Quant à la robustesse aux moyens d'action, elle est l'objet même des simulations qui visent à comparer des mesures possibles.

L'instrumentalité du modèle revêt ensuite un aspect sémantique qui se traduit par l'étendue de son champ d'application. Au départ, le modèle possède un champ de validité empirique défini à partir de ses variables endogènes et exogènes. La situation concernée par le problème posé doit se situer en principe à l'intérieur de celle visée par le modèle. De plus, le champ empirique des lois doit être complété par le champ de validité des normes, traitées comme des données d'observation ou comme des données conventionnelles. Enfin, le modèle doit pouvoir internaliser à travers ses variables exogènes les moyens d'action envisagés. Le modèle possède alors un champ d'application opérationnel défini par les mêmes variables que son champ empirique et inclus dans le précédent.

L'instrumentalité du modèle revêt finalement un aspect sémiotique qui s'exprime par l'interprétation accordée à ses hypothèses et conséquences. La signification des lois incorporées au modèle peut changer selon l'usage auquel il est destiné. Pour réaliser des prévisions, il suffit de disposer de corrélations stables entre des variables exogènes et endogènes. Pour suggérer des prescriptions, il faut avoir accès à des mécanismes plus profonds à travers lesquels les moyens d'action peuvent agir causalement. Par ailleurs, on peut étudier certaines situations concrètes tout en souhaitant leur non-réalisation. Ainsi, on peut espérer qu'une prévision dramatique ne s'actualise pas, ce qui suppose qu'on empêche certaines conditions d'environnement de se produire. De même, on peut espérer qu'une prescription dommageable ne soit pas mise en œuvre, ce qui suppose que certaines mesures mises en avant soient contrariées.

À l'image des descriptions, les prévisions et les prescriptions revêtent encore la forme d'un raisonnement conditionnel. Au *comme si* épistémique relatif à la dépendance aux lois se superpose un *comme si* praxéologique relatif à la dépendance aux normes. Le raisonnement est profactuel lorsque toutes les conditions exogènes inhérentes au raisonnement sont supposées réalisées. Le raisonnement est contrefactuel lorsque certaines conditions ne sont notoirement pas réalisées. Quant aux prescriptions qui en découlent, elles peuvent être catégorisées à leur tour selon leur écart supposé au réel. Elles sont tendancielles quand elles correspondent à des déviations des lois ou des normes dans leur zone de validité usuelle. Elles sont contrastées quand elles renvoient à des déviations qui extrapolent les valeurs usuelles des lois et des normes. Elles sont utopiques quand elles s'affranchissent des lois connues ou incorporent des normes imaginaires.

Pour l'utilisation prévisionnelle ou prescriptive d'un modèle dans une situation donnée, trois options sont logiquement possibles. Dans des cas exceptionnels qui correspondent à des mesures très générales, il existe un modèle directement utilisable dans sa forme standard. Dans le cas le plus fréquent, il existe un modèle qui doit être adapté à la situation en le complétant et en l'aménageant sur certains points. Dans des cas plus rares où des mesures exceptionnelles sont envisagées, il devient nécessaire de construire un nouveau modèle. En pratique, la solution intermédiaire consiste à construire un modèle hybride, qui adapte un modèle existant à un problème nouveau. Plusieurs modèles peuvent aussi être utilisés simultanément, chacun éclairant un aspect particulier du problème, même si leur articulation est plus délicate.

Par exemple, les modèles d'enchères décrivent fidèlement les propriétés essentielles des méthodes d'enchères entre offreur et demandeurs d'un bien. Ces dernières sont de quatre types essentiels (statiques *vs* dynamiques, ascendantes *vs* descendantes). Les modèles élaborés de longue date permettent leur comparaison tant du point de vue du vendeur et des acheteurs que du point de vue collectif. En s'appuyant sur ces modèles, des enchères ont par exemple été mises en place par l'État aux États-Unis pour la vente des ondes électromagnétiques. Par ailleurs, des modèles d'appariement (*matching*) décrivent les propriétés des affectations bilatérales d'entités complémentaires (hommes-femmes, postes-employés). Ils sont plus grossiers et doivent être adaptés aux caractéristiques spécifiques des entités qui sont ainsi associées. Ils ont été mobilisés par exemple pour mettre en rapport les donneurs et les receveurs d'une greffe du rein (Rott), non sans y incorporer diverses caractéristiques médicales et éthiques.

Le modélisateur procède ainsi à une désidéalisation du modèle en fonction des problèmes qu'il doit résoudre. Mais celle-ci ne fonctionne au mieux que dans certaines directions, qui correspondent au contexte précis de la situation. L'idéalité est conservée dans d'autres directions, qui sont considérées comme neutres par rapport à la question envisagée. Du point de vue descriptif, les lois associent des connaissances générales et des connaissances spécifiques relatives à la situation. En particulier, les degrés d'agrégation (qualitatif, spatial, temporel) sont adaptés au problème posé. Du point de vue normatif, les moyens d'action sont détaillés dans leur définition et dans les effets primaires qu'ils provoquent. En particulier, des variables de commande sont simultanément modifiées pour autant qu'elles traduisent une même mesure de politique économique.

Par exemple, les modèles de transport sont minutieusement adaptés à la question qu'ils ont à traiter. Ils introduisent un maillage spatial plus ou moins fin dans la description des lieux et des déplacements. Ils formalisent des réseaux d'itinéraires que les usagers peuvent emprunter plus ou moins librement dans leurs déplacements. Ils décrivent un comportement de l'usager qui arbitre entre des coûts directs, des temps de parcours et d'autres considérations. Ils imposent des contraintes sur la capacité et les modalités du trafic, grandeurs à la source des phénomènes de congestion. En revanche, ces modèles ne prennent pas la peine d'étudier l'agrément des itinéraires parcourus. Ils ne se prêtent guère à l'analyse des effets redistributifs (en termes de revenus) des mesures prises. Ils sont très succincts sur les effets d'entraînement du secteur des transports sur le reste de l'économie.

## INSTRUMENTALITÉ CIBLÉE OU INSTRUMENTALITÉ ANONYME

Une première typologie est relative à l'interlocuteur qui pose le problème pour lequel l'économiste adapte son modèle à un contexte particulier. Plus précisément, le modélisateur est amené à faire des prescriptions à destination d'un décideur bien repéré ou plus virtuel. L'*instrumentalité ciblée* concerne un décideur individuel ou collectif bien identifié par le modélisateur. C'est ce décideur qui peut suggérer les moyens d'action à examiner et les normes sociales à poursuivre. L'*instrumentalité anonyme* concerne un décideur collectif abstrait au nom duquel le modélisateur se contente de parler. C'est à ce décideur que le modélisateur attribue conventionnellement des moyens d'action et des normes sociales. Ces deux situations ne coïncident que si un décideur réel accepte d'endosser les moyens et les normes que lui prête le modélisateur.

L'instrumentalité ciblée met face à face deux acteurs bien repérés, le modélisateur et le décideur. Pour un problème donné, le premier définit les moyens disponibles et les normes poursuivies par le second, selon deux voies. Il peut les révéler d'après les actions passées du décideur et les utiliser par la suite en postulant leur stabilité. Il peut aussi les fixer au terme d'un dialogue par lequel le décideur les explicite dans les termes du modélisateur. Dans le cas d'un décideur individuel, le modélisateur le conseille en ce qui concerne divers types de décision. Il s'appuie sur ses actions passées comme sur ses déclarations d'intention pour définir des motivations qu'il lui soumet en retour. Dans le cas d'un décideur collectif, le modélisateur communique avec des représentants dûment mandatés. Il s'efforce là encore de révéler leurs objectifs en s'appuyant sur leurs déclarations ou sur leurs choix.

En macroéconomie, les facteurs les plus pertinents pour le décideur public sont considérés comme d'ores et déjà incorporés dans les modèles. Les modèles théoriques de croissance considèrent comme fonction-objectif la seule consommation des ménages sur les périodes successives. Pour l'opération Optimix menée en France, le modélisateur a construit une fonction d'évaluation de l'État dépendant d'une batterie d'agrégats macroéconomiques. Elle a été obtenue par révélation des préférences en faisant prendre des décisions virtuelles par des responsables de la planification. Muni de ces éléments, le modélisateur adapte de façon plus ou moins fine les mesures de politique économique préconisées. Par un réglage au plus près (*fine tuning*), il vise à fixer des grandeurs macroéconomiques à des valeurs désirées précises par des leviers appropriés. En pratique, il doit se contenter de politiques qui ne permettent que d'amener les grandeurs cibles dans certaines limites.

L'instrumentalité anonyme suppose que le modélisateur raisonne en lieu et place d'un décideur fictif en surplomb du système. Ce décideur collectif émet des jugements sociaux et implémente des politiques en se plaçant du point de vue de Sirius. Il est doté de croyances qui ne sont autres que les représentations du modélisateur concernant le système économique. Il est affublé de préférences collectives qui ne font qu'agréger les préférences des acteurs sans introduire de point de vue propre. D'une part, le modélisateur peut définir les normes sociales *a priori* parce qu'elles obéissent à des principes jugés souhaitables. Mais il s'engage ainsi dans une régression infinie dans la mesure où les principes incriminés doivent à leur tour être fondés. D'autre part, le modélisateur peut retenir des normes sociales en arguant du fait qu'elles font l'objet d'un consensus entre les acteurs. Mais un tel consensus est postulé plutôt que validé empiriquement, et apparaît dès lors comme une convention plus ou moins partagée.

En microéconomie, l'État est traditionnellement considéré comme une entité concrète censée représenter les intérêts de l'ensemble des acteurs. Il se situe au-dessus des acteurs et prend ses décisions en fonction de normes qui agrègent les points de vue individuels. Plus récemment, l'État est considéré comme représentant les intérêts de certains acteurs particuliers plutôt que de l'ensemble de la collectivité. Il peut aussi adopter des points de vue propres qui ne coïncident avec ceux d'aucun acteur en particulier (paternalisme). Il se trouve alors doté d'une représentation propre du système économique et de préférences autonomes qui peuvent s'éloigner sensiblement de celles des acteurs. Il apparaît comme un décideur parmi d'autres (même si ses moyens sont supérieurs) qui agit dans le cadre d'un jeu face aux autres acteurs.

En général, les décideurs présents dans un système économique réalisent des prévisions qui dépendent de ce qu'ils pensent que prévoient les autres décideurs. Même si ces prévisions sont élaborées de façon indépendante, elles doivent être coordonnées pour avoir des chances d'être réalisées. Les prévisions élaborées par les experts pour les décideurs doivent avoir la même cohérence et être définies simultanément. Plus avant, si les décideurs entretiennent des rapports stratégiques, les actions des uns dépendent de celles des autres. Les intentions d'action doivent donc être coordonnées en une situation d'équilibre pour être simultanément réalisables. Il s'ensuit que les recommandations faites par des experts à ces décideurs doivent elles-mêmes être coordonnées.

En particulier, par l'intermédiaire de ses experts, l'État calcule et affiche des prévisions publiques sur l'état du système en simulant les comportements des autres acteurs. Mais, si les agents de base adhèrent à ces prévisions, ils vont modifier leurs comportements et par contrecoup les prévisions elles-mêmes. Ce n'est que si les prévisions des acteurs sont auto-réalisatrices qu'elles pourront *in fine* être vérifiées. Plus avant, l'État peut mettre en œuvre des mesures de politique économique. Les agents vont alors s'efforcer de les intégrer dans leurs prévisions et, partant, d'en tenir compte dans leur comportement. Le modèle de l'État, en l'occurrence celui de ses experts, s'avère alors structurellement instable (critique de Lucas). Une modification de la politique économique modifie les anticipations et les comportements des agents qui la subissent et donc les paramètres du modèle.

En revanche, des prescriptions anonymes sont fournies par les modèles d'organisation industrielle. Ils sont fondés sur une forme de concurrence imparfaite entre des producteurs et des consommateurs sur un marché. Cette concurrence peut être traduite par une configuration de duopole ou par une procédure bilatérale d'appariement entre l'offre et la demande. Ils répondent à une question précise qui se pose sur le marché du travail, le marché de logiciels ou le marché financier. Il peut s'agir de l'intérêt pour une entreprise de participer à un processus d'intégration horizontale ou verticale. Il peut s'agir de la possibilité pour un secteur de créer une plate-forme qui médiatise les rapports entre l'offre et la demande (agence de recrutement). Il peut s'agir de la pertinence pour l'État d'imposer certaines taxes ou certaines règles de régulation de la concurrence.

### INSTRUMENTALITÉ GÉNÉRIQUE OU INSTRUMENTALITÉ SPÉCIFIQUE

Une seconde typologie concerne le degré de généralité des prévisions et des prescriptions permises par le modèle. Ce dernier ne fait que refléter la généricité des lois et des normes sur lesquelles elles sont fondées. L'*instrumentalité générique* suppose que le modélisateur définisse des prévisions et des prescriptions qui concernent toute une classe de systèmes. Elles prennent la forme de scénarios qui décrivent des ensembles de trajectoires poursuivies ou de doctrines qui énoncent des types de mesures à prendre. L'*instrumentalité spécifique* suppose que le modélisateur définisse des prévisions et des prescriptions qui concernent un système bien circonscrit. Elles énoncent directement et de façon détaillée les évolutions auxquelles le système sera soumis ou les actions concrètes à mettre en œuvre pour résoudre un problème particulier dans un contexte donné.

L'instrumentalité générique vise à émettre des prévisions et à énoncer des prescriptions en se plaçant au niveau nomothétique. Cette ingénierie sociale traduit une volonté, sinon de maîtrise du système socio-économique, du moins de réforme rationnelle du système. Elle se mue aussi bien en ingénierie de l'environnement qu'en ingénierie financière selon son domaine d'application. Elle consiste à édicter des règles opérationnelles dont le domaine d'application est suffisamment étendu. Elles peuvent concerner la mise en place d'un système d'intervention nouveau ayant certains traits imposés. Il en est ainsi du *mechanism design* qui décrit les modalités d'obtention décentralisée de certains résultats collectifs désirés. Elles peuvent simplement porter sur des modifications locales d'un système dans un sens souhaité. Il en est ainsi du calcul économique qui fournit des règles applicables au choix d'un investissement (ou à la tarification d'un bien) privé ou public.

En microéconomie, le calcul économique public fixe des règles d'évaluation pour un système économique. Il est fondé sur la maximisation d'une fonction d'utilité collective appliquée à un équilibre marchand. La règle de choix d'un investissement résulte du calcul d'un surplus collectif calculable à partir des seules variables observables (prix, quantités échangées). Ce surplus se décompose en surplus partiels relatifs aux agents considérés (consommateurs, producteurs, État). Parmi des projets concurrents, on retient celui de plus fort surplus et, parmi des projets alternatifs, on retient ceux de surplus positif. Parallèlement, la règle de tarification d'un bien consiste à aligner son prix sur son coût marginal. Ces deux règles ne sont valables que pour des transformations marginales de l'économie et pour des normes privilégiant l'efficacité à court terme de l'économie.

L'instrumentalité spécifique vise à émettre des prévisions et à énoncer des prescriptions en se plaçant au niveau idiographique. Ces applications peuvent être obtenues selon deux démarches complémentaires. D'une part, des règles génériques sont appliquées à des situations particulières pour en déduire des applications spécifiques. En effet, ces règles contiennent des grandeurs ou des paramètres qui peuvent être ajustés aux circonstances précises d'application. Il en est ainsi des règles du calcul économique qui sont appliquées à tel ou tel type d'investissement dans tel ou tel contexte. D'autre part, des mesures spécifiques peuvent directement être déduites d'un modèle qui est d'emblée spécifié au même titre que les moyens et les normes. Il en est ainsi de la prévision des effets d'un investissement important par un modèle empirique et de l'évaluation directe de ses effets.

En macroéconomie, un modèle est construit pour simuler les effets d'une politique économique dans un pays donné et sur un horizon donné. Les lois sont des régularités macroéconomiques qui relient les agrégats macroéconomiques, à l'instar de la loi de Phillips qui relie à court terme le chômage et l'inflation. Les moyens sont aussi bien la politique budgétaire que la politique monétaire suivie par l'État ou les autorités monétaires. Les normes sont assises sur les agrégats macroéconomiques et concernent l'activité, le chômage, le solde budgétaire ou le solde extérieur. Néanmoins, les organismes internationaux construisent des modèles macroéconomiques typiques censés s'appliquer à tout pays tout en maintenant libres certains paramètres. Ces modèles autorisent des prévisions génériques qui sont spécifiées dans chaque pays en estimant empiriquement les paramètres.

Au cours du temps, à l'instar des modèles, des règles opérationnelles sont apparues, ont été discutées et se sont imposées. Elles consistent véritablement en inventions dans la mesure où elles sont le fruit de l'imagination de certains concepteurs. Elles se structurent en treillis conceptuels dans la mesure où elles se diversifient dans des directions différentes pour s'adapter au contexte. Elles se succèdent en arbres conceptuels dans la mesure où, après avoir été imaginées, elles se sont consolidées et se sont finalement nuancées en perdant de leur mordant. Ces règles sont généralement des règles génériques qui prennent la forme de doctrines ou de préceptes valables dans un certain contexte. Elles se sont imposées dans des niches spécifiques, mais ont plus ou moins rapidement acquis une dimension internationale. Elles manifestent une technologie économique dont les fondements théoriques finissent par être oubliés.

En microéconomie, plusieurs vagues d'outils ont déferlé, permettant de guider les choix économiques les plus simples. Même si l'entreprise a bénéficié de certains instruments de gestion, l'essentiel des outils concerne l'économie publique. L'analyse marginaliste a conduit, pour la construction d'équipements publics (canaux), au calcul économique public esquissé par Jules Dupuit. La recherche d'un optimum de Pareto pour l'économie a donné naissance, pour faire face à une demande (électrique) de pointe, à la tarification de Boiteux-Ramsey. La théorie des incitations, appliquée aux marchés de biens à fortes externalités (environnement), a été à l'origine de l'instauration du principe pollueur-payeur. Enfin, le développement de nouveaux produits financiers (options) a conduit, pour la fixation de leurs prix, à la formule de Black et Scholes.

En macroéconomie, les outils progressivement apparus ont été moins spectaculaires et souvent plus éphémères. Ils résultent plus de problèmes rencontrés par les politiques passées que de développements théoriques originaux. Pour introduire un système fiscal qui évite de distordre la concurrence, la TVA a été introduite, même si elle n'est ni uniforme ni même appliquée à tous les biens (elle devrait être appliquée négativement au travail). Pour tenir compte des implications stratégiques des politiques, une distinction a été établie entre politiques par règles (qui respectent des contraintes globales) et politiques par actions (qui agissent au coup par coup). Pour échapper à des politiques monétaires trop soumises à des fluctuations politiques, des organes monétaires indépendants des États et dotés de règles strictes ont été créés. Enfin, les théories de la croissance endogène ont été à l'origine de politiques de recherche et d'innovation fondées sur des synergies locales.

## PROFONDEUR DE L'INSTRUMENTALITÉ

Le passage des modèles explicatifs aux outils prescriptifs est plus ou moins direct et rapide selon les domaines. Certains outils sont apparus sans grand soubassement théorique pour répondre à des fins purement administratives. Il en est ainsi de la comptabilité privée née dans la Venise des doges, puis de la Comptabilité nationale apparue dans le sillage de la Seconde Guerre mondiale. En sens inverse, certaines théories sont restées purement conceptuelles et ne se sont guère prêtées à un usage concret. Il en est ainsi de la théorie de l'allocation des biens collectifs et même de certains pans de la théorie du choix social. Dans l'entre-deux, certains outils sont nés de la prise de conscience que telle ou telle théorie peut être rendue opérationnelle, même si elle n'est pas parfaitement adaptée. Ces outils sont conditionnés par la complexité du système que le décideur cherche à réformer, traduite en termes de modèles par la considération d'un « petit monde » ou d'un « grand monde ».

Le modèle d'équilibre général est né avec Walras (1874) pour traduire abstraitement les offres et les demandes de biens exprimées par des agents décentralisés. Il a subi des élaborations successives, mais n'a donné naissance qu'à des doctrines libérales très générales. Il n'a reçu d'impact opérationnel véritable qu'avec les modèles d'équilibre calculable, mis au point dans les années 1980. Ceux-ci calculent explicitement un équilibre concurrentiel sous diverses hypothèses d'environnement et de politiques. Ils permettent de simuler aisément l'effet tant d'une taxation que d'une contrainte quantitative nouvelle. Ils sont à même de calculer toute forme d'utilité collective qui s'exprime comme une combinaison des utilités individuelles. Ils ne permettent guère en revanche d'étudier les effets redistributifs liés aux impôts et aux transferts sociaux.

La théorie des jeux a été conceptualisée par von Neumann et Morgenstern (1944) pour traiter des interactions stratégiques entre les acteurs. Elle a été appliquée directement à des situations concrètes, mais permet de mettre en forme un problème plus qu'à lui fournir des solutions. On peut toutefois mentionner l'analyse de l'efficacité de la dissuasion nucléaire entre les grandes puissances. On peut citer aussi la modélisation de l'évolution des ressources en poisson sous l'impulsion d'acteurs aux intérêts contradictoires. Elle est plutôt utilisée pour résoudre certains problèmes à un niveau générique avant d'utiliser les solutions plus concrètement. Elle a permis de traiter des problèmes d'allocation de ressources ou d'allocation de coûts entre les différentes parties prenantes. Elle a aussi contribué à analyser des problèmes plus économiques en matière d'organisation industrielle. Appliquée avec succès à la structuration des enchères, elle a été moins efficace pour traiter des modalités de négociation.

Mais c'est surtout le passage des prescriptions aux décisions qui s'avère plus ou moins direct et rapide. Initialement fort longs, les délais d'application ont tendance à se raccourcir du fait des rapports plus étroits entre économistes et décideurs. Keynes affirmait en son temps que « tout homme politique est la victime d'un économiste mort » en sous-entendant qu'on ne savait pas même de quel économiste il s'agissait. Aujourd'hui, un homme politique est la victime bien plus consentante d'économistes encore bien vivants et parfaitement repérés. De façon surprenante, ce sont souvent les prescriptions obtenues avec des outils très formels qui ont le plus d'impact. En fait, ces outils permettent de tirer des conséquences non accessibles de façon qualitative et jouissent en plus du prestige des mathématiques.

La finance est certainement le domaine où les applications ont été le plus directes et le plus rapides. Ces applications mobilisent des outils mathématiques fort complexes, qui paraissent particulièrement adaptés, même s'ils sont peu divulgués. Tout d'abord, les actifs financiers sont des biens dont les caractéristiques s'expriment directement sous une forme monétaire. Ensuite, le marché financier fonctionne apparemment selon des canons proches du modèle walrasien : agents atomisés, information largement répandue, prix très flexibles. Enfin, la finance produit un nombre incalculable d'informations quantitatives en temps réel qu'il est difficile de traiter à la main. En pratique, les outils sont utilisés quasiment en court-circuit puisque certaines prescriptions qu'ils inspirent sont traduites en ordres d'achat ou de vente dans l'heure. Mais ces outils traitent mal des situations extrêmes qui se rencontrent néanmoins sur le terrain : événements rares, risques systémiques, phénomènes de panique. Nombre de leurs effets s'avèrent sur une longue période en contradiction avec les hypothèses sur lesquelles ils reposent : bulles spéculatives, crises d'efficience.

Le calcul économique privé, de nature purement financière, est appliqué dans de nombreuses grandes entreprises. Il contribue essentiellement à éclairer les choix d'investissement face à l'incertitude (concessions pétrolières, produits électroniques). Le calcul économique public, plus authentiquement économique, a plus de mal à s'imposer dans les administrations et les entreprises publiques. Il a été élaboré et appliqué d'emblée aux secteurs de l'énergie (électricité) ou des transports (canaux, routes) en s'appuyant sur des prix tant observés que révélés (valeur du temps). Il a été étendu ensuite à des secteurs comme la santé ou l'environnement, en traitant les effets non marchands à l'aide de prix fictifs (valeur de la vie humaine). Il a finalement conduit, par une opération de marchandisation des biens générateurs d'externalités, à créer des marchés fictifs (droits à polluer). En revanche, il est quasiment inexistant dans des secteurs comme l'éducation ou la défense, qui obéissent à des normes spécifiques.

Finalement, deux positions extrêmes peuvent être observées en matière d'adaptabilité des modèles. Un modèle est *sur-instrumental* s'il est considéré comme apte à s'appliquer à des situations fort hétérogènes. Il suffit d'en modifier quelques paramètres sans avoir à rentrer dans les arcanes d'une situation concrète. Il se prête à l'examen de n'importe quelle mesure particulière et peut être articulé à n'importe quelle norme d'évaluation. Un modèle est *sous-instrumental* s'il est construit pour une situation et un problème donnés sans être transposable à d'autres. Il endosse la problématique selon laquelle le diable est dans les détails et perd ainsi tout caractère de généralité. Il est construit pour étudier telle ou telle mesure particulière et la juge selon des critères spécifiques.

Ainsi, les modèles macroéconomiques des grands organismes internationaux (FMI, Banque mondiale) sont généralement sur-instrumentaux. Ils sont faussement universels en postulant que les mécanismes macroéconomiques profonds sont les mêmes partout. Ils sont appliqués sans précaution à toutes sortes de pays sans intégrer leurs spécificités économiques, et *a fortiori* sociales et culturelles. En sens inverse, de nombreux modèles utilisés en marketing pour prévoir la demande d'un bien sont sous-instrumentaux. Ils sont conçus pour certains types de produits et peuvent perdre toute valeur en cas de modification même marginale de ces produits. De même, ils font peu de cas des conditions générales de concurrence avec des types de produits substituables.

## *Rapports aux autres disciplines*

Toutes les disciplines sont amenées à se poser le problème de l'utilisation normative de leurs outils, et en particulier de leurs modèles. Ce problème de l'application pratique des modèles reçoit des réponses différentes selon les disciplines considérées. En sciences formelles, des outils sont conçus pour participer directement à la résolution de classes particulières de problèmes. En sciences de la nature, l'ingénierie et la médecine se sont spécialisées dans l'adaptation de modèles positifs à une gamme de problèmes technologiques ou sanitaires. En sciences sociales, les représentations théoriques sont certes appliquées à l'éclairage de problèmes sociaux, mais les critères d'évaluation associés demeurent très qualitatifs.

SCIENCES FORMELLES

Certains outils mathématiques ont été développés en vue de la prévision opérationnelle de phénomènes divers. Il s'agit des outils de simulation déjà évoqués en ce qui concerne la prévision épistémique. Ils ont d'abord concerné des systèmes statiques et linéaires exprimés sous forme de matrices de grande taille. Ils ont porté tant sur l'inversion de ces matrices (pour étudier la réversibilité des systèmes) que sur l'étude de leurs valeurs propres (pour étudier la stabilité des systèmes). Ils se sont ensuite étendus à des systèmes à la fois stochastiques et non linéaires qui engendrent des classes spécifiques d'outils (microsimulation, réseaux bayésiens). Ils ont permis l'étude de l'éventail de leurs trajectoires possibles, de leurs bifurcations éventuelles et de leur dépendance aux conditions initiales et à l'histoire.

D'autres outils mathématiques ont été mis au point en vue de la résolution de problèmes prescriptifs typiques. En particulier, les problèmes d'optimisation visent à trouver le maximum d'une fonction sur un ensemble d'actions sous certaines contraintes. Les actions possibles peuvent être isolées ou sont situées dans un domaine continu et homogène. La fonction-objectif, qui était initialement restreinte au cas linéaire (programmation linéaire), reste unidimensionnelle, mais peut fort bien revêtir un caractère intertemporel et stochastique. Elle s'étend à une fonction multivaluée dans le cas de la théorie de la viabilité (Aubin) où sa valeur est simplement astreinte à demeurer dans un domaine donné. Les techniques utilisées s'appuient alors sur des principes théoriques comme le principe de Bellman qui indique que toute sous-trajectoire d'une trajectoire optimale est aussi optimale.

Les méthodes d'optimisation ont profondément évolué avec l'introduction d'algorithmes dynamiques menant à un optimum. Le temps considéré est un temps virtuel qui ne sert qu'à décomposer en une séquence de périodes la marche vers l'optimum local ou global. Ces algorithmes ont d'abord été des algorithmes abstraits qui permettent au modélisateur d'aboutir à un optimum par un cheminement précis (algorithme du gradient). Ils ont ensuite été réinterprétés comme des algorithmes d'apprentissage permettant à un ou plusieurs agents d'aboutir à ce même optimum. Ces algorithmes ne sont devenus véritablement efficaces qu'avec le développement des capacités de calcul des ordinateurs. Ils ont été spécialisés selon les problèmes rencontrés (plus court chemin sur un graphe, configuration optimale d'éléments semblables).

De façon plus générale, des méthodes de Recherche opérationnelle ont été développées des années 1950 aux années 1970. Il s'agissait alors de traiter des problèmes généraux de dénombrement, de classification comme de minimisation. Ces méthodes sont souvent nées à propos de systèmes physiques soumis à des normes d'évaluation économiques. Elles étaient destinées à la construction de systèmes d'armes qui minimisent les coûts de production à service rendu donné. Elles ont été mobilisées pour concevoir des unités de fabrication qui combinent au mieux les facteurs de production pour des produits donnés. Ces méthodes ont été utilisées à petite échelle pour définir la localisation optimale d'une entreprise sur un réseau. Elles ont été utilisées à grande échelle pour calculer les prix optimaux des biens dans une économie planifiée.

Les méthodes de Recherche opérationnelle ont fait place des années 1980 à nos jours à des méthodes d'Intelligence artificielle. Il s'agit de méthodes de simulation et d'optimisation de processus dynamiques impliquant un grand nombre d'entités. Elles sont souvent inspirées de la biologie, à l'instar des automates cellulaires ou des algorithmes génétiques. Elles s'appuient sur une vision systémique du monde qui met l'accent sur les interdépendances à longue portée et à long terme. Elles s'attaquent à des systèmes complexes formés d'entités hétérogènes et de relations enchevêtrées. Elles ont d'abord été appliquées à des systèmes physiques comme les explosions nucléaires simulées ou les grandes épidémies. Elles ont ensuite été transposées à des systèmes sociaux comme les colonies d'insectes ou les mégalopoles. Les algorithmes utilisés ont la singularité de pouvoir actuellement être brevetés (mécanismes d'enchères, problèmes d'affectation).

Les algorithmes génétiques ont permis de résoudre des problèmes d'optimisation plus fins que précédemment. Ils s'inspirent explicitement de principes de variation et de sélection issus de la biologie évolutionnaire. L'ensemble des options entre lesquelles il faut choisir résulte d'une combinatoire extrêmement riche portant sur des composantes élémentaires. Les options qui sont comparées à chaque période se renouvellent tant par mutation (changement aléatoire d'une composante) que par *crossing over* (échanges de composantes). Le choix d'une option est réalisé aléatoirement en vertu d'une fonction d'évaluation qui intègre les performances passées de cette option. La séquence des options retenues converge rapidement vers une option proche de l'option optimale.

Par ailleurs, des outils mathématiques ont été construits pour simuler le travail de l'expert d'un domaine. Tout expert possède un savoir-faire qui se traduit en une multiplicité de compétences articulées les unes aux autres. Ces compétences implicites sont de nature aussi bien matérielle que conceptuelle et le plus souvent mixte. Elles agissent comme des heuristiques qui résultent d'un apprentissage initial et d'une expérience personnelle. Le problème est d'extraire ces compétences de l'observation de l'expert et de les formaliser de manière opératoire. Cette observation se manifeste sous forme d'interrogation de l'expert ou d'examen de son comportement. Elle reste évidemment limitée tant par la lucidité réduite de l'expert sur lui-même que par sa volonté de ne pas révéler tous ses secrets.

Les programmes de jeu d'échecs fonctionnent précisément comme des systèmes experts inspirés du jeu des grands maîtres. Ils sont fondés sur les principes stratégiques et les principes d'apprentissage qui ont été mis en évidence dans les jeux. Les programmes combinatoires présélectionnent un ensemble de trajectoires futures performantes sur un horizon donné. Ils les soumettent à une fonction d'évaluation de la position future obtenue, et retiennent la meilleure. Les programmes d'anticipation s'efforcent de prévoir les coups futurs de l'adversaire par identification de son style. Ils définissent ensuite la meilleure réponse possible du joueur aux coups les plus probables de l'adversaire. Les programmes de renforcement essayent aléatoirement certains coups et en observent les résultats quelques coups plus loin. Ils jouent plus souvent les coups les plus performants au détriment des autres sans toutefois abandonner définitivement ces derniers.

## SCIENCES DE LA NATURE

Dans les sciences de la nature, les spécialistes affichent des prévisions remarquablement précises. Les systèmes y sont simples et stables, les variables d'environnement, en nombre réduit et les variables de commande, bien cernées. Ainsi, les éclipses de lune comme les trajectoires des fusées sont prévues avec une précision inégalée. De même, l'évolution d'un organisme comme l'effet d'un médicament demeurent raisonnablement prédictibles. Cependant, certains phénomènes sont moins prévisibles du fait de facteurs perturbateurs puissants et nombreux. Ainsi, la prévision de la chute d'une feuille comme celle de la chute des cheveux restent délicates. Cette impossibilité à prévoir avec précision est encore plus nette pour l'occurrence des séismes ou l'évolution des espèces.

En particulier, les modèles météorologiques usuels sont construits à des fins essentiellement prévisionnelles. Les variables (pression, température, vents, ensoleillement, humidité, précipitations, nuages) sont généralement mesurables selon un maillage spatial plus ou moins fin. Les équations correspondent soit à des lois fondamentales (lois de Newton, loi des gaz parfaits, principes de la thermodynamique, principes de conservation de la masse, du mouvement ou de l'énergie, principes de continuité), soit à des régularités empiriques (cycles énergétiques et hydrologiques, effet du rayonnement du soleil sur l'atmosphère, circulation des vents). Ces modèles sont alimentés par des données recueillies de façon quasi continue, mais avec une précision variable. Les prévisions sont effectuées en résolvant pas à pas le système formel, dynamique et déterministe. Elles portent sur des horizons variables : court terme (1-3 jours), moyen terme (3-5 jours), long terme (1 à 4 semaines).

Les prescriptions suggérées par les ingénieurs et les médecins au terme d'une analyse inverse sont particulièrement nettes et consensuelles. Les dysfonctionnements des systèmes sont clairement analysés et les normes d'évaluation, largement partagées. Ainsi, les pannes de moteur sont considérées comme dommageables au sens où elles diminuent l'efficacité technique des machines. De même, les maladies sont combattues dans la mesure où elles augmentent la mortalité et la morbidité des individus. Cependant, les techniques font aussi apparaître des différences d'appréciation notables entre spécialistes. Il suffit d'observer les querelles d'experts auprès des tribunaux, ponctuées par des expertises et des contre-expertises. Il suffit de se pencher sur les débats publics sur les énergies futures (énergie nucléaire *vs* énergies douces) ou sur les techniques prénatales (mères porteuses).

Plus spécifiquement, les sciences de la nature ont connu un développement massif des sciences de la conception. Elles s'intéressent à la définition d'artefacts à partir d'éléments naturels ou eux-mêmes artificiels. Ces artefacts sont appréhendés par des modèles plus transparents que ceux qui concernent les objets naturels puisqu'on connaît leurs secrets de fabrication. Ainsi, la physique s'est fait une spécialité de nombreux artefacts liés à la production d'énergie (piles) ou d'échange d'information (radios). La chimie fabrique à son tour des molécules complexes capables de former des couples clé-serrure. Les organes artificiels (cœur, os) restent souvent de nature minérale, mais pourraient avoir une structure plus organique. Enfin, du fait de la domestication des animaux, la sélection artificielle a pris son essor et la fabrication d'un matériel génétique original n'est plus une utopie.

L'adaptation des modèles des sciences de la nature à des contextes variés est relativement aisée. D'une part, les modèles sont plus robustes à de petites variations des variables de commande et d'environnement. En particulier, les contre-réactions des entités visées par ces interventions sont rares : recul du fusil, adaptation des microbes. D'autre part, des savoirs pratiques (technologie spontanée, médecine traditionnelle) viennent s'ajouter et parfois se substituer au savoir théorique. Ces savoirs pratiques sont progressivement incorporés dans les modèles en fournissant des hypothèses empiriques. De plus, des systèmes experts simulent les experts eux-mêmes dans de nombreux domaines (reconnaissance de molécules chimiques, diagnostic médical automatique).

De ce point de vue, les sciences de la nature sont caractérisées par l'existence d'un fonctionnement normal des systèmes. Qu'il s'agisse d'un avion ou d'un organisme, il est maintenu si possible dans une zone bien précise de valeurs de ses variables. Il suffit de procéder par « analyse inverse » sur des modèles reconnus en recherchant les modes d'action susceptibles de réaliser cet objectif. Par rapport à ce fonctionnement normal se manifestent des pathologies plus ou moins handicapantes. L'avion subit des pannes et l'organisme, des défaillances qui mettent plus ou moins en cause leur existence future. À chacune de ces pathologies sont associées des mesures de prévention ou de guérison, plus ou moins drastiques. L'avion voit ses pièces entretenues et remplacées alors que l'organisme avale des médicaments ou subit des greffes. En tout état de cause, des sous-disciplines cliniques sont associées à toutes les disciplines principales.

Les prescriptions et les prescripteurs des sciences de la nature reçoivent en général un accueil favorable. D'une part, les inventions sont une source de mesures nouvelles qui viennent montrer la puissance croissante des techniques. L'ingénierie se voit appuyée par les succès des techniques récentes, la médecine, par les succès des remèdes de dernière génération. D'autre part, les actes d'expertise réalisés par les spécialistes techniques ou médicaux sont appréciés du fait de l'aide quotidienne qu'ils apportent. L'acte technique comme l'acte médical sont des actes reconnus en tant que tels avec une responsabilité afférente bien définie. Cependant, si la science est bien jugée d'après les prescriptions auxquelles elle conduit, cette relation a des limites analogues à celles observées en économie. On ne constate pas que les ingénieurs ont moins de pannes de voiture ou que les médecins vivent plus longtemps.

Pour lier les préoccupations opérationnelles des uns et des autres sont élaborés des modèles technico-économiques, spécifiquement des modèles climato-économiques. Ils comprennent de nombreuses variables exogènes (technologie, financement, démographie) et sont plus ou moins désagrégés du point de vue spatial et temporel. Plusieurs organismes proposent des modèles concurrents, mais un groupe d'experts commun se réunit dans le cadre du GIEC (IPCC) pour rechercher les zones de consensus sur leurs enseignements. Il n'empêche que ces modèles font l'objet de critiques virulentes liées à une ontologie qui est loin d'être axiologiquement neutre. Ils développent une vision présentiste qui efface le passé (oubli de la pollution passée des pays industrialisés), une vision physicaliste qui naturalise le présent (acceptation du présent comme situation de référence), une vision moyenniste qui globalise le futur (considération d'une forme identique de carbone partout, utilisation d'une température moyenne).

## SCIENCES SOCIALES

Les sciences sociales, hormis l'économie, ne font que des prévisions qualitatives sur un horizon indéterminé. Elles simulent des systèmes qui regroupent des individus hétérogènes et manifestent une forte dimension historique. Les lois afférentes du système reflètent tant les règles sociales que les comportements spontanés. Les variables d'environnement sont difficilement prévisibles et exercent des influences fortes dont la résultante est confuse. Les variables de commande, de nature tant matérielle qu'informationnelle, sont mal délimitées et disparates. Cette pratique ne fait que prolonger les prévisions catastrophiques ou féeriques véhiculées au XIX^e^ siècle par les modèles fictionnels de sociétés artificielles. Plus récemment, des modèles formels ont cependant permis d'engendrer des prévisions plus réalistes et plus précises, même en politologie ou en sociologie.

En sociologie, les anciennes utopies étaient friandes de prophéties sur l'avenir appliquées à des sociétés idéalement organisées. Il en est ainsi des visions idylliques de cohabitation entre les habitants des phalanstères de Proudhon. Plus récemment, les modèles se contentent de formuler des prévisions allant dans le sens des tendances qualitatives observées. Ils affirment que « les liens sociaux se distendent » ou que « les institutions intermédiaires se multiplient ». Mais des modèles quantitatifs sont peu à peu construits et donnent des indications plus précises sur les évolutions à venir. Ils proclament que « les suicides d'adolescents vont augmenter » dans des proportions qui sont précisées. Ils prévoient que « le nombre d'enfants hors mariage va repartir à la hausse » selon des taux affichés.

Les sciences sociales fournissent également des prescriptions très générales associées à des décideurs mal identifiés. Les lois du système concerné restent ambiguës et rien ne précise si elles sont réformables ou non. Les normes d'évaluation diffèrent d'un agent à l'autre et ne donnent guère naissance à des consensus. Les raisons des succès ou des échecs des mesures passées ne sont pas clairement identifiées et ne permettent pas d'engager un processus d'apprentissage. De plus, les prescriptions sont très dispersées selon les experts qui acceptent de les défendre. Elles ont longtemps pris la forme de doctrines, dont les conditions d'application étaient des plus floues, par exemple en ce qui concerne les libertés fondamentales. Mais elles deviennent plus opérationnelles dans des travaux récents qui portent sur des systèmes restreints soumis à une autorité claire, par exemple en ce qui concerne la protection de l'enfance.

En linguistique, il existe de nombreuses tentatives de modification volontariste des langues naturelles. Elles obéissent à des normes d'évaluation à composantes multiples : simplicité, expressivité, souplesse d'utilisation. Une réforme de l'orthographe et de la grammaire est régulièrement mise en œuvre dans un grand nombre de pays. Elle ne fait que légitimer des pratiques devenues courantes ou anticipe des pratiques potentielles. Elle exige que les locuteurs reprennent ces transformations à leur compte en s'abstenant d'en ajouter de nouvelles. Un langage peut même être construit de toutes pièces comme l'illustre l'espéranto ou le volapuk. Dans ce cas, une idée d'optimisation de la langue est présente, ou du moins l'idée de reprendre dans chaque langue existante les aspects les plus performants.

L'adaptation des modèles généraux des sciences sociales à un contexte d'application local est souvent délicate. Il existe un tel nombre de spécifications particulières à telle ou telle situation que tout précepte global semble hasardeux. Cependant, une connaissance purement locale d'un problème peut parfois suffire à en proposer des solutions viables, selon un raisonnement fort simple. Une difficulté récurrente provient de la faible robustesse de la plupart des modèles des sciences sociales. En particulier, toute mesure sociale engendre de la part des agents de fortes réactions ou contre-actions pour en limiter les effets. Elles naissent dès l'anticipation des mesures et sont plus vigoureuses encore après leur promulgation (manœuvres de détournement, comportements de fuite, révoltes frontales). De plus, il n'y a guère d'accord sur le fonctionnement normal d'un système sociopolitique. Du fait de la liberté et de l'hétérogénéité des acteurs, un système social est soumis à des fluctuations continuelles souvent conséquentes.

En politologie, de nombreux modèles décrivent des modalités souhaitables de gouvernance des acteurs. Ils procèdent à des prévisions qui s'appuient sur des expériences passées pour des systèmes déjà expérimentés ou sur des analogies pour des systèmes nouvellement conçus. Les modèles se situent à un niveau très général et comparent des régimes politiques comme la démocratie ou la dictature. Ils se situent à un niveau plus spécifique et comparent des modalités institutionnelles précises comme des procédures de vote. Une application typique concerne le pouvoir que l'on attribue à des entités ou plutôt le poids qu'on leur accorde dans les votes auxquels elles participent. Ce poids est exprimé par la valeur de Shapley, qui tient compte des coalitions gagnantes auxquelles peut se joindre l'entité considérée. Cette dernière a précisément été utilisée pour affecter un nombre de voix à chaque pays de l'Union européenne.

L'acte d'expertise est moins bien cerné et moins bien reconnu dans les sciences sociales que dans les sciences de la nature. N'importe qui peut se présenter comme un expert social et il n'encourt aucune sanction en cas d'échec de ses préconisations. Toutefois, ces experts sont souvent réticents à servir de conseillers, du moins de façon officielle. Les spécialistes des sciences sociales hors l'économie sont en effet très critiques vis-à-vis des pouvoirs en place. Ils considèrent que les institutions ont essentiellement un rôle coercitif sur les acteurs et souhaitent développer une connivence directe avec ceux-ci. Les économistes sont plus proches du pouvoir et parfois accusés de compromission à son égard. Ainsi, même les opposants au pouvoir en place considèrent que l'activité de conseil fait partie de leurs responsabilités.

En pratique, de nombreux problèmes demandent des compétences tant économiques qu'extra-économiques. Une vision caricaturale considère la dimension économique des problèmes comme essentielle et confère aux économistes une place prépondérante dans le traitement des problèmes. Les non-économistes se contentent de nuancer les jugements des économistes et d'étudier les conditions d'implémentation de leurs préconisations. Une vision plus constructive attribue des rôles moins dissymétriques aux différentes disciplines. L'économiste structure le problème selon des hypothèses très générales et met en musique le problème pour lui trouver une solution. Le non-économiste fournit des hypothèses suffisamment réalistes et complètes concernant la situation examinée et interprète les prescriptions qui en découlent. Cette complémentarité entre disciplines commence en particulier à se manifester dans l'aide au développement lorsqu'il s'agit d'intégrer les facteurs culturels.

CHAPITRE 6

# Fonction rhétorique

> « On voit maint modèle consacrer, par le prestige de ses calculs, des hypothèses initiales simplistes reçues sans mûr examen. »
>
> Jean-Paul BENZECRI.

Un modèle est un médium de transmission d'information ramassé et économe, qui assure une communication efficace du savoir. Par sa concision comme par sa précision, il favorise une *diffusion* rapide et fidèle des connaissances envers toutes les parties intéressées. C'est ainsi que les expressions formelles de la logique des marchés se répandent et entrent en concurrence avec l'expérience immédiate de ces mêmes marchés. Si le modèle reste en principe immuable au cours de sa pérégrination, le transmetteur est néanmoins amené à l'adapter à ses divers récepteurs. Pour ses promoteurs, il s'agit de « vendre le modèle » en mettant en avant ses messages essentiels, sans dénaturer son contenu ou déconstruire sa problématique. Aussi, la qualité recherchée du modèle réside-t-elle dans son *intelligibilité*, à savoir sa capacité à atteindre des publics variés tout en conservant sa pertinence originelle.

La *fonction rhétorique* du modèle s'incarne dans la conviction selon laquelle « connaître, c'est communiquer ». Elle repose sur le rapport pédagogique que le diffuseur du modèle est amené à insuffler et à entretenir auprès de ses auditeurs. Elle se traduit par un effort de vulgarisation pour faire saisir les caractéristiques apparentes comme les enjeux profonds du modèle. En effet, le modélisateur s'emploie à rendre son discours expressif tant vis-à-vis de ses collègues que des spécialistes des autres sciences sociales ou de l'opinion publique. Le problème central est celui de la *performativité* du modèle, à savoir sa capacité à imprégner en profondeur les structures mentales et les choix des acteurs. En effet, à rebours des modèles des sciences de la nature, les modèles économiques infléchissent les comportements des acteurs modélisés en relation avec la façon dont ils les décrivent.

## *Diffusion du modèle vers les milieux concernés*

Les modèles, une fois élaborés et reliés les uns aux autres, se diffusent vers divers types d'usagers, qui se les approprient et les utilisent à leur profit. Ils sont d'abord transférés et mis à la disposition des décideurs, une opération considérée dans le chapitre précédent. Ils sont ensuite mobilisés par les économistes eux-mêmes pour polariser leurs discussions internes ou leurs enseignements. Par ailleurs, ils sont exportés vers d'autres sciences sociales, non sans y susciter des réactions contrastées. Enfin, ils sont adressés au public par l'intermédiaire des médias et imprègnent les esprits plus ou moins profondément. Cependant, la diffusion des modèles vers des milieux foncièrement hétérogènes se heurte à des limites sévères de communication.

### MILIEU ACADÉMIQUE

La mémoire des économistes, telle qu'elle s'exprime dans les articles et les ouvrages, est de plus en plus profondément arrimée aux modèles. Toutes les revues ont vu le nombre d'articles consacrés à des développements formels augmenter drastiquement. Tous les articles sont ordonnés autour d'un modèle spécifique en vertu de l'adage « un article, un modèle ». Dans le classement des revues selon la qualité de leurs articles, celles d'inspiration théorique occupent les tout premiers rangs. Même la littérature grise est essentiellement occupée par des modèles dans un état plus ou moins avancé de leur développement. Enfin, les critères essentiels de sélection des articles de revues portent sur leur cohérence formelle et à un degré moindre sur leur validité empirique. Le critère d'originalité reste moins prisé, ce qui conduit à publier de nombreuses améliorations à la marge d'un même modèle de base.

La communication entre les économistes patentés, telle qu'elle opère dans les colloques, se focalise également sur des modèles. Ces modèles exacerbent le sentiment des économistes d'appartenir à une seule et même communauté. Les colloques concernent d'abord les trois grandes branches formelles de l'économie, la microéconomie, la macroéconomie et la théorie des jeux. Ils portent plus spécifiquement sur des sous-disciplines qui associent travaux formels et informels, qu'il s'agisse d'économies sectorielles (économie de la santé, économie des transports) ou thématiques (économie du travail, économie du développement). D'autres sous-disciplines concernent plus spécifiquement les méthodes formelles des modèles (économétrie, économie expérimentale). Seules échappent aux modèles des domaines comme l'histoire des faits économiques, l'histoire de la pensée économique ou encore la méthodologie économique.

La publication des articles pose le redoutable problème de la paternité des idées, qui fait l'objet d'enquêtes soigneuses. Si le pillage délibéré d'idées reste rare, chaque économiste reste persuadé que le modèle de l'autre n'est qu'un cas particulier du sien. En pratique, cette paternité se distribue entre celui qui a exprimé l'idée préalable sous forme littéraire, celui qui en a proposé une forme mathématique primitive, celui qui en a donné une forme quasi stabilisée. Ainsi, le modèle de négociation voit sa version standard décrite dans un article de Rubinstein qui fixe sa structure et montre l'unicité de sa solution. Mais une version brute existe déjà chez Stahl qui en suggère les traits essentiels, même s'il se limite à une séquence finie d'offres et de contre-offres. Quant à l'image de la négociation comme relevant du partage d'un gâteau, elle est évidemment encore plus ancienne.

Plus précisément, les institutions qui organisent le milieu académique sont structurées par les modèles. Les distinctions attribuées aux économistes sont souvent liées aux modèles dont ils ont été les promoteurs. Ces modèles deviennent des croyances collectives partagées et constituent le savoir de référence de la profession. Ainsi, la plupart des lauréats du prix Nobel ont proposé des modèles séminaux qui se sont imposés (Simon, Coase, Spence). Une exception notable concerne des penseurs dont les théories en sont restées à un stade de préformalisation et ont été formalisées par d'autres (Hayek, Coase). Une autre exception concerne les historiens (Vogel, North) ou les expérimentalistes (Smith, Kahneman). La distinction suprême est cependant de laisser son nom qui à un théorème (Coase, Arrow), qui à une loi (Phillips), qui à un modèle (Akerlof).

Par ailleurs, les modèles jouent un rôle décisif comme support pédagogique dans la transmission du savoir aux étudiants. Ils sont cependant complétés par des notations plus empiriques, monographies de secteurs ou expériences en laboratoire. Des historiettes mi-théoriques mi-empiriques, considérées comme particulièrement parlantes et représentatives, viennent enfin compléter le tableau. L'idée est de constituer un socle commun de connaissances qui puisse servir de base à une même culture. Ce socle est formé d'un petit nombre de modèles qui sont examinés sous toutes leurs facettes et illustrés par de nombreuses applications. À partir de ce socle, des spécialisations diverses sont possibles, dans des directions plus ou moins bien explorées. Chacune est cependant caractérisée par son propre lot de modèles, qui n'explicitent cette fois que des aspects privilégiés du savoir dans ce domaine.

De façon corollaire, les évaluations des étudiants sont très dépendantes de leur capacité à modéliser. Dès leur entrée à l'université, ils sont soumis à des épreuves de nature formelle servant de barrières à l'entrée. En effet, un niveau suffisant de mathématiques est imposé à titre de prérequis pour les filières les plus valorisées. Au cours de leurs études, ils sont jugés sur leurs capacités à comprendre et à manipuler les modèles qui leur sont proposés. La maîtrise des outils mathématiques joue le rôle des gammes en musique ou des figures imposées en arts plastiques. Au niveau du doctorat, ils sont catalogués selon des procédures de certification qui reposent beaucoup sur leur technicité. Si un étudiant montre qu'il est capable de réaliser un travail de modélisation de base, il est admis au club et peut ensuite se permettre de mener des travaux plus hétérodoxes.

S'ils peuvent être enseignés sous la forme standard véhiculée par l'article d'origine, les modèles apparaissent plus souvent sous une forme vulgarisée qui les rend plus aisément transmissibles. Cette forme vulgarisée procède à une idéalisation par rapport à la forme d'origine en sélectionnant les éléments les plus caractéristiques d'un système. Comme le modèle initial est lui-même une idéalisation, le modèle vulgarisé résulte ainsi d'une double idéalisation. Les modèles vulgarisés s'accompagnent d'une interprétation qui est elle aussi vulgarisée au sens où elle fournit une intuition certes parlante, mais que l'on sait illicite au sens strict. Cette interprétation peut s'appuyer sur des métaphores, à savoir des analogies à visée rhétorique. En revanche, les modèles vulgarisés n'ont plus un domaine d'application bien défini car ils sont réduits à des principes élémentaires.

Les modèles vulgarisés sont omniprésents dans les manuels, qui regroupent les connaissances académiques transmises. Ces manuels utilisent une gamme de schémas simples à base de courbes ou de graphes de causalité, qui permettent déjà d'illustrer nombre de mécanismes. Tous les économistes ont été imprégnés du modèle du *cobweb*, version élémentaire du modèle d'équilibre entre offre et demande sur le marché du porc. Il permet de simuler graphiquement un processus d'évolution des prix qui décrit, sous forme d'une toile d'araignée, le tâtonnement temporel vers l'équilibre. Tous les économistes ont été soumis au modèle du multiplicateur keynésien, version simple de l'effet de bouclage macroéconomique. Il permet de suivre, le long d'une boucle, les effets amplificateurs en chaîne sur les agrégats macroéconomiques d'un investissement exogène initial.

## AUTRES DISCIPLINES

L'économie exporte fort peu de concepts ou de mécanismes vers les mathématiques ou la logique. Deux exceptions récentes renvoient à un usage méta-scientifique de la théorie de la décision et des jeux. D'une part, la logique s'est emparée du formalisme des arbres de jeu pour donner une assise à divers problèmes de démonstration (Van Benthem). D'autre part, le calcul de probabilités s'est appuyé sur un jeu opposant l'expérimentateur à la nature pour mieux fonder le concept de probabilité (Shafer). De façon plus naturelle, les problèmes qui se sont posés aux économistes ont permis le développement d'outils formels adaptés. Ainsi, la théorie des jeux est devenue le cœur d'une branche originale des mathématiques qui sécrète ses propres théorèmes. De même, la théorie financière a conduit à des extensions importantes de la théorie des processus stochastiques.

En particulier, l'Intelligence artificielle s'est attaquée aux phénomènes sociaux en annexant la théorie des jeux comme son cadre naturel de formalisation. Elle endosse ses grands principes (rationalité, équilibre) sous une forme édulcorée en postulant à tort qu'ils sont parfaitement justifiés et validés par ailleurs. Elle ajoute deux dimensions supplémentaires qui ont été quelque peu négligées par l'économie. D'une part, elle s'intéresse à la complexité des problèmes formels à résoudre par le modélisateur, comme gage de l'efficacité de ses modèles. D'autre part, elle met l'accent sur la dynamique qui permet d'en inférer par un processus séquentiel des conséquences, par simulation plutôt que par résolution analytique. Elle a ainsi réussi à convaincre les utilisateurs qu'elle était plus réaliste et plus opérationnelle que la théorie des jeux classique. En fait, elle traite de problèmes tout aussi abstraits et ne fournit guère plus de réponses pratiques.

L'économie diffuse également ses modèles avec parcimonie vers les sciences tant physiques que biologiques. Il s'agit d'analogies très sommaires qui ne sauraient refléter un caractère intentionnel des entités concernées. En physique, des idées de minimisation d'une grandeur (énergie), réminiscentes de la rationalité, sont incluses dans les principes d'extrémalité (loi de Le Chatelier). En biologie, des considérations d'efficacité de certaines opérations réalisées par des organismes sont exprimées par des bilans coûts-bénéfices. En éthologie, des analyses de la spécialisation des tâches effectuées par des insectes sociaux sont menées à bien. Toujours en éthologie, des phénomènes de signalement, qui permettent aux animaux d'un certain type de se reconnaître lors de leurs interactions, sont évoqués.

Une percée notable concerne la récupération par les biologistes de la théorie des jeux pour rendre compte de l'évolution des espèces. Dès les origines, Darwin a reconnu sa dette intellectuelle envers Malthus, auteur d'une théorie dynamique des rapports entre la croissance d'une population et les ressources dont elle dispose. Ce n'est que par la suite que les économistes ont importé des principes évolutionnaires élaborés par les biologistes en assimilant l'utilité des uns à la valeur adaptative des autres. Finalement, les biologistes ont repris une notion d'équilibre issue de la théorie des jeux pour l'appliquer à une population de joueurs ayant des stratégies fixées. Une telle stratégie est dite « évolutionnairement stable » (Maynard Smith) lorsqu'elle survit à l'introduction dans la population d'une petite quantité d'une autre stratégie (mutante).

En revanche, l'économie exporte massivement ses objets conceptuels vers les autres sciences sociales. On parle d'impérialisme économique lorsque ces objets sont transférés sans examiner précisément leur potentiel d'adaptation au nouveau contexte. Un tel transfert peut être amorcé par des spécialistes de sciences sociales qui veulent profiter de l'aura dont dispose l'économie. Il peut être enclenché par des économistes qui rencontrent des incompréhensions dans leur discipline d'origine et se tournent vers celles où leur avantage relatif est encore évident. Le transfert peut simplement consister à préciser des intuitions déjà présentes dans la discipline d'accueil. Il peut conduire à proposer une explication nouvelle qui vient s'ajouter aux explications traditionnelles. Il peut enfin servir de catalyseur pour regrouper des idées d'origines variées sous une même bannière.

L'économie diffuse des concepts qui ont fait leurs preuves en économie et qui reçoivent des acceptions élargies pour les adapter à des champs nouveaux. Il en est ainsi du concept de bien qui recouvre des entités de plus en plus immatérielles et indivisibles. Il concerne successivement des objets physiques (casseroles, automobiles), des services (coiffure, prostitution), des objets symboliques (travail, monnaie) et des activités sociales (crime, mariage, culte). Ces biens font l'objet d'une offre et d'une demande et se négocient éventuellement sur des marchés. Il en est de même du concept de capital qui recouvre des caractéristiques de moins en moins physiques. On passe ainsi du capital matériel (équipement) au capital immatériel (savoir-faire), au capital symbolique (réputation) et au capital social (réseau relationnel). Ce capital est incorporé dans les agents, grossit par des investissements successifs et devient obsolescent au fur et à mesure de son utilisation.

L'économie diffuse également des mécanismes qui ont été éprouvés et se trouvent dûment généralisés. Ainsi, la notion d'oligopole est mobilisée en sociologie pour exprimer que des acteurs en petit nombre s'efforcent de coordonner leurs actions dans un cadre institutionnel fixé. De même, la notion d'information asymétrique est utilisée dans les disciplines juridiques pour monter comment les parties prenantes à un procès s'adaptent les unes aux autres. Enfin, la notion de signalement est adoptée par la linguistique pour montrer comment le récepteur d'un message décode les intentions de l'émetteur. De façon plus lointaine, le modèle rationnel de comportement est adapté (Kolm) tant à la psychanalyse (selves multiples d'un individu) qu'au bouddhisme (minimisation de la souffrance). De même, les modèles de coalition sont appliqués en politologie aux groupes sociaux comme aux États. Enfin, les modèles d'échanges avec externalités et rendements croissants sont appliqués en géographie pour rendre compte de l'apparition des agglomérations.

L'économie exporte aussi quelques outils de recueil et de traitement des données, même s'ils ne sont pas spécifiques à la discipline. Ainsi, les méthodes visant à définir des échelles et des protocoles de mesure de variables difficilement quantifiables sont mises en œuvre en histoire ou en anthropologie. Surtout, les techniques statistiques de l'économétrie se sont révélées aisément transposables et peuvent être identifiées à celles de la sociométrie ou de la cliométrie. Enfin, la méthode logiciste développée en archéologie pour articuler ses propositions n'est pas étrangère à la méthode de structuration des modèles en économie. En revanche, peu d'outils d'aide à la décision sont transférés de l'économie vers les autres sciences sociales. En effet, celles-ci sont réticentes à l'utilisation de certains moyens (marchés visant à internaliser les externalités) et sont peu convaincues de l'existence de critères universels d'évaluation des états sociaux.

## OPINION PUBLIQUE

Les agents économiques possèdent une *connaissance populaire* (ou *vulgaire*) du système économique (*folk economics*). Elle se forme et évolue spontanément en fonction de leur expérience personnelle comme des conversations avec d'autres acteurs. Elle a pour objet les phénomènes économiques tels qu'ils sont spontanément interprétés et exprimés par les acteurs. Elle se matérialise sous forme de cartes mentales qui traduisent en schémas les principaux concepts et mécanismes que les agents maîtrisent. Ces cartes mentales expriment d'abord l'ontologie du système économique, centrée autour de l'agent considéré. Elles incorporent de plus les lois qui sont censées régir le système, lois qui s'avèrent éminemment locales. Bien entendu, cette connaissance populaire est très dépendante du degré d'expertise acquis par l'acteur.

En particulier, la connaissance populaire s'exprime à travers une série de maximes que chaque acteur endosse plus ou moins. De nature descriptive, elles transcrivent des régularités ou des contraintes observées dans le fonctionnement du système. Ainsi, « lorsque le bâtiment va, tout va » traduit l'existence d'une corrélation des activités entre secteurs économiques. De même, « on ne peut avoir le beurre et l'argent du beurre » reflète une contrainte comptable dans les échanges. De nature normative, ces maximes énoncent des règles d'action qui se sont avérées plus ou moins efficaces dans le passé. Ainsi, « il ne faut pas mettre tous ses œufs dans le même panier » traduit la nécessité de diversifier ses achats pour faire face à l'incertitude. De même, « il vaut mieux être riche et bien portant que pauvre et malade » n'est qu'une application à des critères multiples du principe de Pareto. Enfin, « un tiens vaut mieux que deux tu l'auras » reflète très précisément l'existence d'un taux d'actualisation de 100 % (sur une période implicite).

Par ailleurs, les agents économiques bénéficient d'une *connaissance savante* du système économique. De nature académique, elle est transmise par les enseignements et les médias, qui s'appuient sur des modèles formels, des expériences systématiques et des données statistiques. Elle est progressivement appropriée si elle s'avère assimilable compte tenu de leurs cadres de pensée préalables. Elle a pour objet les phénomènes économiques tels qu'ils sont conceptualisés par les économistes professionnels. Elle se heurte donc d'emblée à des idées reçues, dans la mesure où elle vise à transformer la complexité externe en une simplicité interne. La connaissance savante fait l'objet d'une demande variable de la part des agents, selon leurs besoins tant intellectuels que pratiques. Son offre est plus réduite dans la mesure où les économistes cherchent à conserver une exclusivité du savoir pour éviter sa remise en cause perpétuelle.

Ainsi, les agents adoptent nombre de concepts liés à l'ontologie de la discipline, qui diffusent peu à peu dans le domaine courant. On peut citer la notion générale de coût, qui se décline sous des formes plus ou moins sophistiquées, du coût marginal au coût d'opportunité, du coût d'échange au coût de transaction. On peut considérer la notion plus précise de profit (à court ou long terme) ou celle plus subtile de valeur ajoutée (dans une transformation). Plus classiquement, les taxonomies officielles des biens ou des qualifications, certes conventionnelles pour les statisticiens, sont endossées et réifiées par les agents. Enfin, les principaux concepts macroéconomiques (niveau des prix, chômage, production nationale) sont assimilés sous une forme plus ou moins fidèle à leur définition (distinction floue entre emploi et chômage).

De même, l'agent engrange des mécanismes sous forme de modèles ou d'éléments issus de modèles (graphiques, schémas). Ils s'accompagnent de commentaires et d'illustrations symboliques qui favorisent leur assimilation. On pense à la notion de rendements croissants ou décroissants, à l'origine de la parabole du voyageur de Calais. On pense aussi à la notion d'externalité négative ou positive, à l'origine de la parabole du passager clandestin (*free rider*). Cependant, les modèles servent surtout à faire comprendre les mécanismes locaux qui engendrent les phénomènes élémentaires. Il s'agit par exemple du mécanisme de la concurrence imparfaite, illustré par le modèle du monopole ou de l'oligopole. Il s'agit aussi des bulles spéculatives, qui résultent de mécanismes plus subtils explorés par les modèles.

Enfin, l'agent adopte des cadres d'analyse ou des prévisions qui ont été élaborés par le modélisateur à des fins opératoires. Il en est ainsi du raisonnement comptable prospectif, sur des grandeurs physiques ou monétaires, qui imprègne l'ensemble de la société. Il en est de même des tendances anticipées par la prévision publique qui viennent façonner sa vision du futur. Par ailleurs, l'agent endosse des principes d'action ou des prescriptions qui sont proposés par le modélisateur pour guider les décisions. Ainsi, le principe pollueur-payeur est devenu populaire comme moyen d'internaliser les externalités environnementales s'il donne naissance à des contrats. De même, la doctrine visant à favoriser les investissements les plus flexibles lorsqu'une information nouvelle est attendue est désormais bien ancrée. Enfin, l'agent peut endosser des principes normatifs plus profonds qui façonnent à long terme son comportement. Ainsi, la prégnance du modèle rationnel peut simplement l'inciter à rechercher son intérêt maximal et à exploiter toutes les sources de profit dont il a connaissance.

Une boucle peut dès lors s'instaurer entre la connaissance savante et la connaissance populaire, au niveau individuel comme au niveau social. Mais leur dialogue est compliqué par le fait qu'elles utilisent souvent un même vocabulaire dans des sens différents. D'une part, la connaissance savante structure et précise la connaissance populaire sur certains points. En effet, si l'agent en sait plus que le modélisateur sur son environnement local, il en sait moins sur les mécanismes globaux. D'autre part, la connaissance savante étend et peut même s'opposer à la connaissance populaire. En effet, il arrive que l'agent ne se reconnaisse pas vraiment dans l'image que le modélisateur donne de son comportement et de son environnement. À long terme, la connaissance savante s'est progressivement émancipée de la connaissance populaire (Bachelard). Mais elle tente en même temps de l'épurer, de la structurer, voire de la corriger avant d'assimiler ses assertions. Au total, la connaissance savante apparaît tantôt banale, tantôt absconse au regard de la connaissance populaire.

Certains modèles théoriques peuvent venir contredire durablement des croyances de sens commun. Ainsi, le modèle de concurrence parfaite sur un marché indique qu'il n'existe en aucun cas de « prix naturel » d'un bien (lié par exemple au travail incorporé). En effet, le prix y résulte exclusivement de l'équilibre de l'offre (liée à son coût) et de la demande (liée à son utilité). De même, dans un système social mû par des interactions stratégiques, la valeur de l'information peut être négative. Toute information (vraie) injectée dans ce système peut être nuisible à certains de ses acteurs et même à tous. Enfin, le théorème d'Arrow indique que la notion d'intérêt collectif est difficile à construire sur des bases purement individualistes. Les préférences individuelles ne peuvent être agrégées en une préférence collective, même sous des axiomes jugés intuitifs.

### LIMITES DE COMMUNICATION

La transmission de l'information économique de l'économiste vers les autres acteurs subit des perturbations en série. Celles-ci affectent tant le contenu et l'interprétation des messages émis que la variété et l'étendue de leur diffusion. Une première raison provient de la nécessité pour l'émetteur et le récepteur de disposer de codes mutuellement reconnus pour déchiffrer l'information. En pratique, l'émetteur s'appuie sur un langage technique qu'il maîtrise parfaitement et qui vient se heurter au langage banalisé des récepteurs. Une seconde raison provient de l'aspect stratégique pour l'émetteur comme pour le récepteur de tout échange d'information. En pratique, le message diffusé par l'émetteur peut être retenu, déformé ou brouillé volontairement par lui par crainte que le récepteur ne l'utilise à son détriment.

Dans les échanges entre les économistes, la communication est très fluide, seulement saturée par la démultiplication incessante des publications. Ces échanges sont cependant rendus plus difficiles par les types de chercheurs qui coexistent sur un domaine. On distingue d'une part les formalistes qui démontrent des théorèmes nouveaux et les interprétateurs qui donnent sens aux modèles de base. On distingue d'autre part les théoriciens qui mettent en forme des idées originales et les empiristes qui suggèrent ou testent ces idées. Les échanges sont également déformés par la volonté des chercheurs de se mettre en avant par rapport à leurs collègues. Dans les introductions des articles, les auteurs présentent leurs idées comme bien plus originales qu'elles ne le sont réellement et affirment qu'ils démontrent des résultats bien plus puissants qu'ils ne le sont en fait.

Dans le dialogue avec les autres sciences sociales, la communication est plus balbutiante et soumise aux aléas des rencontres. Elle est là encore contrainte par l'opposition entre des styles disciplinaires qui restent fortement ancrés dans les discours. Les économistes affichent ostensiblement leurs penchants formels et exhibent une belle assurance quant à l'unité de leur savoir. Les sociologues insistent sur le réalisme empirique de leurs travaux tout en reconnaissant l'infinie diversité de leurs théories. Les historiens affichent un profil bas quant au statut scientifique de leurs récits, mais restent persuadés de la fécondité de leur méthode. De plus, les idées sont empruntées et exploitées avec moins de scrupules d'une discipline à l'autre qu'au sein d'une discipline. Les économistes respectent et identifient les idées de leurs collègues économistes, mais ils pensent que celles des autres sciences sociales font partie d'un patrimoine commun dans lequel ils peuvent puiser librement.

Dans la vulgarisation auprès de l'opinion, la communication est médiatisée par de nombreux intermédiaires et met en jeu des aspects rhétoriques. Dans un sens, le modélisateur utilise des arguments d'autorité en plaçant ses assertions sous la houlette d'auteurs qualifiés d'« incontestables ». Il mobilise des arguments d'esquive en répondant par avance à toutes les critiques qu'il juge préjudiciables. Il introduit enfin des arguments de contraste en mettant en avant les résultats positifs obtenus et en masquant les échecs pourtant tout aussi instructifs. En sens inverse, l'usager est l'auteur d'un contresens quand il attribue à un savoir une interprétation qui n'est pas soutenable. Il procède à un procès d'intention quand il suggère des interprétations qui ne sont pas envisagées par l'auteur au départ. Il subit un effet de mode quand il focalise son attention sur des thèmes à l'ordre du jour aux dépens d'autres thèmes tout aussi légitimes et aussi pressants.

En tout état de cause, la science économique induit des réactions contrastées de fascination-répulsion auprès de ses interlocuteurs. Ces manifestations s'observent aussi bien auprès des étudiants, des spécialistes d'autres sciences sociales qu'auprès du public. En effet, ceux qui ne se désintéressent pas de l'économie sont souvent divisés en deux groupes, l'un véritablement séduit par l'économie et l'autre violemment hostile. Les positions plus nuancées sont bien plus rares, les acteurs ayant pour la plupart un compte (positif ou négatif) à régler avec la discipline. Les populations concernées justifient leurs positions respectives en mobilisant souvent des arguments parfaitement symétriques. Si ces arguments s'adressent au contenu de la théorie économique, ils sont encore renforcés quand ils s'adressent au rôle joué par les modèles.

La fascination de l'économie repose sur trois affirmations indéfiniment reprises par les commentateurs. L'économie est expressive en ce qu'elle énonce ses propositions sous une forme simple, concise et souvent imagée. L'économie est accessible en ce qu'elle traite de problèmes que les agents ont effectivement à affronter dans leurs actes usuels. L'économie est carrée en ce qu'elle prend des positions multiples, mais fermes, qui sont sujettes à des débats articulés. Le raisonnement sous forme de modèles oblige bien évidemment à décanter les idées et à les exprimer sous une forme épurée. Mais, une fois l'opération effectuée, les idées mises en avant peuvent être exprimées à nouveau en langage littéraire. C'est dire que la modélisation est un exercice qui impose une rigueur et une précision dont on espère qu'elle laisse des traces dans le discours ultérieur.

La répulsion envers l'économie s'articule *a contrario* autour de trois jugements régulièrement assénés par les critiques. L'économie est absconse en ce qu'elle repose sur une schématisation qui n'apporte que peu de valeur ajoutée au discours. L'économie est abstraite en ce qu'elle décrit une organisation fictive et éthérée très éloignée des réalités quotidiennes. L'économie est abrupte en ce qu'elle déploie une pensée monolithique et dominante qui n'est guère l'objet de remises en cause. Là encore, le raisonnement sous forme de modèles oblige à faire entrer les idées les plus nuancées dans un moule formel. Dès qu'une telle caricature s'est imposée, il devient difficile de revenir à des conceptions plus réalistes. C'est dire que la modélisation est une exigence qui impose une réduction et une approximation qu'il est difficile de compenser dans le langage courant.

Cette répulsion se manifeste en particulier par une énergique volonté de réforme de la part de diverses catégories d'usagers. C'est ainsi qu'un groupe d'étudiants a bruyamment manifesté son refus d'une économie néoclassique, censée exprimer une pensée unique à tendance impérialiste. Il a lancé un mouvement anti-autiste qui fédère les efforts en vue d'une économie plus réaliste et plus pragmatique (2003). Les autres sciences sociales ont fustigé l'économie qui prend des distances jugées invraisemblables avec l'empirie tout en conservant l'oreille des décideurs. Elles appellent de leurs vœux un rééquilibrage des sciences sociales qui permette une analyse comparative plus rigoureuse. Le public exprime souvent un malaise envers l'économie, accusée d'irréalisme et d'inefficacité pour résoudre les problèmes sociaux. Elle plébiscite des ouvrages d'anti-économie, supposés aborder les problèmes avec plus de pertinence et de transparence.

## *Problème de la performativité*

Le concept de performativité traduit l'influence exercée par les représentations savantes de l'économie sur les croyances internes des agents, leurs comportements et les phénomènes collectifs. Lors de sa diffusion à travers le réseau des agents, tout modèle exerce un impact tant à travers sa forme, son contenu que son interprétation. Selon qu'il exerce son influence au niveau des principes théoriques ou des simulations numériques, on parle de performativité structurelle ou de performativité factuelle. Selon que ses effets sont considérés sur les seuls acteurs ou sur le système dans sa globalité, on parle de performativité actoriale ou de performativité systémique. On peut enfin définir des degrés de performativité des modèles, ce qui conduit à distinguer des modèles sur-performatifs et sous-performatifs.

### NATURE DE LA PERFORMATIVITÉ

Tout modèle académique est diffusé auprès d'acteurs qui vont en être imprégnés avant de les retransmettre à leur tour. À l'image d'un conte pour enfants (Sperber), cette transmission en chaîne porte sur des versions successives et possiblement différentes du modèle. Le modèle se comporte ainsi comme un « mème » (au sens de Dawkins) qui se diffuse dans le milieu social par un phénomène de contagion. Dans ce processus, deux opérations inverses conduisent à des incarnations successives de l'objet abstrait. Le modèle mental qui est prégnant dans la tête d'un agent est transformé en une croyance inscrite sur un support matériel et qui possède un caractère collectif. La croyance ainsi matérialisée est diffusée dans l'environnement et se voit endossée par un agent qui la transforme en retour en un état mental fondamentalement individuel.

Cette transmission du modèle opère selon des circuits complexes qui conditionnent l'impact qu'il produit. Elle est sujette à des aléas divers, ne serait-ce que les aléas des rencontres et des échanges entre acteurs. Elle peut être purement arborescente et donner naissance à des versions diverses de plus en plus déformées du même modèle. Elle peut prendre la forme d'un réseau, un même acteur voyant le même modèle initial lui revenir avec quelques variations. Cette transmission du modèle est aussi soumise à des filtres cognitifs ou sociaux liés tant à l'éducation qu'à la culture des acteurs. L'efficacité de la transmission dépend d'une part de la source du message, perçue comme plus ou moins autorisée et fiable. Elle dépend d'autre part de la nature du message transmis, dans ses trois dimensions essentielles.

Le modèle agit d'abord à travers sa structure syntaxique, qu'elle soit mathématique ou seulement graphique. En effet, la rigueur et la précision du formalisme usuel donnent l'illusion d'une réalité facilement mise à nu. Le langage mathématique est particulièrement adapté à des acteurs dotés d'une solide formation scientifique. Ils transmettent les modèles de façon fidèle, toute transcription incorrecte étant facilement détectée. Cependant, ils ont tendance à assimiler les explications que ce langage véhicule sans trop exercer leur esprit critique. Le langage mathématique reste plus difficile d'accès pour des acteurs dotés d'une formation plus littéraire. Ils transmettent les modèles en déformant certains éléments dans la mesure où la syntaxe ne joue plus son rôle autorectifiant. Mais ils manifestent un réflexe bienvenu de méfiance par rapport à un discours qu'ils jugent « trop beau pour être vrai ».

Ainsi, le modèle du marché du porc met en scène un équilibre partiel entre une offre et une demande. Il est formé de quatre équations qui relient quatre variables endogènes et des variables exogènes éventuelles. La demande dépend du prix actuel et d'autres facteurs alors que l'offre dépend du prix anticipé et d'autres facteurs. Une troisième équation lie le prix anticipé par l'offreur au dernier prix observé (anticipation adaptative), et la dernière traduit l'égalisation de l'offre et de la demande. Le modèle met en évidence le fait que le système est propulsé à la fois par l'inertie du passé et par les anticipations du futur. Il privilégie une forme bien particulière d'anticipations, les anticipations adaptatives et même myopes, qui traduisent une rationalité cognitive limitée de l'offreur. Le prix d'équilibre instantané qui en découle décrit un cycle que l'on peut observer empiriquement et qui peut converger vers un prix d'équilibre à long terme.

Le modèle agit ensuite à travers son contenu sémantique, à savoir l'extension de son domaine de validité tel qu'il est délimité par chaque acteur. Concrètement, chaque acteur attribue au modèle un degré d'adhésion global, qui peut se décomposer selon les divers éléments du modèle. Ce degré d'adhésion est fonction de la crédibilité de sa source et de la force de son contenu, appréciées en fonction de connaissances préalables. Elle décroît généralement le long de toute trajectoire de diffusion du modèle, des usagers directs aux usagers les plus lointains. Cependant, le fait pour un acteur d'apprendre le modèle auprès de différentes sources et sous divers angles peut augmenter son adhésion. De même, le fait pour un modèle d'être souvent réactivé par de nouvelles informations le remet en selle alors qu'un modèle qui n'est jamais réactivé perd toute crédibilité.

Ainsi, le modèle d'Akerlof décrit un marché de voitures d'occasion qui manifeste une asymétrie d'information entre les acteurs. En effet, les voitures échangées peuvent être de bonne ou de mauvaise qualité avec une certaine probabilité. Les vendeurs connaissent la qualité de leur voiture alors que les acheteurs potentiels ne la connaissent pas. Il peut en résulter une impossibilité de transaction pour tout prix affiché si les propriétaires de bonnes voitures refusent de vendre ou si les acheteurs refusent d'acheter. Ce n'est qu'en imposant des garanties de qualité sur les voitures qu'on peut rétablir les conditions usuelles de marché. Sous la dénomination anglaise de *market for lemons*, ce modèle jouit d'une forte popularité car il est particulièrement simple dans sa structure. De plus, la situation d'information asymétrique qu'il met en exergue fait l'objet d'une expérience quotidienne.

Le modèle agit enfin par son interprétation, à savoir le sens attribué par son récipiendaire à ses variables comme à ses relations. Un modèle dont l'interprétation est obscure ou même ambiguë est transmis de façon peu efficace et s'oublie assez vite. L'interprétation peut être explicite et diffusée avec l'énoncé du modèle, toutefois sous une forme plus littéraire. Elle peut rester implicite et provoquer des émotions qui ne sont pas explicitées, même si elles affleurent parfois dans le discours. Lorsqu'un modèle a des interprétations multiples, certaines vont se renforcer et d'autres vont se dissoudre lors de sa transmission. Le même modèle peut d'ailleurs recevoir une interprétation dominante différente selon le cercle où il est évoqué. On peut considérer qu'il s'est dédoublé en ce qu'il donne lieu à des lectures informelles manifestement distinctes.

Ainsi, le modèle de la tragédie des communs met en scène des éleveurs qui font paître un nombre faible ou élevé de moutons dans un pré communal. À l'équilibre, chacun fait paître un nombre élevé de moutons, car cette action est dominante pour lui. À l'optimum, chacun fait paître un nombre faible de moutons, pour ne pas épuiser la ressource herbeuse. On a ici une illustration du dilemme du prisonnier, l'équilibre étant Pareto-dominé par l'optimum. L'utilisation du cadre formel de la théorie des jeux donne indéniablement au contenu du modèle une force argumentative supplémentaire. L'interprétation du modèle est frappante car elle oppose l'intérêt individuel à l'œuvre dans l'équilibre à l'intérêt collectif à l'œuvre dans l'optimum. De plus, cette interprétation suggère que le problème ne peut être résolu qu'en changeant volontairement certains éléments du jeu (préférences, actions possibles) par une intervention extérieure.

## PERFORMATIVITÉ STRUCTURELLE OU PERFORMATIVITÉ FACTUELLE

Une première typologie considère la nature des caractéristiques du modèle qui exercent une influence sur les acteurs. La *performativité structurelle* concerne les principes de base du modèle qui exercent une influence à long terme sur les structures mentales des acteurs. Il s'agit d'un concept, d'une relation ou plus ambitieusement de la structure d'ensemble du modèle. La *performativité factuelle* concerne les éléments conjoncturels du modèle qui orientent à court terme les acteurs dans leurs décisions économiques. Il s'agit de la valeur instantanée d'une variable exogène, de la trajectoire calculée pour une variable endogène, ou encore d'un scénario global engendré par le modèle. Ces deux types de performativité sont complémentaires et s'exercent en fait pour n'importe quel modèle diffusé par une instance reconnue, qu'elle soit académique ou non.

La performativité structurelle est caractérisée par la révision du modèle de l'acteur sous l'influence du modèle du modélisateur qui décrit des phénomènes desquels il est partie prenante. L'acteur peut se contenter de modifier son propre modèle à la marge en fonction du message ainsi reçu. Il peut endosser en totalité le modèle proposé s'il le juge pertinent et l'articuler avec son propre modèle. En pratique, le seul fait de dénommer certains phénomènes économiques amène les acteurs à leur apporter plus d'attention. On a affaire au *looping effect* (Hacking), qui veut que la simple désignation d'un phénomène le rende plus saillant. Cet effet s'applique à un concept théorique et plus profondément encore aux nomenclatures assises sur ce concept. Il s'applique à une loi empirique et plus profondément encore aux mécanismes qui la sous-tendent.

Ainsi, l'apparition au XIX^e^ siècle du concept de chômage, suivie plus tard de sa mesure, a révélé le phénomène de nonemploi comme un phénomène singulier. De même, le découpage statistique des individus en catégories socioprofessionnelles a consacré leur division en classes particulières. Enfin, les phénomènes de hasard moral et de sélection adverse, issus des modèles d'assurances, ont permis de différencier ces deux formes d'incertitude. Par ailleurs, l'introduction dans les modèles du personnage du *free rider* (traduit par franc-tireur, resquilleur ou passager clandestin) a focalisé l'attention sur ce comportement asocial. De même, la mise en évidence du mécanisme de *lock in* (verrouillage technologique) a consacré la possibilité pour des trajectoires technologiques de finir dans des impasses. Plus récemment, le phénomène des bulles spéculatives, dûment modélisé, a reçu une onction publique par le seul fait de lui donner une dénomination imagée.

La performativité factuelle concerne le fait que chaque acteur réagit à des informations et à des prévisions données par un modèle qui décrit l'environnement économique dans lequel il se situe. Si le modèle bénéficie d'une forte adhésion de sa part, il répond de façon spontanée aux prévisions qui en découlent. Si le modèle est traité avec plus de circonspection, il se contente de prendre en compte certains de ses enseignements. En particulier, les indicateurs qui ont pour objet de mesurer la performance de certaines activités d'un agent ont un effet indéniable sur cette activité. En effet, cet agent cherche à satisfaire à ces indicateurs quantitatifs plutôt qu'aux finalités qualitatives sous-jacentes. L'influence peut s'exercer à travers les critères d'évaluation eux-mêmes qui privilégient certaines directions de l'action. Elle s'exerce surtout à travers les valeurs prises par les indicateurs qui constituent des bornes inférieures de l'effort attendu.

Ainsi, si le salarié d'une entreprise n'est jugé que sur la conformité de sa tâche à un plan de production, il est amené à négliger d'autres objectifs comme sa contribution à la sécurité. Si un dirigeant de firme est apprécié sur sa seule popularité, il en vient à développer des actions de court terme au détriment des politiques à long terme. Si une entreprise n'est évaluée par ses actionnaires que sur son seul profit financier, elle tend à sous-estimer tous les facteurs qui n'ont pas un impact direct ou indirect sur ce profit. Si un syndicat n'est reconnu qu'en fonction du nombre d'adhérents qu'il revendique, il est conduit à négliger sa vocation de partenaire social. Si une économie n'est estimée que sur son taux de croissance, elle est encline à favoriser l'activité productive immédiate au détriment de son développement ultérieur.

C'est à l'articulation des deux formes de performativité qu'intervient l'idéologie, conçue comme distorsion volontaire des croyances pour inciter à l'action. Une croyance idéologisée s'insinue dans les lacunes d'une croyance savante pour lui insuffler un caractère normatif. Elle s'en démarque toutefois, même insensiblement, sur toutes les fonctions assignées aux modèles. Elle présente une vision globale et cohérente des choses, mais cette vision reste littéraire et masque certaines articulations lâches. Elle développe un contenu explicatif très évocateur, mais elle s'abstient de tirer toutes les conséquences de ses assertions. Elle affiche une vision volontairement simplifiée des choses, mais son évaluation empirique reste toujours sommaire. Elle évolue en fonction des informations nouvelles, mais présente néanmoins une grande inertie et un réflexe de défense. Elle est mobilisée pour orienter l'action, mais cherche surtout à influencer les acteurs de façon inconsciente.

L'idéologie vient d'abord se lover dans les ambiguïtés des concepts introduits dans les modèles. Elle affleure dans les conventions qui les définissent, mais aussi dans le vocabulaire dont ils sont affublés. En microéconomie, l'existence d'un équilibre évoque spontanément une situation stable et même bénéfique, alors même qu'un équilibre peut être catastrophique. Plus profondément, le « déséquilibre de l'emploi » s'est progressivement mué dans le discours politique en « équilibre de sous-emploi », non sans la complicité des économistes. En macroéconomie, le PIB est devenu le symbole du bien-être d'une économie, même si les économistes s'en tiennent strictement à son interprétation comme niveau d'activité d'une économie. De même, l'indice des prix caractérise la dérive moyenne des prix et n'est pas relié directement au pouvoir d'achat des ménages.

L'idéologie vient aussi se glisser dans les interstices libres des relations constituantes des modèles. Elle se manifeste dans les mécanismes explicatifs qu'ils décrivent, mais aussi dans les interprétations auxquelles ils conduisent. En microéconomie, les préférences des agents sont couramment interprétées comme égoïstes alors que rien ne s'oppose à les analyser comme altruistes. De même, les fonctions de production sont abusivement présentées comme techniques alors qu'elles incorporent des facteurs humains (absentéisme, grèves). En macroéconomie, le fait de travailler sur un agent représentatif permet un raisonnement en moyenne, mais gomme toutes les disparités entre les agents (Kirman). De même, le fait de traiter l'économie comme un milieu homogène masque les rapports de domination qui peuvent exister entre les classes sociales (Marx).

## PERFORMATIVITÉ ACTORIALE OU PERFORMATIVITÉ SYSTÉMIQUE

Une seconde typologie considère les effets séquentiels qu'exerce le modèle initial sur le fonctionnement du système examiné. La *performativité actoriale* examine seulement l'impact direct du modèle sur les croyances des agents et sur les comportements induits. Les acteurs internalisent plus ou moins profondément le modèle et modifient leurs actions en conséquence. La *performativité systémique* étudie l'impact plus lointain du modèle sur les caractéristiques collectives du système et l'influence que celles-ci exercent en retour sur les acteurs. Les actions des acteurs conduisent à élaborer des dispositifs techniques et institutionnels qui modifient leur environnement commun et infléchissent leur comportement. Ces deux modes de performativité agissent séquentiellement, et peuvent conduire au bout du compte à réviser le modèle du modélisateur lui-même.

La performativité actoriale est à l'œuvre dès lors qu'un acteur se trouve sensibilisé par un modèle savant. L'adhésion au modèle est forte pour les concepteurs du modèle, bien qu'un scepticisme bien tempéré reste de rigueur. Elle baisse au niveau des utilisateurs directs du modèle, ceux-ci s'estimant moins compétents et moins impliqués. Elle peut à nouveau s'accroître, au-delà même de l'adhésion initiale, au niveau des utilisateurs différés qui n'en perçoivent plus les limites. L'adhésion au modèle est d'autant plus importante que les messages transmis sont simples, généraux et robustes. Elle est accentuée par des phénomènes de mimétisme qui se produisent entre les récepteurs du modèle. Elle est freinée par l'absence de familiarité des destinataires du modèle avec les mécanismes décrits.

Du point de vue structurel, les modèles microéconomiques sont sans doute capables d'infléchir les comportements des agents à long terme. Ainsi, la diffusion insistante du modèle de l'*Homo oeconomicus* peut amener à doter les acteurs d'une rationalité de plus en plus étroite (égoïste, matérielle). De même, la diffusion répétitive du modèle de marché peut rendre les rapports entre les acteurs de plus en plus exclusivement marchands (éphémères, vénaux). Du point de vue factuel, les modèles macroéconomiques exercent un impact direct sur les comportements à court terme. Si les prévisions des grands agrégats apparaissent favorables, elles seront acceptées et suivies par les acteurs dans leurs choix. Si elles semblent catastrophiques, elles seront traitées avec plus de méfiance et peuvent inciter les agents à contrarier les tendances annoncées.

La performativité systémique intervient dès lors que certains acteurs s'appuient sur les modèles pour concevoir et mettre en place des savoir-faire. D'une part, ils construisent des dispositifs techniques originaux qui s'appuient sur les enseignements des modèles. Il en est ainsi de toutes les méthodes d'aide à la décision qui sont inspirées des modèles de marché. D'autre part, ils imaginent des dispositifs institutionnels qui reposent directement sur les propriétés des modèles. Il en est ainsi de tous les marchés qui sont créés de toutes pièces en s'inspirant encore des modèles de marché. Ces artefacts ont des effets sur les acteurs sans que ceux-ci ne soient forcément conscients de leur origine intellectuelle. Ils sont souvent incontournables pour des acteurs qui souhaitent exercer une réelle action économique.

Du point de vue structurel, la performativité des méthodes de prévision des prix des actifs financiers est considérable. D'évidence, les méthodes chartistes de prévision, qui s'appuient sur l'observation de régularités des prix passés, ont un impact sur les prix futurs lorsqu'elles sont mobilisées par de nombreux spéculateurs. De même, la formule de Black et Scholes, considérée comme la manière correcte de fixer les prix des options, force les prix du marché à s'y conformer (Lazéar). Du point de vue factuel, la performativité des méthodes de sondage d'opinion est tout aussi manifeste. Tout sondage affiché auprès de la population concernée peut affecter en retour les opinions des acteurs interrogés. Sachant que certains acteurs veulent suivre la majorité (*bandwagon effect*) et d'autres s'en éloigner (*underdog effect*), l'état de l'opinion apparaît comme la résultante de ces deux effets (Simon).

L'acceptation par les acteurs d'un élément cognitif issu d'un modèle peut renforcer ou atténuer ce que cet élément affirme. On parle d'un savoir *contra-réalisateur* si sa prise en compte par les acteurs éloigne sa réalisation. On parle d'un savoir *pro-réalisateur* si sa prise en compte par les acteurs favorise son apparition. À la limite, un savoir est *auto-réalisateur* si sa prise en compte provoque précisément ce qu'il décrit. Ce savoir apparaît comme un point fixe de la boucle qui relie cognitivement le modélisateur aux acteurs. La réalité économique devient alors dépendante des croyances adoptées par le modélisateur à son sujet. La représentation savante n'est plus ascriptive au sens où elle ne reste pas insensible à sa diffusion auprès des acteurs. Jusqu'à un certain point, la science économique construit la réalité économique et ne se contente plus de la dévoiler.

Du point de vue factuel, le phénomène d'auto-réalisation porte d'abord sur les conséquences du modèle, à savoir les anticipations qu'il permet de produire. Les anticipations des acteurs sont auto-réalisatrices si elles incitent les acteurs à adopter un comportement qui favorise la réalisation du phénomène considéré. Ainsi, si les agents croient qu'il va y avoir une pénurie de sucre, ils vont se ruer dans les magasins et provoquer une pénurie de sucre. Cependant, une anticipation n'est strictement auto-réalisatrice que si tous les acteurs s'accordent sur une même anticipation. Cette condition nécessaire peut être réalisée si l'anticipation est énoncée par un prévisionniste public et endossée par tous les agents. Dans ce cas, en présence de solutions auto-réalisatrices multiples, le prévisionniste peut forcer la réalisation de l'une d'entre elles en la sélectionnant et en masquant les autres.

Du point de vue structurel, le phénomène d'auto-réalisation porte plus avant sur le modèle lui-même (ou du moins sur l'une de ses relations). Le modèle est auto-réalisateur lorsqu'il incite les agents à adopter un comportement qui provoque les liaisons qu'il décrit. Ainsi, sous des hypothèses peu contraignantes, si les agents pensent que les prix des biens sont corrélés avec les taches solaires, ils le seront. Là encore, un modèle n'est auto-réalisateur que si tous les acteurs adhèrent à la même représentation. À la limite, le phénomène d'auto-réalisation peut s'appliquer à des modèles économiques globaux proposés par la science économique. Ainsi, sous des hypothèses particulièrement drastiques, si tous les agents pensent que l'économie fonctionne selon un schéma classique (ou keynésien), elle fonctionnera effectivement selon un schéma classique (ou keynésien).

## PROFONDEUR DE LA PERFORMATIVITÉ

La formalisation de l'économie permet une comparaison explicite et précise entre le modèle du modélisateur et celui de l'acteur. Pour ce faire, le modèle du modélisateur est supposé représenter parfaitement le système dans lequel se trouvent les acteurs. En particulier, les observations réalisées par l'acteur ne peuvent que coïncider avec des conséquences calculées par le modélisateur. Ce dernier occupe la position de Dieu et les acteurs n'en sont que de pâles copies plus ou moins maladroites. Cependant, les relations établies entre le modèle du modélisateur et le modèle de l'acteur s'exercent à double sens. Si le modélisateur se glisse parfois dans la peau de l'acteur, l'acteur se hisse tout autant au niveau de réflexion du modélisateur.

En ce qui concerne son comportement, le savant peut être traité comme un acteur ordinaire du modèle. Les économistes pratiquent couramment l'autoréférence en s'appliquant à eux-mêmes les modèles qui ont fait leur succès sur des acteurs quelconques. D'une part, les modèles les plus basiques de l'économie sont spontanément transposés au secteur de la recherche. Ainsi, le comportement du chercheur est supposé rationnel au sens où il cherche à maximiser sa notoriété, mais aussi à monnayer celle-ci. De même, la concurrence entre les chercheurs est supposée vive face à une offre différenciée en termes de prestige et de moyens. D'autre part, des modèles plus spécifiques sont mobilisés pour des aspects particuliers de la recherche. Ainsi, on peut considérer que les économistes cherchent à s'assurer une réputation à long terme à travers divers signaux. De même, on observe une division de la connaissance en spécialités pour gagner en efficacité collective (cognition distribuée).

Cette transposition ne signifie en aucune façon que le modèle brossé pour les économistes tende à être autoréalisateur. Certes, la familiarité constante des économistes avec leurs modèles usuels finit par les faire ressembler à leurs créatures virtuelles. Cependant, de façon quelque peu paradoxale, les économistes y voient une caricature et ont une image plus positive d'eux-mêmes. Ils se considèrent comme des chercheurs désintéressés qui cherchent avant tout à faire avancer la science. Ils se regroupent, à leurs yeux, dans des communautés épistémiques où règne une collaboration amicale. Les économistes sont ainsi tentés de prendre leurs distances avec leurs propres modèles et à rendre leurs anticipations contra-réalisatrices. Mais la démarche qu'ils s'appliquent à eux-mêmes est peu extrapolée aux autres acteurs économiques qui restent traités comme des caricatures.

En ce qui concerne ses croyances et ses raisonnements, l'acteur dans le modèle peut être traité comme un savant. Le modélisateur tend à modéliser l'acteur à sa propre image, celle que le modélisateur se donne de lui-même. Il tend à instiller dans le cerveau des acteurs les capacités cognitives qu'il croit posséder lui-même. Il attribue comme croyances aux acteurs ses propres représentations du monde, éventuellement incomplètes. Il attribue comme informations aux acteurs ses propres informations, éventuellement imparfaites. Il attribue comme modes de raisonnement aux acteurs ses propres modes de raisonnement, éventuellement simplifiés. Dans un contexte propositionnel, l'acteur réalise des opérations non seulement déductives, mais aussi inductives. Dans un contexte probabiliste, l'acteur procède à des ajustements économétriques ou à des analyses de données.

On peut même supposer que l'acteur soit capable de se hisser au niveau de raisonnement du modélisateur. Il en est ainsi lorsqu'il forme des *anticipations rationnelles*, définies par trois conditions. Il dispose d'un modèle parfait du système dans lequel il est inséré, en l'occurrence celui du modélisateur. Il recueille toutes les informations dont il a besoin sur son environnement, tout comme le modélisateur. À partir des éléments précédents, il détermine la meilleure anticipation au sens statistique du terme. Une anticipation rationnelle est forcément auto-réalisatrice, le système économique étant alors parfaitement transparent à l'acteur. Mais l'inverse n'est pas vrai, une anticipation auto-réalisatrice pouvant s'appuyer sur un modèle tronqué du système. Une telle anticipation n'est que localement rationnelle au sens où elle n'est strictement réalisée qu'au seul point d'équilibre.

Cependant, le modélisateur se trouve ramené au niveau de l'acteur s'il a lui-même une rationalité cognitive limitée. Il possède un modèle du système forcément imparfait en ce qui concerne la description des acteurs. Il ne reçoit que des informations réduites, malgré le flot des informations virtuellement disponibles. Il ne peut effectuer que des raisonnements simples, compatibles avec les contraintes computationnelles qu'il affronte. Les anticipations qu'il réalise à partir de ces éléments ne sont au mieux que faiblement rationnelles. De fait, ce sont les capacités limitées du modélisateur qui freinent la performativité des modèles. Les acteurs prennent conscience des insuffisances des modèles, en particulier en ce qui les concerne, et n'en retiennent que des éléments très partiels.

Deux formes extrêmes de performativité viennent finalement encadrer l'impact d'un modèle sur le système représenté. Un modèle est *sur-performatif* s'il conduit à imposer ses vues à l'acteur sans rencontrer de véritable résistance. C'est dire que les agents sont perméables au modèle du fait d'une affinité naturelle ou encore d'une mode. Le modèle est présenté comme allant de soi, en soulignant l'évidence de son contenu et la transparence de son interprétation. Un modèle est *sous-performatif* s'il tend à être négligé au profit des seules croyances préalables de l'acteur. C'est dire que les agents sont imperméables à un modèle qui ne les concerne pas ou ne les séduit pas d'entrée. Le modèle est mis en suspension, en donnant libre cours à des contenus biaisés ou à des interprétations dissonantes.

Ainsi, les modèles et les instruments financiers sont souvent considérés comme sur-performatifs. Ils sont adoptés parce qu'ils semblent répondre en temps réel aux attentes des financiers en matière de prévision et d'action. Ils sont plébiscités car ils sont censés épouser de près les fluctuations du marché et recommander des mesures adaptées. Ils sont appliqués sans beaucoup de recul et façonnent le marché en le rendant conforme aux hypothèses. En sens inverse, les modèles du marché du travail sont étonnamment sous-performatifs, compte tenu des enjeux associés aux phénomènes sous-jacents. Ils éveillent la méfiance car ils semblent restreindre les marges de manœuvre des agents concernés. Ils détaillent des mécanismes qui semblent éminemment fragiles car les agents ne peuvent nouer que des contrats révisables. Ils suggèrent des améliorations techniques et institutionnelles qui ne peuvent demeurer que virtuelles dans l'attente d'une négociation entre les agents.

## *Rapports aux autres disciplines*

La distance qui s'établit entre le modèle du modélisateur et les représentations afférentes des acteurs est sous-jacente à l'idée même de modèle. Cette question n'en connaît pas moins une acuité et un traitement variables selon les disciplines considérées. Dans les sciences formelles, la diffusion des modèles est limitée à un cercle restreint du fait de leur caractère abscons et ne leur fait subir que peu d'altérations. Dans les sciences de la nature, des modèles simples, mais surprenants, sont largement diffusés et viennent se heurter frontalement aux connaissances vulgaires. Dans les sciences sociales, les modèles savants se propagent selon des couronnes concentriques, mais finissent par être assimilés par les croyances populaires.

## SCIENCES FORMELLES

La communication interne entre les mathématiciens s'effectue naturellement en termes de modèles formels. Une homogénéité est constamment recherchée au sein des logiques et des langages qu'ils sont amenés à utiliser. Cependant, il peut exister des « styles mathématiques » (Hacking) relatifs à des types de théorèmes et à des modes de démonstration. Ces styles peuvent même conduire à la constitution de tribus de modélisation (*modelling tribes*). De fait, il existe de nombreuses spécialisations mathématiques s'appuyant sur des notions et des méthodes adaptées. Il devient alors difficile à un mathématicien de s'immiscer dans des champs d'étude trop différents du sien. Enfin, une hiérarchie des spécialités, fondée sur la profondeur attribuée aux objets mathématiques manipulés, s'est imposée dans la profession.

La communication du savoir mathématique aux nouvelles générations passe exclusivement par les modèles formels, illustrés de nombreux exemples. Une part importante est réservée à l'interprétation des structures mathématiques transmises, en particulier l'interprétation de nature géométrique. L'enseignement secondaire vise tant à transférer des connaissances de base qu'à mettre en place des structures mentales pérennes. Cependant, la logique formelle elle-même n'y fait pas l'objet d'un enseignement et d'un entraînement spécifiques. L'enseignement supérieur vise à faire acquérir des outils utilisables tant à des fins de démonstration qu'à des fins opératoires. Cependant, hormis dans les formations d'ingénieurs, le calcul des probabilités reste peu enseigné, malgré la souplesse de raisonnement qu'il confère et les applications qu'il permet.

L'implantation des mathématiques dans les autres disciplines est tentée de façon quasi systématique. Les sciences physiques et même biologiques sont complètement irriguées par les structures et les méthodes mathématiques. Des formalismes spécifiques sont échafaudés selon les spécialités concernées, et la mécanique apparaît même comme un prolongement naturel des mathématiques. Ces formalismes peuvent paraître pesants et abscons, mais sont rarement jugés superfétatoires. Les sciences sociales sont plus réservées vis-à-vis des mathématiques au nom d'un humanisme qui exclurait de formaliser le libre arbitre et les valeurs sociales. Seules l'économie et la linguistique en font une utilisation systématique, en privilégiant des outils mathématiques spécifiques. Non seulement elles sont vues par les autres disciplines comme hermétiques, mais elles sont aussi régulièrement accusées de réductionnisme.

La communication des mathématiques vers le public demeure très réduite, hormis quelques articles de vulgarisation. Elle transite fréquemment par des jeux ou des récréations mathématiques proposés dans divers journaux. Elle transite plus indirectement par le traitement médiatique de jeux de société comme le bridge ou les échecs. Qualifiés de remarquables, certains nombres (pi, nombre d'or) ou certaines figures (pentagone, sphère) ont toujours suscité un grand engouement. Cependant, une représentation mathématique minimale en termes de courbes ou de schémas causaux s'est développée dans les médias généralistes. En tout état de cause, des modes de raisonnement comme le raisonnement contrefactuel ou le raisonnement abductif opèrent à un niveau très intuitif, sans exiger d'entraînement particulier.

Les modèles mathématiques ont une performativité variable sur les différents publics visés. Leur diffusion est facilitée par la grande rigueur de leurs raisonnements, mais elle est contrariée par la haute abstraction de leurs contenus. À un niveau élémentaire, certaines structures simples laissent des traces indélébiles, à l'instar des tables de multiplication. D'autres ne sont jamais vraiment assimilées, comme la loi linéaire pourtant subsumée dès ce niveau par la règle de trois. À un niveau plus élevé, la théorie des ensembles structure les réflexions, même si elle ne donne pas toute sa mesure lors de la catégorisation des objets. La théorie des probabilités facilite le raisonnement sur le risque, même si les intuitions probabilistes restent très floues, voire erronées comme nombre de paradoxes l'attestent (paradoxe des taxis, paradoxe du jeu télévisuel).

Les modèles mathématiques ne souffrent guère de problèmes d'interprétation, cette dernière apparaissant en générale unique et transparente. Ils prêtent peu le flanc à l'idéologie, même s'ils peuvent être associés à des visions du monde spécifiques. Ainsi, la théorie des graphes évoque un monde fortement connexe où tout élément peut agir sur tout autre. De même, le calcul des probabilités renvoie à un monde dans lequel aucune certitude ne semble jamais acquise. Il existe d'ailleurs des tentatives pour prouver tantôt que tout est déterministe (Allais), tantôt que tout est aléatoire (Shafer). De plus, le vocabulaire, souvent issu du langage commun, favorise des connotations poétiques ou plus terre à terre. La topologie parle non seulement d'hyperespaces, mais aussi de disques, de boules ou de pavés. La théorie des catastrophes considère des zones de ruptures qui évoquent la forme de queues d'aronde ou de papillon.

Les modèles mathématiques sont fondés sur des conventions énoncées et appliquées par les professionnels. Ces conventions sont ensuite adoptées et partagées par les usagers, qui n'ont pas de raisons de les remettre en cause. Elles sont éprouvées par leur utilisation répétée dans les actions quotidiennes entreprises par ces usagers. Elles sont renforcées par un rappel vigoureux aux principes en cas de déviations observées par autrui. Il en est ainsi des règles élémentaires de calcul inlassablement réactivées et répétées en cas d'erreurs. Il en est ainsi des principes du raisonnement déductif indéfiniment rappelés et reproduits en cas de fautes. Il en est ainsi des méthodes du raisonnement probabiliste constamment reconduites et réimposées en cas de déviance, malgré leur validité plus restreinte.

Cependant, l'impact des modèles mathématiques se heurte à des limites incontournables de l'esprit humain.

Même quand certaines règles sont censées être comprises par tout un chacun, leur mise en œuvre sur des exemples s'avère bien plus problématique. Déjà, les notions de condition nécessaire et suffisante sont difficiles à assimiler et à appliquer par nombre d'individus. Le raisonnement fondé sur des prémisses multiples ou incertaines s'avère encore plus délicat à manipuler. En pratique, les individus contournent l'obstacle en utilisant des heuristiques qui donnent un résultat selon une procédure qu'ils peuvent maîtriser. C'est ainsi qu'ils combinent les probabilités de divers événements défavorables en retenant la plus haute (maillon le plus faible). Mais ces heuristiques n'ont qu'une validité locale et peuvent conduire à des résultats erronés quand elles sont mobilisées hors de leur champ d'application usuel.

## SCIENCES DE LA NATURE

La communication et le débat entre professionnels des sciences de la nature se déroulent généralement par modèles interposés. Sur les sujets les plus fondamentaux, ils ne subissent que peu d'interférences en provenance du monde sociopolitique, en vertu du principe de séparation de la science et de l'État. Les lois élémentaires de la physique sont définies par un accord intersubjectif entre savants, et ne font pas l'objet de votes. Cependant, certains thèmes plus appliqués à forts enjeux sociaux peuvent subir des influences externes de la part de la société civile. C'est ainsi que le débat sur la nocuité des organismes génétiquement modifiés a été porté sur la place publique. Toutefois, des consensus locaux entre savants peuvent être obtenus, imposés par la conjonction d'arguments scientifiques et de pressions extra-scientifiques.

L'enseignement des sciences de la nature transite par l'apprentissage de modèles plus ou moins complexes. Ces derniers font eux-mêmes l'objet de simplifications diverses à l'instar du modèle planétaire de l'atome ou de la loterie de l'hérédité. Ils recourent à des images pédagogiques largement popularisées comme le démon de Maxwell, le chat de Heisenberg ou le voyageur de Langevin. Cependant, le langage mathématique est partagé par tous les étudiants, même si un effort tout particulier d'interprétation est requis. L'enseignement est à base de modèles théoriques, les conditions expérimentales de leur validation n'étant reproduites ou évoquées que dans des cas bien choisis. De fait, ces modèles sont essentiellement enseignés pour que les étudiants puissent les appliquer à telle ou telle situation concrète. Ils sont aussi destinés à servir d'exemples à suivre pour construire d'autres modèles dans des domaines différents.

Les modèles des sciences de la nature s'exportent vers les sciences sociales où ils exercent un certain entrisme. Il en est d'abord ainsi des modèles de la physique des milieux désordonnés (modèle d'Ising), voire de ceux de la physique quantique (équation de Schrödinger). Compte tenu de leur caractère très formalisé, ces modèles sont exportés quasi exclusivement vers l'économie. Ils sont assimilés par les formalisations de cette discipline en perdant peu à peu la trace de leur origine. Il en est surtout ainsi des modèles biologiques de l'évolution, qu'ils soient de type darwinien ou lamarckien. Moins formels que les précédents, ils sont transposés aussi bien vers l'économie que vers la sociologie. En particulier, ils sont à l'origine de l'épistémologie évolutionniste, qui applique les modèles darwiniens à l'adoption de croyances par les agents. Ces croyances sont moins retenues pour leur adéquation au réel que pour l'adaptation à l'environnement des actions qu'elles fondent.

En ce qui concerne le public, son rapport aux objets physiques n'est direct qu'au niveau macroscopique où il donne lieu à une physique populaire *(folk physics)* ou à une biologie populaire *(folks biology)*. Celles-ci reposent sur des lois simples qui veulent que les tuiles tombent et que les plantes fleurissent. En revanche, au niveau microscopique, le public ne dispose d'aucune expérience immédiate des objets concernés.

Les atomes sont des abstractions pures, même si l'affirmation répétée de leur existence leur confère un air de familiarité. Les médias développent dès lors un discours de vulgarisation fondé sur des expériences qui retiennent l'attention. Ce discours n'est pas exempt d'un certain lyrisme et d'une certaine poésie, en particulier en astrophysique ou même en biologie. Par ailleurs, les médias se font de plus en plus l'écho des controverses scientifiques qui surviennent dans le milieu académique. C'est ainsi que les origines humaines ou non du réchauffement climatique font l'objet d'âpres discussions.

Le discours scientifique dûment vulgarisé exerce une influence qui dépend des conceptions *a priori* des acteurs. Il est d'autant plus performant qu'il s'appuie sur des modèles simples, sans qu'ils soient pour autant très intuitifs. Ainsi, personne n'en vient plus à contester la rotondité de la Terre, d'autant qu'elle est désormais corroborée par des photographies. De même, tout le monde accepte les lois de l'hérédité, d'autant qu'elles sont mises en œuvre dans la sélection artificielle. En revanche, des modèles plus complexes, éloignés de surcroît du réalisme quotidien, sont bien plus difficiles à assimiler. Il en est ainsi de la théorie quantique qui remet en cause des intuitions premières sur la localisation des objets. Il en est de même de la théorie de l'évolution qui met en péril des présupposés bien ancrés sur la transformation des espèces.

Le vocabulaire des sciences de la nature ne facilite pas les choses lorsqu'il utilise des termes polysémiques. Nombre de concepts ont simultanément une acception savante et une acception populaire, la première ne retenant souvent qu'une part de la seconde. Ainsi, les notions de force, d'énergie ou de puissance traduisent dans les deux cas des caractéristiques précises de la dynamique des objets. D'autres concepts ne sont pas exempts de connotations familières, mais leurs acceptions demeurent nettement techniques. Ainsi, le charme d'une particule ne traduit aucun aspect esthétique et la capsule du rein n'est pas un élément de fermeture. D'autres concepts encore ont une vocation exclusivement savante, ce qui évite toute ambiguïté. Ainsi, le spin d'une particule et l'humérus d'un animal demeurent des concepts strictement circonscrits au sens que le savant a voulu leur donner.

L'idéologie s'insinue dans le champ théorique et vient appuyer ou contredire des croyances préalables de nature culturelle, voire religieuse. Il en est ainsi de la théorie du *big bang* qui semble accréditer l'idée d'une origine repérable du monde. Il en est ainsi de la théorie darwinienne de l'évolution qui semble réfuter l'idée d'une création définitive du monde. Le créationnisme soutient au contraire que le monde a été créé une fois pour toutes avec toutes ses espèces vivantes. Sous sa forme radicale comme sous sa forme atténuée d'*intelligent design,* il manifeste un fondamentalisme religieux, d'origine chrétienne ou musulmane. Il passe sous silence ou tente de récuser les nombreuses preuves empiriques de l'évolution amassées par l'anatomie comparée, l'embryologie ou la paléontologie.

Le phénomène d'auto-réalisation est inexistant dans les sciences de la nature car les modèles n'y influencent pas les objets décrits. Les modèles ne sont simplement pas communicables aux systèmes de référence, qui restent insensibles à l'énoncé des lois qui les gouvernent. Cependant, les modèles peuvent agir sur les objets décrits par l'intercession de l'homme, qui crée les conditions de leur existence. On aborde alors le domaine des sciences de la conception, qui conduisent à la mise en œuvre d'artefacts qui n'existent pas dans la nature. Ils sont néanmoins fabriqués avec des éléments déjà existants, plus ou moins profondément transformés par l'homme. Les objets sont dès lors modifiés par les modèles, qu'il s'agisse de l'adaptation à la navigation des corps flottants ou de la sélection artificielle des espèces. Ils sont même créés par les modèles dans le cas de la fabrication de nouvelles molécules chimiques ou de la production de clones.

## SCIENCES SOCIALES

Dans les sciences sociales, les spécialistes communiquent et débattent entre eux au moyen d'objets conceptuels variés. D'une part, un privilège est accordé aux grands auteurs qui ont fourni des schémas d'explication originaux à des phénomènes sélectionnés. La discussion porte essentiellement sur l'interprétation de ces schémas d'explication, en particulier sur leurs présupposés ontologiques. D'autre part, beaucoup d'attention est accordée au travail critique portant sur les analyses monographiques ou statistiques effectuées sur le terrain. Là encore, le débat porte sur l'interprétation que l'on peut donner aux tendances et aux régularités mises en lumière. Cependant, un *no man's land* semble exister entre ces deux pôles, animés par des spécialistes différents.

Les étudiants reçoivent une formation mêlant dans des proportions variables modèles formels et discours verbaux. D'une part, ils acquièrent des connaissances dans des disciplines qui se sont diversifiées selon des critères thématiques ou techniques peu cohérents. Ces connaissances reposent sur quelques conceptions partagées, mais ne sont pas à même de former un socle commun. Ainsi, l'économie et la sociologie leur sont enseignées en utilisant des concepts communs avec des sens différents (croyance, confiance). D'autre part, ils sont entraînés à des méthodes quantitatives et qualitatives de recueil et de traitement de l'information. Celles-ci sont censées leur permettre d'accroître les connaissances, mais ne constituent pas un savoir-faire vraiment opérationnel. Ainsi, les conditions d'application des méthodes statistiques restent souvent implicites et favorisent une économétrie ou une sociométrie sauvages.

Les sciences sociales, hormis l'économie, n'exercent qu'une influence minime sur les autres disciplines. Les sciences dures sont peu inspirées par la sociologie ou l'anthropologie, sinon à travers des concepts très lâches comme l'attraction des particules ou les sociétés de cellules. Une mention à part doit être faite du concept d'information, manipulé par toutes les sciences sociales, et qui irrigue profondément la biologie et la chimie. Quant aux sciences sociales entre elles, elles conservent jalousement leur autonomie institutionnelle. Cependant, on observe l'apparition de disciplines hybrides (géographie économique, démographie historique) qui rompent avec les clivages traditionnels. En tout état de cause, les sciences sociales peinent encore à prouver la scientificité de leurs modèles auprès des spécialistes d'autres disciplines.

À l'instar d'autres connaissances, le public se forge une sociologie populaire (*folk sociology*) ou une anthropologie populaire (*folk anthropology*) qui théorise en termes de sens commun des phénomènes sociaux. Elle est fondée sur leur expérience quotidienne, qui est progressivement cristallisée en historiettes ou en proverbes. Elle s'appuie plus sûrement sur la littérature, qui est une source inépuisable de données artificielles traitées à un stade de préformalisation. Cette sociologie populaire se heurte à une sociologie savante, qui n'apparaît pas comme fondamentalement différente. Les concepts utilisés par les acteurs sont similaires à ceux des spécialistes, même si ces derniers leur donnent un sens plus pointu. Les mécanismes mis en évidence par les acteurs sont semblables à ceux des spécialistes, même s'ils sont moins subtils. Enfin, une linguistique populaire (*folk linguistics*) se manifeste à travers des règles d'expression et de grammaire qui s'éloignent plus ou moins des théories linguistiques.

Le discours des sciences sociales semble d'autant mieux internalisé par ses usagers qu'il vient conforter leurs idées préexistantes. Certains phénomènes sociaux sont simplement isolés de leur contexte et identifiés comme des phénomènes autonomes. Il en est ainsi en psychologie de la notion de pensée volontariste (*wishful thinking*) ou en sociologie de celle de pensée magique (*magical thinking*). D'autres phénomènes plus originaux ont été dégagés avec peine et ne sont endossés qu'avec plus de réticences par les acteurs. Il en est ainsi en psychologie de la notion d'inconscient ou en sociologie de celle d'aliénation. Toutes ces idées ne sont pas forcément utilisées avec le vocabulaire savant afférent, mais elles sont bien ancrées et usitées dans le discours courant.

La notion de performativité est née en linguistique pour qualifier des énoncés qui réalisent ce qu'ils énoncent. Ainsi, le maire qui prononce la phrase « je vous marie » procède *ipso facto* à ce mariage du fait des pouvoirs qui lui sont conférés. Mais elle s'avère pertinente pour toutes les sciences sociales, même si elle est difficile à évaluer du fait de l'assimilation tant consciente qu'inconsciente des modèles. Elle a souvent été évoquée pour des concepts que des spécialistes mettent en exergue et dont les acteurs s'emparent pour les faire advenir. Il en est ainsi pour des rôles sociaux comme les fous (Foucault) ou les tueurs en série (Hacking) auxquels s'identifient les acteurs. Elle est suggérée pour des mécanismes dont les acteurs reconnaissent l'utilité et dont ils désirent s'inspirer. Il en est ainsi du transfert psychanalytique ou de la lutte des classes qui sont actualisés volontairement par les acteurs.

L'idéologie s'insinue dans tous les interstices du discours des sciences sociales et doit être inlassablement débusquée. D'une part, elle est omniprésente dans la définition des concepts et des nomenclatures qui ont des connotations multiples. Ainsi, non seulement la notion d'ethnie pose de redoutables problèmes de définition et de classification, mais le recueil même de données individuelles conditionnelles à des critères ethniques est âprement débattu. D'autre part, elle se manifeste dans les schémas explicatifs qui mettent en concurrence différents facteurs. Ainsi, le rôle respectif de l'inné et de l'acquis continue de faire débat dans l'ensemble des sciences biologiques et sociales. En règle générale, l'idéologie est souvent motivée par l'idée selon laquelle derrière les apparences sociales fonctionnent des forces occultes qu'il faut dévoiler. Ainsi, la théorie de la conspiration voit dans nombre de phénomènes spontanés la marque de comportements intentionnels d'acteurs qui ne disent pas leur nom.

Quant à l'auto-réalisation des croyances, elle est présente dans toutes les sciences sociales et demande d'ailleurs une adaptation de la notion de réalisme. En effet, la réalité sociale ne peut plus être considérée comme indépendante du modélisateur et de ses modèles. En sociologie, l'exemple princeps de prophétie auto-réalisatrice a été introduit par Merton à propos des relations syndicales entre Noirs et Blancs. Pensant que les Noirs n'étaient pas fiables comme responsables syndicaux, les Blancs ne leur ont pas permis d'exercer de responsabilités. Ne pouvant faire leurs preuves, les Noirs sont ainsi apparus comme des « jaunes » et ont renforcé les anticipations d'autrui les concernant. En politologie, cette notion est également très présente dans l'analyse des effets du discours politique. Tout homme politique fait des annonces publiques dont il espère qu'elles vont mobiliser les individus dans le sens souhaité. En particulier, toute prophétie révolutionnaire est énoncée dans l'espoir qu'elle va se réaliser à un terme plus ou moins proche.

# Conclusion

« L'économie est la science du raisonnement en termes de modèles et l'art de choisir les modèles les plus pertinents pour le monde contemporain. »

John Maynard KEYNES.

Tout modèle adopte une vision réductrice de la réalité, amplifiée par le langage mathématique qu'il utilise. Il s'apparente à une sculpture qui stylise un corps humain ou à une musique qui subsume le chant d'un oiseau. Il agit comme une pilule de connaissance qui résume en un tout cohérent des savoirs d'origines variées et conjugue leurs effets à des fins opératoires. C'est ce qui explique son succès ancien dans les sciences de la nature où il manifeste des facettes multiples tout en étant circonscrit dans son rôle. C'est ce qui explique son succès actuel en économie où il permet de bons compromis entre diverses aspirations tout en affirmant son autonomie. Le modèle est un artefact à tout jamais imparfait et incomplet, mais qui fournit des réponses aux questions qu'on lui pose. Il cristallise des arguments auxquels il devient possible de se référer par simple allusion si l'on veut convaincre son interlocuteur.

Les fonctions assignées à un modèle permettent de préciser ses qualités comme objet conceptuel se situant à un niveau d'abstraction intermédiaire. Il adopte un langage formel suffisamment déchiffrable pour exprimer les propriétés les plus pertinentes du système. Il pose des hypothèses suffisamment simples pour en dériver logiquement des conséquences opératoires. Il émet des affirmations suffisamment concrètes pour s'affranchir de positions épistémologiques au réalisme trop tranché. Il entretient une similitude suffisamment marquée avec des modèles connexes pour permettre une articulation et une progression d'ensemble. Il étudie des variantes suffisamment décomposées pour juger de la validité pratique de ses prévisions et de ses prescriptions. Il se diffuse en spécimens suffisamment contrastés pour exercer une influence pédagogique solide et durable.

Au regard d'une véritable théorie, un modèle gagne en souplesse d'utilisation ce qu'il perd en pertinence conceptuelle. À son crédit, il introduit des hypothèses formellement plus maniables et se prête plus aisément à des exercices de simulation. Il est plus simple à articuler avec d'autres modèles et permet d'engendrer sans trop d'effort des modèles originaux. Il est mieux adapté à des usages pratiques par simple modification et adjonction de certains éléments prescriptifs. À son débit, il souffre d'un déficit ontologique patent, les concepts introduits étant définis de façon plus floue et plus intuitive. Il est moins bien validé empiriquement du fait de son idéalité revendiquée, mais non complètement assumée. Il se diffuse de façon moins efficace car ses thèses sont conceptuellement moins tranchées et plus masquées par le formalisme.

Au regard d'un simple récit, un modèle gagne en rigueur de raisonnement ce qu'il perd en richesse d'interprétation. À son avantage, il crée une coupure plus nette entre son contenu formel et des interprétations diversifiées et nuancées. Il autorise une dérivation plus rigoureuse et systématique des conséquences à partir d'hypothèses nombreuses et variées. Il permet de jeter plus facilement des ponts vers d'autres modèles en s'appuyant spécifiquement sur l'unité du langage formel. Il se prête plus facilement à la combinaison de lois et de normes pour se transformer en outil d'aide à la décision. À son désavantage, il s'éloigne plus profondément des phénomènes concrets qu'il est censé décrire du fait de limites inhérentes de description. Il est plus difficile à transmettre hors de son milieu d'origine du fait de son caractère intrinsèquement abstrait et abscons.

Tout modèle repose sur une coupure fondatrice, celle établie entre un sujet et son objet, en l'occurrence le modélisateur et le système représenté. Inhérente à toute représentation imagée, cette distinction est consubstantielle à la notion de modèle dans la mesure où ce dernier accède à une existence autonome. Dans les sciences de la nature, le modélisateur se trouve naturellement en surplomb d'un système de nature essentiellement matérielle. Son ambition est de capter les éléments les plus significatifs de la structure d'un système et d'examiner leurs effets sur son fonctionnement et sur son évolution. En économie, le modélisateur est de plus amené à prendre ses distances par rapport aux acteurs qui font partie intégrante du système. Son ambition est de les réduire à des entités indépendantes dont les actions sont suffisamment prévisibles dans tel ou tel environnement.

Le modèle lui-même crée ou systématise des coupures supplémentaires sur chacune des fonctions qui ont été distinguées. Il s'appuie sur un langage mathématique de représentation qui permet de distinguer nettement sa forme et son interprétation. Il met en œuvre des techniques de simulation qui isolent soigneusement des hypothèses *a priori* et les conclusions qu'on en tire. Il adopte un caractère idéal qui crée une distance entre ses assertions positives et les observations empiriques. Il est articulé à d'autres objets conceptuels de même type, desquels il se singularise par son champ d'application et par son point de vue. Il s'adapte à des usages opérationnels variés tout en évitant de confondre représentations du monde et normes sociales. Il se diffuse en des versions savantes ou vulgarisées tout en s'efforçant de maintenir son intégrité originelle.

L'avènement des modèles est l'expression la plus visible du processus incessant de *modularisation* des connaissances. De façon non fortuite, les termes de « modèle » et de « module » trahissent une origine étymologique commune. Ce processus de segmentation se manifeste déjà lorsque les connaissances sont exprimées sous la forme d'assertions juxtaposées. Il devient plus prégnant encore lorsque ces assertions se durcissent et sont articulées les unes aux autres. Chaque modèle résume alors un monde possible, au sens où l'entend la sémantique des mondes possibles. Il résume la vision que l'on peut adopter à une date donnée d'un phénomène plus ou moins étendu. L'ensemble des modèles, munis de leurs interprétations, résume l'état global du savoir à une certaine époque. Ils agissent comme autant de savoirs de référence autour desquels se concentre la discussion entre experts.

L'explosion des modèles est également une manifestation nette de la tendance croissante à la *virtualisation* des connaissances. Le terme de modèle renvoie aussi bien à la représentation d'une réalité existante qu'à celle d'une réalité purement hypothétique. Cette démarche de mise à distance est déjà présente dans toute expérience de pensée qui simule le fonctionnement d'un système abstraitement imaginé. Elle devient systématique lorsque cette simulation s'effectue sur ordinateur de façon souple et même ludique. Le modélisateur se sert alors du modèle comme d'un étalon pour faire apparaître des écarts significatifs entre les affirmations de ce dernier et ses propres convictions. Il pose les hypothèses qui lui paraissent les plus percutantes et néglige tous les détails qui lui paraissent superflus. Il en tire les conséquences les plus appropriées et reste muet sur d'autres effets tout aussi irrémédiables.

Cependant, les modèles économiques sont à présent victimes de leur propre succès et manifestent des signes inquiétants de fragilité. Ils perdent peu à peu leurs lettres de noblesse par un processus de dégénérescence qui les voit se banaliser et se démultiplier. Certes, l'activité de connaissance ne se limite pas à la fabrication de modèles formalisés, en particulier quand il s'agit de comprendre les crises économiques. Mais les modèles envahissent un espace qui déborde de toutes parts le champ économique traditionnel pour toucher à toutes les disciplines sociales. Certes, leur processus d'élaboration ne cesse d'exiger une réflexion préparatoire en amont, interprétative en parallèle et évaluative en aval. Mais leur construction comme leur utilisation sont soumises à des procédures de plus en plus technicisées.

Les fonctions assignées à un modèle permettent encore de préciser ses limites comme objet conceptuel qui s'est répandu dans le paysage scientifique tout en s'y épuisant. Il est exprimé dans un langage trop pauvre pour traduire nombre de nuances conceptuelles et structurelles. Il procède à des raisonnements rigides qui ne laissent plus place à des connotations fécondes ou à des diversions éclairantes. Il s'affiche comme une caricature de la réalité qui n'avoue plus clairement les traits qui sont grossis ou omis. Il résulte de la mise en forme d'idées littéraires qui, empruntées à diverses sources, oublient leur origine sémantique. Il fonctionne comme un instrument d'aide à la décision qui peine à s'insérer dans les procédures concrètes. Il se diffuse moins comme un projectile qui se dirige vers sa cible que comme une balle perdue qui termine dans les sables.

Les modèles manifestent une dérive laxiste qui leur fait perdre beaucoup de leur rigueur et de leur pertinence. La modélisation est devenue un exercice d'apparence trop facile à la portée de tout nouveau venu dans la profession. Elle se résume à la traduction dans un langage formel d'idées préconçues, de conceptions importées ou de régularités banales. L'utilisation des modèles se réduit en une simulation informatique aveugle sous des conditions artificiellement conçues et pas forcément compatibles. Leur diffusion en apprend plus au lecteur sur leur structure formelle et sur leur fonctionnement que sur la réalité sous-jacente. Çà et là, on entend dire que « c'est juste un modèle » pour excuser son aspect quelque peu vague et superficiel. En fait, le modèle en reste trop souvent au stade d'une esquisse sans que ses propriétés profondes ne soient véritablement testées.

Les modèles connaissent une prolifération anarchique qui leur fait perdre de leur puissance et de leur originalité. La modélisation s'attaque à tous les domaines possibles et imaginables sans prendre en compte leur spécificité profonde. Leur construction se contente d'adapter des schémas préétablis qui n'ont pas véritablement fait leurs preuves dans d'autres champs. Leur application exploite *a minima* le débat contradictoire entre modélisateurs qui fait advenir les garde-fous nécessaires. Leur publication privilégie des critères de rigueur et de conformité aux modèles existants aux dépens d'une véritable originalité. Le modèle est devenu une figure imposée pour le chercheur sans que les règles à suivre ne soient véritablement affichées. En fait, concevoir un modèle est devenu une exigence académique incontournable sans même que la nécessité s'en fasse sentir.

Pour remédier à la banalisation des modèles, il faut renforcer les fonctions pour lesquelles ils manifestent un déficit par rapport à la théorie ou au récit. Un travail d'interprétation systématique doit être entrepris pour en dégager la signification profonde au-delà de ses simples équations. Un engagement empirique inlassable doit être poursuivi pour juger de leur adéquation à l'ensemble des observations disponibles. Un effort de vulgarisation renouvelé doit être entrepris pour donner forme aux messages qu'ils transmettent. En bref, il faut lutter contre le laxisme des modèles en leur imposant des normes d'acceptation plus élevées, sans pour autant verser dans le technicisme. De même, il faut lutter contre la prolifération des modèles en les soumettant à des procédures de discussion et de sélection, sans pour autant brider leur créativité.

Un développement déjà fort engagé concerne le rapport de plus en plus étroit de l'économie avec l'empirisme. Des techniques de recueil de données en laboratoire ont été développées, qu'il s'agisse de déclarations des acteurs sur leurs états mentaux ou de données d'imagerie cérébrale. Mais il ne faut pas renoncer pour autant aux données plus directes appréhendées par des statistiques ou des monographies. Des techniques originales de traitement des données ont vu le jour, qu'il s'agisse d'analyse des données ou de simulation à grande échelle. Mais il ne faut pas abandonner pour autant les méthodes naïves de repérage de régularités et de prévision. Quant aux modèles suggérés sur ces bases par l'économie comportementale, ils demeurent pour l'instant frustes et locaux. Ils sont néanmoins amenés à se raffiner et à s'étendre en s'appuyant sur des bases inductives plus solides.

Un développement plus récent concerne l'ouverture de l'économie aux autres sciences sociales. Par rapport aux sciences de la nature, l'économie a rencontré des problèmes de modélisation originaux qu'elle s'est efforcée de résoudre. À son tour, elle peut faire bénéficier les autres sciences sociales d'une expérience sans conteste fructueuse. De plus, ces autres sciences sociales ont des caractéristiques particulières qui ne peuvent qu'enrichir la pratique des modèles. Celles-ci peuvent contribuer à leur donner une base structurelle forte, même s'ils ne sauraient épuiser le savoir littéraire. Certes, le raisonnement en termes de modèles n'est pas la panacée dans la quête lancinante d'une « grande science sociale ». Mais il peut aider à mieux comprendre les lignes de clivage établies entre des sciences qui ont manifestement le même objet.

La discipline économique a acquis au cours du dernier siècle une expérience incomparable dans la pratique des modèles. Les modèles ont connu des progrès techniques indéniables, au cours d'une histoire parsemée de réussites et d'échecs. Ils ont pris une place prépondérante dans le corpus de la discipline et ne sont plus considérés comme des curiosités. Une science économique qui serait dépourvue de tout modèle deviendrait difficilement déchiffrable. En principe, toute connaissance peut prendre la forme d'un modèle, en général avec un certain profit. Mais tout modèle ne devient pas, par son existence même, un objet de connaissance novateur et incontournable. Il ne vaut que par la qualité de son processus de conception, alliant imagination théorique et validation empirique. S'il permet de solidifier un système concret en un objet conceptuel autonome, il ne doit pas pour autant le vitrifier.

# Index thématique

# Bibliographie sommaire

ARMATTE, M. et DAHAN, A. (2004), « Modèles et modélisations (1950-2000) », *Revue d'histoire des sciences*, 57 (2), p. 245-305.

BOULEAU, N. (1999), *Philosophie des mathématiques et de la modélisation*, L'Harmattan.

CARTWRIGHT, N. (1983), *How the Laws of Physics Lie*, Oxford University Press.

DA COSTA, N. et FRENCH, S. (2000), *Science and Partial Truth : A Unitary Approach to Models and Scientific Reasoning*, Oxford University Press.

DAVIES, J., HANDS, W. et MÄKI, U. (1998), *The Handbook of Economic Methodology*, Edward Elgar.

GIBBARD, A. et VARIAN, H. (1978), « Economic models », *Journal of Philosophy*, 75, p. 664-677.

GRENIER, J.-Y., GRIGNON, C. et MENGER, P.-M. (2001), *Le Modèle et le Récit*, Éditions de la Maison des sciences de l'Homme.

GUALA, F. (2005), *The Methodology of Experimental Economics*, Cambridge University Press, p. 239-263.

HACKING, I. (1983), *Representing and Intervening*, Cambridge University Press.

HAMMINGA, B. et DE MARCHI, N. (éds) (1994), *Idealization in Economics*, Poznan Studies in the Philosophy of the Sciences, Rodopi.

HAUSMAN, D. (1992), *The Inexact and Separate Science of Economics*, Cambridge University Press.

HUGHES, R. (1997), « Models and representations », *Philosophy of Science*, 64, p. 325-336.

ISRAËL, G. (1996), *La Mathématisation du réel. Essai sur la modélisation mathématique*, Seuil.

MAGNANI, L. et NERSESSIAN, N. (2002), *Model-Based Reasoning : Science, Technology, Values*, Kluwer.

MÄKI, U. (éd.) (2002), *Fact and Fiction in Economics. Models, Realism and Social Costs*, Cambridge University Press.

MORGAN, M. et MORRISSON, M. (2000), *Models as Mediators*, Cambridge University Press.

NOUVEL, P. (éd.) (2002), *Enquête sur le concept de modèle*, Presses universitaires de France.

SUGDEN, R. (2000), « Credible worlds : The status of theoretical models in economics », *Journal of Economic Methodology*, 7 (1), p. 1-31.

SUPPE, F. (1989), *The Semantic View of Theories and Scientific Realism*, University of Illinois Press.

VAN FRAASEN, B. (1989), *Laws and Symmetry*, Oxford University Press.

# Remerciements

Je remercie Gérard Jorland pour la constance de son soutien et pour ses remarques pertinentes qui m'ont permis d'enrichir considérablement ce manuscrit. Je remercie Philippe Mongin pour nos discussions nombreuses sur l'épistémologie de l'économie et Mikael Cozic pour sa relecture attentive et critique du texte. Je remercie enfin mes étudiants sur lesquels j'ai pu tester nombre d'idées de cet ouvrage.

# Table des matières

## CHAPITRE 3
## Fonction empirique



## CHAPITRE 4
## Fonction heuristique



## CHAPITRE 5
## Fonction praxéologique

CHAPITRE 6

## Fonction rhétorique

DU MÊME AUTEUR
CHEZ ODILE JACOB

*Leçons de microéconomie évolutionniste,* avec Jacques Lesourne et André Orléan, 2002.

*L'Économie cognitive,* 2000.

*L'Intelligence de l'économie,* 1994.

Cet ouvrage a été transcodé et mis en pages
chez NORD COMPO (Villeneuve-d'Ascq)

Achevé d'imprimer en janvier 2011
par l'Imprimerie Sagim à Courtry (Seine et Marne)

N° d'édition : 7381-2603-X
Dépôt légal : janvier 2011
N° d'impression : 12228
*Imprimé en France*

L'imprimerie Sagim est titulaire de la marque Imprim'vert® depuis 2004